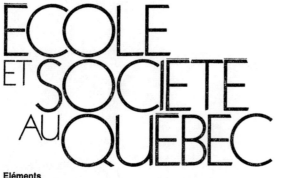

ÉCOLE ET SOCIÉTÉ AU QUÉBEC

**Éléments
d'une sociologie
de l'éducation**

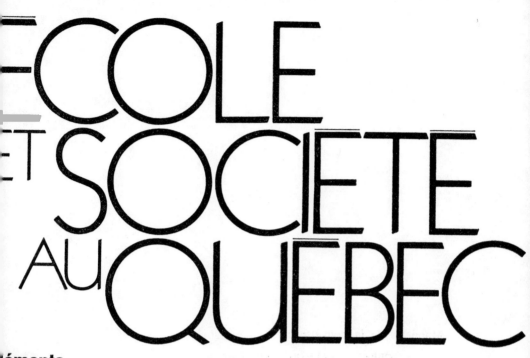

ÉCOLE ET SOCIÉTÉ AU QUÉBEC

Éléments
d'une sociologie
de l'éducation

Textes choisis et présentés par Pierre W. Bélanger et Guy Rocher

Nouvelle édition
revue et augmentée

Tome **2**

HURTUBISE H M H

Maquette de la couverture :

GILLES ROBERT / RAYMOND BELLEMARE

EDITIONS HURTUBISE HMH, LTÉE

380 ouest, rue Craig

Montréal, Qué., Canada. H2Y 1J9

Première édition
Dépôt légal - 3ème trimestre 1970
Bibliothèque Nationale du Québec

Nouvelle édition revue et augmentée
ISBN 0-7758 - 0033 - 3
Dépôt légal - 1er trimestre 1975
Bibliothèque Nationale du Québec

TABLE DES MATIÈRES

Partie II — Education et Economie

FIN DU TOME I

(Suite dans le tome II)

Partie III — Education et Politique

Partie IV — Education et Intégration Sociale

Conclusion

TROISIÈME PARTIE

ÉDUCATION ET POLITIQUE

PRÉSENTATION

Depuis que l'instruction a eu tendance à se généraliser dans la société industrielle et qu'elle est devenue de plus en plus publique, on a assisté, au Québec comme ailleurs, à des luttes de pouvoir considérables à son sujet. C'est que l'enseignement est un puissant canal d'influence non seulement sur les générations à venir, mais aussi sur la société présente. En même temps, le contrôle du système scolaire est devenu tout autant un symbole qu'un instrument de pouvoir dans les sociétés modernes. Ce sont précisément ces luttes de pouvoir que le Québec a connues entre différentes autorités et différents groupes de pression qui ont fait l'objet des recherches que nous présentons dans cette troisième partie.

On ne s'étonnera pas que les historiens et les politicologues occupent une place importante dans cette section. L'histoire nous fournit en effet des exemples nombreux, parfois célèbres, souvent méconnus ou inconnus, des luttes âpres, longues et sourdes qu'on s'est livré autour de l'école. Non seulement l'historien s'intéressera-t-il à ces luttes, mais le politicologue ou le sociologue de la vie politique y puiseront de nombreux éléments d'analyses comparées.

Dans le paysage de la politique de l'éducation, les mouvements étudiants radicaux ont joué un rôle assez important durant une certaine période. Ils furent le lieu et le mode de contestation d'un certain nombre de réalités du système scolaire, ils proposèrent des idées qui firent choc à l'époque, ils ébranlèrent des certitudes sur lesquelles l'université avait jusque-là fonctionné. Cependant, ces mouvements étudiants, qui promettaient d'exercer une influence toujours croissante, non seulement dans la vie universitaire mais aussi dans la vie politique québécoise, ont connu une disparition assez dramatique. Il est heureux que des chercheurs, comme Paul R. Bélanger et Louis Maheu, aient voulu reconstituer dans le premier texte de cette partie, l'histoire des mouvements étudiants et analyser leur évolution, pour mieux comprendre cet aspect de la structure et de la vie politique du monde de l'enseignement.

Le deuxième texte, de Guy Bourassa, représente une heureuse transition entre les deux premiers et les deux autres qui suivent, en ce qu'il mêle à la fois l'histoire et l'analyse contemporaine. Au point de vue historique, Guy Bourassa a retracé l'évolution de la représentation des classes sociales à la direction de la Commission des écoles catholiques de Montréal. Il ne s'agit plus ici du pouvoir strictement politique, mais d'un pouvoir plus sociologique, celui de groupes ou de classes sociales. On y assiste notamment au transfert de pouvoir du clergé à une classe d'administrateurs et aussi aux représentants des professions libérales. Le lien entre éducation et bourgeoisie s'affirme ici nettement. Dans une deuxième partie de l'article, Guy Bourassa, s'inspirant des travaux modernes de la science politique, fait une analyse du processus de prise de décision à la C.E.C.M. ces dernières années. Il s'agit en l'occurrence d'une analyse de « l'exercice du pouvoir », des stratégies qu'il implique de la part des acteurs en présence et des facteurs qui expliquent le succès qui couronne certaines décisions. A ce niveau de réalité, celui d'une administration scolaire locale, on voit combien l'exercice du pouvoir s'appuie sur l'utilisation de l'influence, c'est-à-dire sur des facteurs de persuasion plus diffus que l'autorité formelle, comme par exemple la compétence, le prestige, etc.

Le texte de Léon Dion nous ramène à la société globale du Québec et en même temps à un moment de crise où l'opposition des forces en présence s'est affirmée d'une manière particulièrement claire. Le projet de loi créant le ministère de l'Education et le Conseil supérieur de l'Education (Bill 60), introduisait brusquement un changement considérable dans l'équilibre délicat qu'on avait réussi à maintenir entre l'Eglise catholique et l'Etat au Québec depuis plusieurs décennies, équilibre dont l'Eglise catholique était finalement bénéficiaire. Mais par ce nouveau projet de loi, l'Eglise se voyait subitement privée de presque toute son autorité sur le secteur public de l'enseignement. Léon Dion a analysé la réaction des individus et des associations qui se sont prononcés à l'occasion de ce changement, pour conclure finalement que l'affrontement principal s'est fait au-delà des associations, entre les plus hauts représentants de l'Etat et les chefs de l'épiscopat. Son analyse relativise beaucoup le rôle effectif des groupes de pression, dans une circonstance où ils ont pourtant fait beaucoup de bruit, mais n'ont rien eu à voir à la solution finale du conflit.

Le dernier texte, de Gabriel Gagnon et Claude Gousse, nous ramène finalement au palier de structures beaucoup plus restreintes. Leur étude a cherché à cerner les différents éléments du processus de régionalisation scolaire dans un territoire limité. D'une manière concrète et précise, les auteurs dessinent les différents clivages qui planificateurs et les leaders locaux. A travers ce treillis de conflits, se sont manifestés : entre les villes principales concernées, entre les classes sociales, entre le clergé et l'industrie dominante, entre les les auteurs s'emploient à définir et caractériser le rôle des personnes et des associations engagées dans les luttes de pouvoir régionales qui accompagnent des prises de décision du type de celles décrites dans cet article. On verra qu'on retrouve au niveau régional des conflits qui existent au plan de la société globale, mais qu'il y a aussi des conflits spécifiques à la vie politique régionale.

PRATIQUE POLITIQUE ÉTUDIANTE AU QUÉBEC *

Paul R. BÉLANGER
Louis MAHEU

La mobilisation politique des populations étudiantes n'est pas en soi un phénomène vraiment contemporain. Certaines études ont déjà établi que des groupes étudiants ont participé à des mouvements politiques à diverses époques de l'histoire. [1] Par contre, la pratique politique étudiante, ces dernières années, s'est amplifiée en même temps qu'elle se caractérisait par des traits plus spécifiques et particuliers à cette population. Aussi a-t-on vu croître, en sociologie, un intérêt nouveau pour l'analyse de ces phénomènes. Les études consacrées à ce sujet se multiplient de même que les schémas d'analyse se diversifient.

Pour l'étude de la pratique politique étudiante québécoise contemporaine, nous avons, pour notre part, opté pour une grille d'analyse qui n'enferme pas l'étudiant, comme agent politique, dans le système d'enseignement supérieur. Sa mobilisation politique ne nous semble pas, au premier chef, être fonction de sous-cultures étudiantes plus ou moins contestataires et typiques des milieux universitaires ou des seules difficultés de fonctionnement des systèmes universitaires. Encore moins sommes-nous portés à penser que la marginalité sociale de la jeunesse étudiante est un facteur déterminant de politisation : « camper hors de la nation » ou de la société n'est pas de nature à susciter la mobilisation politique.

Au contraire, notre analyse ne produit une définition de l'étudiant comme agent politique qu'au moyen de déterminations structurelles qui conditionnent, provoquent et organisent la pratique politique étudiante qui vise elle-même à modifier le cadre sociétal où elle émerge.

---

* Ce texte fut rédigé à partir d'un travail commun réalisé par Paul R. BÉLANGER, François BÉLAND, Michel DORÉ et Louis MAHEU et qui donna lieu à une communication au Congrès mondial de sociologie tenu à Varna en 1970. Le texte tel que présenté ici, s'éloignant largement du premier travail qui l'a rendu possible, ne saurait être imputé qu'à ses auteurs qui remercient par ailleurs François BÉLAND et Michel DORÉ dont les efforts ont contribué à leur travail.

Au nombre des principales caractéristiques de la période des années '60 dans l'histoire du Québec, il nous faut retenir la politisation des problèmes de fonctionnement de l'appareil scolaire québécois : les rapports entretenus par cet appareil avec d'autres structures de la société, le système de production économique par exemple, devenaient l'enjeu de luttes et de rapports politiques. L'Etat et les diverses couches sociales qui appuyaient ses politiques d'intervention auprès de l'appareil scolaire rencontraient l'hostilité et l'opposition plus ou moins soutenues d'autres couches sociales qui appréciaient différemment les politiques de l'Etat en ce domaine.

Avec l'adoption du bill 60 qui créait, en 1963, le ministère de l'Education du Québec, le parti au pouvoir imposa une restructuration de l'appareil scolaire qui impliquait une responsabilité plus nette et ferme accordée à l'Etat et la mise en place d'organes officiels de consultation, comme le Conseil supérieur de l'Education, où l'Eglise était loin de conserver une fonction prépondérante. [2] Le législateur devait même consulter, au moment de la formation du premier Conseil supérieur de l'Education, de multiples associations qui n'avaient pu auparavant s'imposer comme interlocuteurs dans un secteur contrôlé par l'Eglise. Parmi celles-ci, notons les associations d'enseignants ; les associations d'administrateurs dans le domaine scolaire ; les associations de parents et parents-maîtres ; les associations syndicales ; et diverses associations d'affaires. Puis finalement, le législateur dut consentir, après que des représentations eurent été faites dans ce sens, à prendre aussi l'avis d'associations étudiantes et d'associations de professeurs et d'administrateurs universitaires. [3]

On a pu également observer, dans le processus de régionalisation de commissions scolaires, que même au niveau local et régional, les agents qui contrôlaient traditionnellement l'appareil scolaire pouvaient voir leur position sociale remise en cause. [4] Bref, la politisation des problèmes d'éducation a modifié les rapports de force entre les divers groupes sociaux qui se préoccupaient des politiques d'intervention de l'Etat auprès de l'appareil scolaire.

L'Etat devait aussi se lancer, au cours des années '60, dans des transformations importantes des structures académiques et du contenu des programmes d'enseignement. Ces mutations de structures et de programmes d'études visaient essentiellement à reprendre le retard que connaissait le Québec, par rapport aux principales provinces canadiennes, et notamment l'Ontario et la Colombie britannique, dans le développement de son appareil scolaire. On attribuait à ce retard les problèmes de développement économique du Québec qui se manifestaient par un revenu moyen inférieur à celui des provinces canadiennes riches et par une productivité industrielle, en général, plus faible. La main-d'oeuvre québécoise ne présentait pas des standards de qualification très élevés, ni des niveaux d'instruction jugés satisfaisants. [5]

Aussi, l'intervention de l'Etat auprès de l'appareil scolaire québécois avait-elle un sens bien précis : elle concernait la préparation et la modernisation d'une main-d'oeuvre professionnelle au moyen de transformations apportées aux structures et au contenu de l'enseignement. Afin d'assurer une plus grande adaptation de l'appareil scolaire aux exigences de développement de la société, l'Etat misait essentiellement sur le « capital humain » et le perfectionnement des « ressources humaines » comme facteur de production.

Ainsi cette intervention s'est accompagnée d'une augmentation considérable des investissements en éducation. Les dépenses totales d'enseignement au Québec qui étaient, à la fin des années '50, de l'ordre de $300,000,000, passaient en 1963 à $719,319,000 ; elles ont donc plus que doublé sur une période de cinq ans. [6] Les dépenses du ministère de l'Education sont passées de près de $200,000,000 en 1960-61 à près de $710,000,000 en 1967-68, puis à $1,100,114,000 en 1970-71 ; sur une période de dix ans, ces dépenses ont été multipliées à peu près par dix. Ces hausses représentent des taux d'augmentation annuelle qui sont légèrement supérieurs à l'augmentation annuelle des dépenses du gouvernement du Québec ; [7] ainsi, la proportion du budget total consacrée à l'enseignement est passée de 23% en 1959 à 32% en 1964, puis à 34.7% en 1969.

Il faut encore souligner que cette intervention de l'Etat auprès de l'appareil scolaire s'est accompagné d'un discours idéologique de circonstance. L'Etat, au moyen de slogans tels « Qui s'instruit s'enrichit », devait expliquer à la population combien l'éducation était le moyen par excellence de la promotion collective de la communauté canadienne-française. Le Québec était invité à joindre les sociétés industrielles avancées qui valorisaient, comme politique de croissance et de progrès, le développement et le perfectionnement continus des «ressources humaines ». [8]

I. L'ÉTAT ET L'APPAREIL SCOLAIRE

Trouver une explication à l'emprise que l'Etat, en tant qu'appareil central de la région politique d'une structure sociale globale, exerce sur l'appareil scolaire, suppose que l'on se donne quelques hypothèses de travail sur la fonction de l'Etat au sein d'une structure sociale. De telles hypothèses permettront de produire une interprétation des mutations subies par l'appareil scolaire dans les années '60 et des visées de l'Etat en regard d'une politique québécoise de perfectionnement et de développement des « ressources humaines ».

Des travaux récents, et entre autres ceux de R. Miliband, N. Poulantzas et A. Touraine, [9] suggèrent que la région politique d'une structure sociale est celle où s'élabore et se cristallise la cohésion, à un moment donné, d'une structure sociale en situation. Cette cohésion qui, par définition, est constamment à reprendre, est fonction du travail spécifique de l'Etat qui assure la gestion des principales contradictions de toute structure sociale et des rapports de force qu'elle englobe. Ces contradictions originent essentiellement des positions différentielles occupées par les classes ou couches sociales au sein du système de production puis dans les autres régions de la structure sociale. Comment les diverses classes et couches sociales parviendront-elles à influencer les politiques étatiques de manière à assurer la défense et la promotion de leurs intérêts sociaux ?

Ainsi revient-il à l'Etat, au sein de la région politique d'une structure sociale donnée, d'assurer et d'organiser, au moyen de ses multiples fonctions de législateur, de planificateur, de dirigeant politique, de définiteur de situation, la cohésion de la structure sociale. Il ne peut exécuter ce travail que dans la mesure où son ancrage dans la structure sociale, loin d'être marqué au coin de la neutralité, est fonction des rapports de conflit et d'alliance existant entre les diverses forces sociales de cette structure. Ainsi l'Etat est-il finalement entre les mains de forces ou couches sociales qui maintiennent des rapports particuliers avec la classe sociale dominante d'une structure sociale donnée. Cette dernière ne doit pas nécessairement activer elle-même les divers appareils de l'Etat pour qu'il émette et développe des politiques utiles au maintien et au renforcement de sa position sociale. Elle se fait le plus souvent l'allié d'un personnel politique, technocratique puis bureaucratique, dont l'autorité et le pouvoir sont fonction des liens qu'il maintient avec les forces sociales dominantes.

Pour les fins de notre démonstration, nous avons mis délibérément l'accent sur le processus par lequel l'Etat manifestait sa volonté d'intervention auprès de l'appareil scolaire québécois. Mais, on ne saurait guère nier que ce processus s'inscrivait dans un contexte politique plus large où l'Etat était au centre de rapports sociopolitiques qui opposaient et liaient tout à la fois la bourgeoisie industrielle et financière et la petite bourgeoisie canadienne-française. On peut rappeler à cet égard que la « Révolution tranquille » et les années qui la suivirent ont vu l'émergence d'un vaste programme de modernisation économique, administrative et culturelle. En plus d'une réforme complète de l'appareil scolaire, l'Etat imposait la nationalisation des trusts producteurs d'électricité ; la création de régies d'Etat pour assurer une meilleure gestion financière, stimuler la production économique, aider à la diversification et à l'augmentation des activités industrielles ; la rationalisation de l'administration publique ; la formation d'organismes-conseils voués à susciter le développement économique. Enfin ces dernières années, l'Etat s'attaquait au domaine du bien-être social et de la santé par une politique de planification des ressources investies dans ce secteur et de l'utilisation des divers services mis à la disposition de la population. Bref, tout au cours de la période qui nous retient, le bloc au pouvoir devait faire appel à divers appareils d'Etat, de manière à stimuler le développement économique du Québec.

Nous avons déjà souligné, comme l'indiquaient d'ailleurs la Commission Parent et le discours idéologique des dirigeants politiques, que la réforme de l'appareil scolaire visait essentiellement, d'une part, à préparer et moderniser la main-d'oeuvre professionnelle dont avait besoin le Québec et, d'autre part, à perfectionner et rationaliser le fonctionnement des institutions qui doivent assurer la promotion de la main-d'oeuvre. Nous pouvons émettre maintenant l'hypothèse que cette opération, au même titre que plusieurs des politiques de l'Etat au cours des dernières années, était finalement commandée par l'emprise de la bourgeoisie industrielle et financière sur l'Etat et par les pressions qu'exerçait sur ce dernier une clientèle politique plus large formée de forces sociales en voie de mobilité socio-politique ascendante au sein de la structure sociale québécoise. En effet, en premier lieu, les politiques de l'Etat qui assurent une meilleure préparation et qualification de larges fractions de la main-d'oeuvre professionnelle profitent d'abord essentiellement à la bourgeoisie industrielle et financière. Cette dernière est située de telle façon au sein d'une structure sociale, qu'elle commande en quelque sorte les politiques de l'Etat qui visent à parfaire la formation des forces productives. La productivité améliorée de ces dernières et les progrès de la technologie au niveau de l'utilisation des machines et du traitement des matériaux lui permettent de maintenir et de renforcer sa position sociale dans la mesure où elle met en oeuvre les procès de production.

Il faut remarquer, en second lieu, que si la bourgeoisie industrielle et financière profite de politiques sociales qui ne peuvent qu'assurer l'amélioration de la productivité d'une main-d'oeuvre plus spécialisée, l'Etat peut d'autant plus développer de telles politiques que celles-ci obtiennent simultanément l'appui de sa clientèle socio-politique plus large et des couches sociales qui se servent de ces politiques pour la promotion de leurs intérêts. Dans la région politique d'une structure sociale donnée où l'Etat est soumis au jeu politique des systèmes parlementaires, il faut que le groupe social qui contrôle cet appareil maintienne sa position socio-politique au moyen de politiques qui lui assurent la fidélité d'une large clientèle sociale. Sa gestion des principales contradictions d'une société ne peut échapper aux pressions qu'exercent des couches sociales en mobilité socio-politique ; ainsi, au Québec, les couches sociales plus urbanisées et scolarisées que le processus de développement économique fait émerger manifestent-elles des demandes sociales et politiques conformes à leur recherche d'une mobilité aussi bien occupationnelle que sociale.

En ce sens, on peut dire que la bourgeoisie industrielle et financière qui, grâce à sa position socio-économique dominante, influence les politiques de l'Etat peut être, conjoncturellement, l'allié objectif des couches sociales qui cherchent aussi à se servir des politiques étatiques en vue d'assurer leur mobilité sociale ascendante. Ces relations fonctionnelles momentanées d'alliance objective n'excluent pas tout affrontement dans la mesure même où la mobilité socio-politique de certaines couches de population peut mener ces dernières à s'opposer aux goulots d'étranglement que les intérêts de la bourgeoisie industrielle et d'affaire pourraient opposer à leur mobilité. De telles conjonctures de rapports socio-politiques peuvent alors provoquer des rapprochements entre forces sociales en mobilité socio-politique ascendante et forces sociales opposées aux politiques de l'Etat.

Il nous faut encore ajouter que les couches sociales en mobilité socio-politique se caractérisent souvent par une utilisation accrue de la qualification professionnelle pour pénétrer dans le monde de la production industrielle ou pour accéder à des postes au sein d'appareils d'Etat modernisés, tels la santé et le bien-être social, le système scolaire, les organismes de planification économique et sociale. Ces couches sociales particulières de professionnels salariés constituent ce qu'on appelle la nouvelle petite-bourgeoisie. Divers moments de la conjoncture des rapports de force les montreraient tantôt objectivement alliées à la bourgeoisie industrielle et financière, tantôt liguées avec les forces sociales d'opposition. En effet, la nouvelle petite-bourgeoisie doit tenir compte de l'ensemble des forces sociales qui peuvent conditionner au premier chef ses visées de mobilité socio-politique. D'autre part, particulièrement sensible aux idéologies de valorisation du progrès économique, de la croissance, de la productivité et de ses prérequis, elle cherche à marchander, aussi bien qu'à imposer, ses appuis et son pouvoir politiques et à utiliser des canaux de mobilité qui lui permettront de manifester son influence socio-politique. Pour ce faire, elle aura fréquemment recours à l'appareil scolaire et à l'ensemble du réseau institutionnel étatique dont elle saura profiter à sa manière.

Bref, nos hypothèses nous amènent à affirmer que les politiques d'intervention de l'Etat auprès de l'appareil scolaire profitent et à la bourgeoisie industrielle et financière, dont la position sociale s'accommode bien de politiques qui améliorent le rendement d'un système économique de production, et aux couches sociales dites néo-petites-bourgeoises qui cherchent, au moyen de politiques sociales qu'elles peuvent plus ou moins proposer ou imposer à l'Etat, à se servir du réseau institutionnel étatique comme instrument de mobilité socio-économique.

II. PRESSIONS DE LA DEMANDE SOCIALE SUR L'APPAREIL SCOLAIRE

L'appareil scolaire québécois, depuis le début des années '50 mais plus particulièrement encore depuis le début des années '60, a connu une progression graduelle de ses effectifs répartis en plusieurs secteurs, quoique l'intensité de ces augmentations de population a considérablement varié d'un secteur à l'autre. Les classes maternelles, par exemple, ont connu une évolution très sensible de leurs effectifs, à compter surtout des années '56-57, de sorte qu'en l'espace d'environ dix ans, ces effectifs ont été multipliés par huit. [10]

Le niveau secondaire de l'appareil scolaire présente, lui, une progression soutenue de ses effectifs depuis surtout la fin des années '50. Le taux de pénétration de la population âgée de treize à seize ans dans ce secteur est caractérisé par des bonds remarquables de sorte que de 38.3% qu'il était en 1951-52, il passe à 61% en 1959-60 pour se hisser à 96% en 1967-68. Ce secteur atteindra donc son niveau de saturation au cours des premières années de l'actuelle décennie. Quant au secteur pré-universitaire, on y observe une progression des effectifs qui voit passer le taux de pénétration, de la population âgée de dix-huit à vingt et un ans, de 3.8% en 1951-52 à 12.5% en 1967-68 ; en nombre absolu, les effectifs passent de 10,200 à 55,900 individus. Quant au secteur proprement universitaire de l'appareil scolaire, on y relève aussi une forte augmentation de sa clientèle : on y dénombre 20,700 étudiants en 1951-52 qui représentent, pour la population de dix-huit à vingt-quatre ans, un taux de pénétration de 4.4% ; puis, en 1961-62, 43,200 étudiants pour un taux de 7.9% ; finalement, en 1967-68, les effectifs atteignent 82,600 étudiants qui hissent le taux de pénétration à 11.3%. En nombre absolu évidemment le secteur du pré-baccalauréat s'avère le plus important ; le secteur post-baccalauréat, avec des effectifs moindres, connaît une plus forte progression. La clientèle de ce dernier secteur est multipliée par un peu plus de six de 1951-52 à 1967-68, avec une augmentation plus sensible à compter de 1961-62 et 1962-63 ; la clientèle du secteur pré-baccalauréat, pendant la même période, est elle-même multipliée par un peu moins de quatre.

Une telle consommation d'éducation devait se manifester par une série de répercussions sur la réussite sociale des diverses couches sociales composant la collectivité québécoise. Quoique nous n'ayions pas de données qui rendraient compte de la mobilité sociale collective canadienne-française pour toute la période de 1960-70, on peut faire appel à une étude qui présente succinctement certains mouvements de population spécifiques aux Canadiens français entre 1954 et 1964. [11]

L'étude de Dofny montre que, de 1954 à 1964, les Canadiens français pratiquent une percée dans les strates socio-occupationnelles non manuelles, qui exigent une certaine qualification professionnelle, et quittent les postes de manoeuvres qu'ils occupaient fréquemment. Les Canadiens anglais, quant à eux, pénétraient aussi davantage dans les strates non-manuelles tout en quittant surtout des postes d'employés des services.

Origine sociale de certaines catégories d'étudiants

Quoique l'ensemble des tendances que nous avons observées au niveau de la consommation accrue en éducation de 1951-52 à 1967-68 n'avaient pas encore, en 1964, complètement informé la mobilité sociale des Canadiens français, il reste que l'on peut estimer que l'entrée plus massive de ces derniers dans les strates socio-occupationnelles non manuelles fut aidée par une scolarisation accrue de cette population. Aussi, la nette progression de la mobilité sociale ascendante de 1954 à 1964 permet-elle de mieux éclairer les variations, d'une strate socio-économique de population à une autre, de leur pénétration dans les divers paliers de l'appareil scolaire. Cette pénétration différente d'une strate à une autre est mesurée par l'origine socio-économique des étudiants qui fréquentent l'appareil scolaire. [12] L'examen de quelques séries de données nous fournira des points de repère permettant de comparer la position relative de telle strate socio-économique dans la population active en général et dans la clientèle globale de tel ou tel secteur de l'appareil scolaire.

Avant d'examiner l'origine socio-économique des étudiants du niveau universitaire, on peut retenir quelques informations synthétiques d'études portant sur l'origine socio-économique des étudiants du secteur pré-universitaire. [13] Malgré quelques difficultés relatives aux différences de populations étudiantes couvertes dans ces analyses et aux variations de strates socio-occupationnelles retenues dans les échelles utilisées, il ressort de ces études que le secteur pré-universitaire de l'appareil scolaire semble particulièrement accessible aux étudiants dont le père exerce un travail qui le situe dans les catégories socio-occupationnelles moyennes. Par ailleurs, les étudiants dont les pères ont une profession caractéristique des strates socio-occupationnelles inférieures sont en général sous-représentés dans ce secteur de l'appareil scolaire, quoique l'intensité de cette sous-représentation peut varier d'une étude à l'autre. Quant aux strates socio-occupationnelles supérieures, elles ne souffrent pas de sous-représentation dans ce secteur de l'appareil scolaire. Il semble donc que l'accessibilité au secteur pré-universitaire soit un mécanisme de mobilité sociale utile d'abord aux étudiants issus des strates socio-occupationnelles moyennes.

Pour ce qui est des étudiants de niveau universitaire, nous disposons de quelques études qui ont dégagé certaines tendances relatives à leur origine socio-économique. [14]

Si l'on examine d'abord l'évolution comparée, pour une période qui va de 1950 à 1964, de la pénétration, à l'Université McGill et de Montréal, de diverses couches de population, on constate qu'à l'Université de Montréal les strates socio-occupationnelles supérieures et moyennes, d'après les résultats de recherche obtenus par Michèle Paquette, [15] sont demeurées à peu près stationnaires et quelque peu sur-représentées par rapport à leur position respective au sein de la population active globale. A l'Université McGill, par ailleurs, les mêmes catégories sociales progressaient régulièrement et occupaient des positions relatives plus élevées que celles qu'elles détenaient dans la population active globale. Cette tendance est encore plus manifeste, à McGill, pour les strates socio-occupationnelles moyennes, quoique la progression des strates supérieures ne peut être négligée. Par contre, les strates socio-occupationnelles inférieures connaissent, à McGill même, une augmentation fort lente de leur taux de pénétration. Tendance fort différente à l'Université de Montréal où les strates socio-occupationnelles inférieures sont de loin celles qui enregistrent la hausse la plus forte de tous les taux de pénétration dans le secteur universitaire pour cette période qui va de 1950 à 1964. La recherche de C. Gousse, [16] entreprise par C.R.O.P., confirme en partie ces résultats en présentant, pour 1969, une structure de répartition des populations étudiantes à l'Université de Montréal qui s'harmonise bien avec les tendances déjà observées.

L'étude de J. Brazeau et al. [17] permet de caractériser la clientèle sociale de l'Université de Montréal par rapport aux clientèles sociales des autres universités francophones retenues. [18] Elle amène ainsi à dégager quelques traits significatifs du fonctionnement des universités francophones québécoises. Dans un tel contexte, l'Université de Montréal présente une structure de population étudiante où les strates socio-occupationnelles supérieures sont proportionnellement plus représentées qu'ailleurs : cette proportion, en 1961, était aussi supérieure à la position sociale relative de ces groupes dans la structure globale de la population active. Si les strates socio-occupationnelles moyennes obtiennent une égale représentation au sein des populations étudiantes des trois universités, il n'en va pas ainsi pour les strates inférieures. Ces dernières sont beaucoup plus concentrées à l'Université de Sherbrooke qu'aux universités Laval et de Montréal. Il se peut que l'emplacement géographique de cette institution soit le facteur explicatif d'une telle caractéristique dans la mesure où les élites francophones québécoises sont davantage regroupées à Québec et Montréal.

On peut dégager de ces études que le secteur universitaire de l'appareil scolaire québécois s'avère, pour l'ensemble de la population étudiante francophone répartie dans toute la province, une courroie de mobilité sociale fort importante pour les étudiants issus des strates socio-occupationnelles inférieures et moyennes-inférieures. Quels que soient les décalages de scolarité ou de persévérance scolaire que l'on peut noter entre les populations actives et scolaires ontariennes et québécoises, il faut retenir que ces dernières, au sein de leur collectivité nationale, profitent, à des degrés divers, d'une mobilité sociale à laquelle donne accès une pénétration, plus audacieuse au cours des dernières années, des divers secteurs de l'appareil scolaire. [19]

En résumé, il nous faut retenir que l'appareil scolaire québécois, y compris le secteur de l'enseignement supérieur, sert de canal de mobilité sociale ascendante pour bon nombre de ceux qui s'y inscrivent. La pression de la demande sociale sur l'appareil scolaire, surtout à compter des années '60, devait rendre encore plus manifeste ce mouvement de population. Dès lors constatons-nous le bien-fondé de notre hypothèse : le Québec des années '60 voyait émerger, de façon plus nette et massive, une nouvelle petite-bourgeoisie relativement modernisante qui savait tirer profit des politiques de l'Etat qui lui rendaient accessible une meilleure qualification professionnelle et une promotion sociale certaine. Par ailleurs, ce phénomène général d'expansion devait s'accommoder simultanément de certaines restrictions : les diverses strates socio-occupationnelles et spécialisations professionnelles n'étaient pas accessibles à toutes les classes sociales ou groupes ethniques. En ce sens, même si l'appareil scolaire permettait une mobilité sociale inter-générationnelle, ce mouvement n'effaçait pas toutes les inégalités sociales ou ethniques dans la mesure où les groupes sociaux ou ethniques du Québec ne voyaient pas leur situation sociale vraiment en cause. Les groupes conservaient et maintenaient leur position sociale particulière.

TABLEAU 1

Occupation du père d'étudiants de niveau universitaire, selon diverses études.
(en pourcentage)

OCCUPATION DU PÈRE	SOURCE												
	PAQUETTE (1950-1964)								BRAZEAU (1961)				GOUSSE (1964)
	Montréal				McGill				Laval	Montréal	Sherbrooke	Total	Montréal
	1950	1955	1960	1964	1950	1955	1960	1964					
Professionnel	15.4	9.7	10.1	14.6	11.3	25.7	20.5	15.6	8	13	5	10	13.5
Gérance et administration[1]	3.9	6.5	5.0	6.3	3.6	10.5	13.2	14.3	6	9	5	7	8.5
Semi-professionnel	1.5	2.6	3.2	4.7	1.5	3.1	4.6	7.2	2	2	2	2	2.2
Petite administration et petit commerce[2]	28.7	29.9	28.9	27.2	16.9	27.8	37.7	41.8	27	24	27	25	22.1
Collet blanc	5.4	9.0	8.7	6.7	3.6	3.1	7.3	10.1	11	10	1	9	9.9
Ouvrier spécialisé	13.0	9.7	18.3	16.9	3.1	9.4	8.2	7.6	18	19	23	19	20.6
Ouvrier semi-spécialisé	3.9	6.5	4.6	7.5	0.5	2.6	1.8	0.8	5	5	7	5	7.9
Manoeuvre[3]	3.1	5.8	6.4	9.1	0.5	1.6	2.3	0.4	8	5	14	7	6.5
Cultivateur	4.6	5.9	8.3	5.1	2.1	4.7	3.6	2.1	12	9	14	11	0.9
Inconnue	20.8	14.3	6.4	2.0	56.9	11.5	0.9	0					

1 « Propriétaires », dans l'étude de GOUSSE.
2 « Employés de bureau », dans l'étude de PAQUETTE.
3 « Journaliers », dans l'étude de PAQUETTE.
SOURCES : M. PAQUETTE, op. cit.
  J. BRAZEAU et alii, op. cit.
  C. GOUSSE, op. cit.

TABLEAU 2

Structure occupationnelle masculine du Québec, selon diverses mesures.

(en pourcentages)

BLISHEN (1961)		RECENSEMENT (1961)		DOFNY (1964)	
Professionnels et cadres supérieurs	4	Professions libérales et techniciens	7.8	Professions libérales et haute administration	4.7
Propriétaires et gérants de grosse entreprise	4	Administrateurs	9.6	Semi-professionnels et cadres moyens	15.2
Techniciens, propriétaires, gérants de moyenne entreprise, représentants de commerce	9	Employés de bureau, vendeurs, employés des services	7.5	Cols blancs	15.8
Agents de maîtrise, propriétaires et gérants de petites entreprises, opérateurs, ouvriers spécialisés, personnel de bureau	19	Employés des transports et communications	8.2	Services personnels et publics	8.0
Ouvriers semi-spécialisés	33	Ouvriers qualifiés	31.0	Ouvriers spécialisés et semi-spécialisés	32.3
Journaliers, manoeuvres	32	Manoeuvres	6.9	Manoeuvres	20.1
		Agriculteurs	9.1	Fermiers	3.9
		Autres travailleurs du primaire	3.7		
		Non-déclarés	3.0		

SOURCES: B.R. BLISHEN, « A socio-economic Index for occupations in Canada », *Revue canadienne de sociologie et d'anthropologie*, IV, 1, février 1967, p. 52.
Recensement du Canada, 1961.
J. DOFNY et M. GARON-AUDY, *op. cit.*

III. L'ÉTUDIANT COMME AGENT POLITIQUE

Bien loin de n'assurer que la qualification professionnelle de la force productive, l'enseignement supérieur, au sein de structures sociales contemporaines, s'est de plus en plus consacré à la production scientifique et aussi quelquefois technologique. La production scientifique acquiert de plus en plus par ailleurs une fonction de moyen de production au sein des systèmes de production où la connaissance apporte une contribution déterminante. [20] Que l'enseignement supérieur ou l'université soit touché par de telles fonctions attribuées à la connaissance, est visible au niveau de nombreux éléments structurels qui caractérisent alors le rendement de ce secteur de l'appareil scolaire : importance relative de la recherche ; développement de laboratoires ou de structures plus restreintes de production de connaissances ; croissance d'un personnel spécialisé en recherche au sein de l'université, etc. Nous émettons cependant l'hypothèse que le secteur francophone de l'enseignement supérieur québécois est moins caractérisé par ce type de fonctions que par sa propension à produire surtout de la qualification professionnelle. Il prépare une main-d'oeuvre spécialisée pour divers appareils économiques et étatiques en même temps qu'il assure le renouvellement des professions libérales traditionnelles. [21]

Les caractéristiques du fonctionnement du secteur francophone du système d'enseignement supérieur québécois impliquent que l'étudiant ne sera pas défini par sa place de nouveau technicien ou producteur scientifique au sein du procès de production de la connaissance scientifique et technologique et par ses rapports avec les patrons et les clients de cette production. Le secteur francophone de l'enseignement supérieur québécois n'est pas fortement engagé dans des activités de recherche et dans la production de diplômés de grade supérieur. Il ne véhicule donc pas d'incitation structurelle à une action politique étudiante qui serait fonction des activités de production scientifique et des rapports sociaux entre agents qui l'assurent. Il nous semble qu'un schéma d'analyse qui placerait ces éléments au centre de sa démonstration ne pourrait rendre compte de façon satisfaisante de la pratique politique étudiante au Québec. L'étudiant québécois, en général, est davantage défini par la position socio-économique qu'il occupe au moment où il pénètre dans le système d'enseignement supérieur. La qualification professionnelle qu'il retire de ce système lui permettra ensuite d'accéder à une mobilité sociale inter-générationnelle ascendante.

Ajoutons encore que cette détermination structurelle, issue du fonctionnement du système d'enseignement supérieur québécois, est d'autant plus conséquente qu'elle est appuyée et développée par des tendances structurelles que nous avons déjà notées. On sait que l'Etat, par sa politique de modernisation de l'appareil scolaire, rendait plus accessible ce canal de mobilité sociale, en même temps que certaines couches sociales, par une demande accrue en éducation, exerçaient des pressions sur lui pour que ses politiques soient le plus possible conformes à la promotion et à la défense de leurs intérêts sociaux.

Cette combinaison de facteurs est particulière à une structure sociale donnée à un moment de son histoire. Un tel syndrome de déterminations structurelles nous apparaît posséder, pour les formes spécifiques de manifestations politiques étudiantes dont nous voulons rendre compte, des capacités heuristiques certaines qui permettent de signifier cette pratique politique.

L'étudiant québécois est un agent social qui est en voie d'acquisition d'un statut socio-occupationnel qui le situera au sein de la nouvelle petite-bourgeoisie, couche sociale qui compte avec la spécialisation professionnelle comme source de promotion et de mobilité sociales. Cet agent social possède, en général, une formation professionnelle, plutôt de premier cycle, obtenue de secteurs académiques soit professionnels (Commerce — Affaires, Droit, Santé) ; soit fondamentalistes mais sans être des sciences pures (Lettres, Sciences sociales) ; soit encore appliqués dans la mesure où il aurait pu acquérir une formation issue de domaines d'études des sciences sociales appliquées. Il se présente sur un marché du travail qui n'est pas sans poser de problèmes de sorte qu'il s'oriente plus fréquemment vers la pratique professionnelle privée ou la fonction publique que vers l'entreprise privée.

Définis par les places qu'ils vont occuper dans les rapports de production, les étudiants ne forment pas une catégorie autonome en tant qu'étudiants, ils sont des agents en voie de qualification. Cette détermination structurelle des étudiants universitaires québécois entraîne, sur le plan politique, des pratiques proches de celles des couches dans lesquelles ils vont s'introduire. Ces couches, étant donné la faiblesse au Québec d'une bourgeoisie économique francophone, sont, globalement, celles de la nouvelle petite-bourgeoisie. C'est donc par rapport aux positions politiques de cette nouvelle petite-bourgeoisie qu'il faut analyser le rôle politique des étudiants universitaires québécois francophones.

Nous avons dit plus haut que la dite « révolution tranquille » se caractérisait par la prise de pouvoir de la bourgeoisie industrielle et financière appuyée par la nouvelle petite-bourgeoisie qui profitait des avantages de la modernisation entreprise. C'est en relation avec cette conjoncture politique qu'il faut examiner l'histoire récente du mouvement étudiant québécois et plus directement la place politique des étudiants dans les rapports socio-politiques québécois dans la période allant de 1955 à 1970. La mise en relief de leur position découle de l'importance de la réforme du système d'éducation ou de l'appareil scolaire dans l'ensemble des mesures de modernisation, et de la nature même des mutations politiques observées ; des étudiants ont été fortement impliqués comme force sociale et leur intervention politique a souvent été considérée comme essentielle dans le rapport de forces.

Dans notre analyse de la pratique politique étudiante, trois ensembles d'éléments seront retenus : les interventions des syndicats ou associations d'étudiants, celles de groupes de militants sans caractère représentatif, enfin les attitudes politiques des étudiants telles que mesurées par des sondages. Les rivalités politiques entre groupes à l'intérieur même des associations ne seront considérées que si elles sont liées de quelque façon à la position des étudiants dans le jeu politique global.

IV. L'ACTION POLITIQUE DES ÉTUDIANTS,
1956-1967

Jusqu'au début des années 1950, les étudiants avaient tendance à se définir eux-mêmes comme des privilégiés et, pour toute manifestation, à entretenir le folklore étudiant carabin. Mais, vers la fin des années '50, activés par des militants, les étudiants se mobilisent davantage politiquement. En 1956, les diverses associations étudiantes réclament une augmentation des ressources financières pour l'enseignement supérieur, une plus forte accessibilité à l'éducation pour les diverses couches de la population, et un développement plus rationnel des politiques étatiques en matière d'éducation. En même temps, elles entreprennent une série d'actions pour mobiliser les étudiants, alerter l'opinion publique et faire pression sur le gouvernement : une marche d'étudiants sur le Parlement en 1956 ; des communiqués de presse et des mémoires au gouvernement ; une grève générale des étudiants universitaires au printemps de 1958 suivie d'un siège de plusieurs semaines par trois étudiants des bureaux du Premier Ministre pour obtenir qu'il rencontre les dirigeants étudiants.

Le gouvernement refusait toujours de discuter avec les étudiants et c'est maintenant sur la place publique que les étudiants portent le problème. Durant l'été 1958, les associations étudiantes organisent, avec les trois étudiants qui avaient occupé les bureaux du Premier Ministre, des assemblées populaires dans diverses parties du Québec pour renseigner « le peuple sur les graves et épineux problèmes de notre système d'enseignement ». Plusieurs professeurs des universités Laval et de Montréal participent à cette campagne de sensibilisation, ainsi que des militants syndicaux qui organisent des assemblées populaires. [22]

Ce n'est qu'en décembre 1958 que le Premier Ministre accepte de rencontrer les présidents des associations universitaires étudiantes. Les étudiants voient dans ce geste une reconnaissance de leurs associations, mais les commentaires de M. Duplessis à la lecture du mémoire ne laissent planer aucun doute : « C'est pas de vos affaires ... Vous êtes à l'université pour travailler, pas pour tout régenter. Laissez le gouvernement se charger du reste. » A l'intention des journalistes M. Duplessis déclare : « Je leur demanderais de souligner qu'il n'a jamais été question de discuter avec les étudiants les problèmes intéressant les universités et le gouvernement. » [23]

Les associations étudiantes continuent à rédiger mémoires et études et, à l'instar d'autres groupes sociaux, réclament la formation d'une Commission royale d'enquête sur l'éducation.

Ainsi, autour des problèmes de l'enseignement se cristallisait une opposition de plus en plus forte au pouvoir politique de la petite-bourgeoisie traditionnelle. La collusion d'une Eglise qui maintenait une éducation basée sur l'humanisme traditionnel [24] et d'un gouvernement indifférent aux problèmes de l'enseignement était dénoncée par les étudiants. Et leurs interventions en faveur de la réforme scolaire recevaient l'appui de larges secteurs de la population, en particulier des centrales syndicales ouvrières. [25] Objectivement, les étudiants constituaient alors une force politique alliée à celle qui appuyait le parti Libéral dont le programme faisait une large place à la réforme de l'enseignement et à la participation étudiante. [26]

L'avènement d'un nouveau bloc au pouvoir dirigé par le parti Libéral en 1960 représente pour les étudiants sinon la victoire, du moins la possibilité de voir se réaliser l'essentiel de leurs revendications. La nouvelle petite-bourgeoisie avait appuyé le parti Libéral dont le programme de modernisation économique, administrative et culturelle devait favoriser la mobilité sociale. Les étudiants ont en effet accordé leur support politique à la plupart des initiatives du nouveau régime.

a) Le syndicalisme étudiant et la réforme scolaire

Toutefois, c'est dans le processus de réforme de l'appareil scolaire que l'intervention politique des étudiants a été la plus importante ; c'est aussi dans ce domaine que leur contribution a été le plus souvent sollicitée : les étudiants ont en effet désigné des représentants officiels au sein d'organismes gouvernementaux. Cette mobilisation politique, ajoutée à cette nouvelle fonction d'interlocuteur, exigeaient un renforcement de leurs associations et la transformation de leur idéologie : le syndicalisme étudiant s'est alors constitué pour satisfaire les exigences de cette nouvelle conjoncture politique. Jusque-là les associations d'étudiants n'étaient pas fédérées et seuls les étudiants universitaires étaient membres d'une fédération canadienne.

Ce sont les journalistes étudiants qui ont pris l'initiative de la syndicalisation et du regroupement. La P.E.N., [27] après une réunion avec les leaders étudiants, déclare en août 1962 que les journalistes étudiants « s'entendent sur la nécessité de structures qui permettront à la collectivité étudiante une participation institutionnalisée à la vie intellectuelle, sociale et politique du Québec, et décident d'activer l'évolution du milieu en ce sens ». [28] Dès lors, de novembre 1962 à mai 1963, un vaste mouvement de regroupement d'associations étudiantes gagne pratiquement tous les secteurs d'enseignement au Québec : enseignement spécialisé et technique, collèges classiques, écoles d'infirmières, écoles normales. Ce mouvement conduira à la fondation, en novembre 1964, de l'Union Générale des Etudiants du Québec (U.G.E.Q.) et, par le fait même, au retrait des étudiants universitaires francophones de la fédération canadienne (F.N.E.U.C.). La nouvelle union, définie comme le syndicat étudiant non-confessionnel, démocratique et libre des étudiants québécois, explicite la nouvelle idéologie étudiante. Le corporatisme associé au statut privilégié de l'étudiant, au folklore et à la non-responsabilité fait place au syndicalisme qui définit l'étudiant comme un jeune travailleur intellectuel ; dès lors, l'U.G.E.Q. exige de l'étudiant une prise de conscience de ses responsabilités sociales et politiques et revendique pour lui la participation aux affaires étudiantes. [29] La démocratisation de l'éducation par la disparition des frais de scolarité et la création de nouvelles institutions publiques, ainsi que la participation des étudiants, demeureront les principaux axes de revendication de l'U.G.E.Q.

Les mois précédant immédiatement la formation de la centrale syndicale ont permis aux étudiants de manifester leur appui non équivoque aux projets de réforme scolaire du bloc au pouvoir, par exemple au projet de régionalisation scolaire (Opération 55) qui par ailleurs suscitait une forte opposition au niveau local [30]. Mais la mobilisation politique des étudiants fut plus importante encore lors des luttes politiques et idéologiques entourant la création du Ministère de l'éducation. Les multiples associations contrôlées par les notables locaux et le clergé s'opposent farouchement à l'étatisation tandis que celles représentant les ouvriers syndiqués, les bourgeois et la nouvelle petite-bourgeoisie l'approuvent tout aussi fortement. [31] Les associations d'étudiants sont intervenues à plusieurs reprises et ont été parmi les plus actives et « les plus ferventes à appuyer le bill 60 ». [32] L'appui apporté par les étudiants aux politiques gouvernementales et leur organisation en syndicats représentatifs leur ont permis d'être consultés sur les affaires étudiantes.

En particulier, ils sont invités par le gouvernement à siéger sur des comités conjoints d'études ou de consultation concernant surtout l'accessibilité aux études et l'action sociale étudiante. Malgré les tensions suscitées par les conflits entre fonctionnaires et étudiants et le refus des étudiants d'être solidaires des politiques gouvernementales, les étudiants n'en exigeaient pas moins d'être consultés. [33] Ils ont en effet siégé sur au moins cinq comités conjoints formés entre 1963 et 1965 ; on verra plus loin pourquoi aucun ne subsistait en 1968.

b) Les syndicats locaux

Au niveau des institutions d'enseignement, les associations ou syndicats revendiquent une amélioration des services aux étudiants, une rationalisation de la gestion administrative et financière et surtout la participation des étudiants aux décisions. En 1963, l'A.G.E.L. demande que le principe de la cogestion soit reconnu. A l'Université de Montréal, l'A.G.E.U.M. siège déjà sur un comité conjoint étudiants-professeurs-administrateurs ; ils y voyaient une reconnaissance officielle de leurs association et de leur droit à se prononcer sur les politiques de l'université. Et à l'occasion de l'étude par le gouvernement de la nouvelle charte de l'Université de Montréal, elle engage la lutte pour la co-gestion à tous les niveaux de la hiérarchie ; elle demande que l'université soit non-confessionnelle et publique, et qu'elle soit reconnue comme étant une communauté de professeurs et d'étudiants. Les centrales syndicales ouvrières appuient les objectifs de l'A.G.E.U.M. ; aucune concession importante cependant n'est faite aux étudiants, le gouvernement ayant accepté le projet de charte soumis par les administrateurs de l'Université. Mais à cette même occasion, l'A.G.E.U.M. demande à l'Etat de planifier l'enseignement supérieur tout en respectant l'opinion des membres de la communauté universitaire.

Que ce soit par leurs manifestations, leurs campagnes de mobilisation, les prises de positions des leaders officiels ou leur participation à des organismes consultatifs gouvernementaux, les étudiants ont donc constitué, comme mouvement politique, un support aux forces politiques modernisantes constituées principalement de la bourgeoisie industrielle et financière et de la nouvelle petite-bourgeoisie des salariés, des administrations et des bureaucraties. Sans qu'il faille confondre tendance dominante décelée par les pratiques mobilisatrices et majorité exprimée par des sondages d'opinions, la même constatation s'impose si l'on examine les attitudes politiques des étudiants à partir de quelques sondages. En 1963, l'idée de l'indépendance du Québec était, sinon relativement nouvelle, du moins propagée par des mouvements politiques récents. Les étudiants se prononcent contre dans une proportion de 53% tandis que 25% se disent favorables. [34] Les jeunes, eux, d'après un sondage réalisé en 1964, indiquent qu'ils voteraient pour le Parti Libéral dans une proportion de 59.4%, pour l'Union Nationale, 17.6% et pour le R.I.N., 8.7%. [35] De même, le Parti Libéral reçoit le plus d'intentions de vote, en mars 1967, parmi les étudiants de toutes les facultés d'un échantillon à l'Université de Montréal. [36] En somme, ces divers résultats de sondages indiquent bien que le Parti Libéral est alors le principal porte-parole politique des étudiants.

La tendance politique dominante dans le milieu étudiant repérée au niveau de l'action syndicale et politique n'a pu apparaître avec autant de visibilité qu'à la faveur de la conjoncture politique de la « révolution tranquille ». En tant que partie de la nouvelle petite-bourgeoisie, les étudiants favorisent cette intervention de l'Etat québécois et ses effets sur la modernisation des appareils et l'ouverture de canaux de mobilité socio-économique. Cette politique a effectivement servi les intérêts de la nouvelle petite-bourgeoisie ; nous avons noté plus haut les mouvements de mobilité, ajoutons qu'entre 1960 et 1968 les catégories occupationnelles dont la croissance du revenu a été le plus élevée sont les instituteurs et les professeurs, les employés d'institutions, les employés provinciaux et les professions libérales. [37] Les traits caractéristiques de la tendance politique dominante parmi les étudiants peuvent être ainsi résumés : intense mobilisation politique, alliance avec les forces politiques modernisantes, support à l'intervention de l'Etat.

V. LES ANNÉES 67-70 : LE FRACTIONNEMENT

Le repérage d'une tendance politique dominante ne signifie pas que la pratique politique étudiante est homogène. D'une part, la tendance dominante recouvre des groupes aux intérêts divers mais momentanément alliés. D'autre part, elle coexiste avec d'autres forces qui, pour avoir moins de visibilité politique, n'en sont pas moins importantes. Ainsi, au Québec, en dehors de la tendance politique dominante précédemment identifiée, existaient des forces indépendantistes et des groupes qui cherchaient à développer des alliances avec la classe ouvrière. Mais ce n'est qu'à partir de 1967 [38] que ces deux tendances se consolident et manifestent ainsi de profondes divisions au sein du milieu étudiant qui auront pour conséquence la disparition des organisations syndicales étudiantes. Ce fractionnement du mouvement étudiant, pas plus que la tendance dominante de la période précédente, ne peut être expliqué par le seul jeu politique interne au milieu étudiant ou aux institutions d'enseignement ; il faut faire intervenir la position politique de la nouvelle petite bourgeoisie. En effet, l'emprise croissante de la bourgeoisie au sein de la coalition politique apparue au début des années '60 fait éclater le bloc au pouvoir en même temps qu'elle prépare la voie à des affrontements entre le capital et le travail et à une politisation de la classe ouvrière.

a) La tendance « nationaliste »

Si la coalition entre la bourgeoisie et la nouvelle petite-bourgeoisie a pu permettre la modernisation de certains secteurs économiques, administratifs et culturels, elle n'a pu éliminer tous les obstacles à la mobilité des professionnels qualifiés francophones. D'abord la structure économique du Québec fournit toujours, comparativement à celle de l'Ontario, peu d'emplois hautement qualifiés : l'industrie lourde est faible, la recherche et le développement sont réalisés dans les entreprises-mères, et les emplois qualifiés, on l'a vu, sont assurés surtout par des anglophones. La loi 63 sur la langue d'enseignement maintient cette inégalité. Enfin, les entreprises d'Etat créées sous la révolution tranquille ont été limitées à des activités complémentaires et non concurrentielles des entreprises possédées par les anglophones, de sorte que leur développement a été relativement lent.

Ces éléments de structure contribuent à la consolidation d'un mouvement politique qui prône l'indépendance du Québec pour récupérer les pouvoirs de l'Etat fédéral et les administrations correspondantes, ainsi que certains leviers économiques aux mains de la bourgeoisie anglo-canadienne. Ce mouvement politique sera de plus canalisé par le Parti Québécois qui absorbera les différents groupes indépendantistes déjà existants, en particulier le R.I.N.

Sur le plan plus spécifique de l'appareil scolaire, la réforme des débuts de cette période n'a pas atteint le niveau universitaire ; le réseau des institutions anglophones ouvert aux immigrants a été maintenu ; les revendications étudiantes de participation et de gratuité scolaire ont échoué. C'est par rapport à ce contexte structurel et conjoncturel que doivent être situées les principales manifestations étudiantes et les politiques des organisations syndicales étudiantes.

En effet, la réforme du système d'enseignement est encore l'objet des principales interventions politiques des étudiants. A l'automne 1968 une crise secoue les C.E.G.E.P. : les étudiants occupent les locaux de quinze des vingt-trois C.E.G.E.P. et l'enseignement sera paralysé pendant environ deux semaines. Le mouvement d'occupation eut un impact considérable car il survenait peu après les événements de mai en France, et des étudiants de quelques facultés universitaires occupaient aussi leurs locaux. Surtout ce mouvement se produisait une année à peine après la création de ces nouvelles institutions qui se situaient dans la ligne de la réforme amorcée plus tôt : accessibilité, gratuité scolaire, fin du monopole du clergé, participation des étudiants. Les étudiants ne remettent pas en question les caractères essentiels de ces institutions. Outre un changement dans les services pédagogiques, leurs revendications incluent l'amélioration du système de prêts-bourses, la création d'une nouvelle université de langue française à Montréal et une rationalisation du système d'enseignement en fonction du marché du travail et des besoins sociaux du Québec. La lutte porte donc globalement sur le manque de débouchés des étudiants des C.E.G.E.P., soit en termes d'ouverture du niveau universitaire, soit en termes d'accessibilité pour les techniciens au marché du travail. Il était effectivement prévu que les universités actuelles ne pourraient recevoir tous les étudiants et que le taux élevé de chômage et une structure industrielle favorisant la main-d'oeuvre non qualifiée rendraient difficile à ceux qui avaient choisi le secteur technique la tâche de se trouver un emploi. [39] Une nouvelle université francophone fut effectivement créée vers la fin de la même année à la suite de ces pressions des étudiants.

Les manifestations dites nationalistes, initiées ou fortement appuyées par les étudiants, s'insèrent aussi dans ces luttes pour obtenir ou récupérer les instruments essentiels à la mobilité sociale de professionnels qualifiés. L'opération McGill et la mobilisation contre le projet de loi 63 ont pris une envergure particulière.

L'Université McGill est à certains égards la meilleure université du Québec. Elle est dénoncée par les étudiants comme une institution de la bourgeoisie anglophone et un instrument de la minorité colonisatrice servant la domination anglaise au Québec ; elle aurait même acquis son niveau de qualité en bonne partie grâce aux privilèges accordés par l'Etat québécois. Toujours selon les étudiants, les universités anglophones recevraient 30% du total des subventions accordées aux universités du Québec alors que la population anglophone ne représente que 17% du total ; de plus, 20% des étudiants de McGill seraient des étrangers et 51% de ses diplômés travailleraient à l'extérieur du Québec. [40] Les étudiants demandent donc que l'Université McGill soit francisée et qu'elle s'insère dans la vie québécoise. En liaison avec des groupes de nationalistes et de socialistes (dont quelques-uns anglophones), ils organisent une manifestation à laquelle assistaient environ 10,000 personnes.

En octobre de la même année, le gouvernement de l'Union Nationale présente et fait adopter, appuyé par le Parti Libéral, le projet de loi 63 garantissant aux parents le libre choix pour leurs enfants de la langue d'enseignement. Cette mesure signifiait non seulement la reconnaissance juridique d'un état de fait mais aussi l'obligation pour certaines commissions scolaires, qui jusque là s'y étaient opposées, de donner l'enseignement en anglais ; elle accentuait ainsi l'intégration des immigrants au milieu anglophone et favorisait l'assimilation graduelle des francophones. [41]

Une forte opposition s'élève contre ce projet de loi ; la liste des « pour » et des « contre » ne laisse aucun doute sur la signification de cette lutte. Les organisations patronales, les groupes de pression anglophones, le Maire de Montréal et presque tous les éditorialistes des journaux anglophones et francophones approuvent le projet de loi. S'y opposent une foule d'associations dont les syndicats ouvriers, des comités de citoyens, la C.S.N., la C.E.Q. ; les syndicats d'écrivains, de cinéastes, de journalistes, et d'auteurs-compositeurs ; les mouvements nationalistes, les recteurs d'universités, les professeurs de presque toutes les facultés, les enseignants, les étudiants et le Parti Québécois. Le monde de l'éducation est immobilisé pendant une semaine, les étudiants occupent de nouveau les collèges et universités : une manifestation réunit de 40,000 à 50,000 personnes au Parlement de Québec. Le projet de loi est adopté, le mouvement d'opposition s'effrite. Cette loi rend manifeste l'hégémonie de la classe bourgeoise anglophone sur le bloc au pouvoir. En tant que maintien des limites du marché du travail pour les francophones, elle accentue les revendications nationalistes.

Par ailleurs, ces diverses luttes ont accru sur le plan politique l'appui des étudiants au Parti Québécois dont l'objectif est l'autonomie politique du Québec et la remise aux Québécois de certains contrôles économiques en particulier avec l'aide de l'Etat. Déjà en créant l'U.G.E.Q., les étudiants avaient rompu avec leur fédération canadienne, la F.N.E.U.C., et reconnaissaient ainsi non seulement la juridiction des provinces en matière d'éducation mais aussi le Québec comme lieu de leurs luttes politiques. En 1963, on s'en souvient, 25% des étudiants se prononcent en faveur de l'indépendance du Québec ; les journalistes étudiants (P.E.N.) optent pour l'indépendance du Québec en 1965, et l'exécutif de l'U.G.E.Q. fait de même en 1969. Aux élections législatives de 1970, où le P.Q. obtient 24.5% des votes, 40% des étudiants, selon un sondage, auraient voté pour le P.Q. et 32% pour le Parti Libéral. [42] De plus, des étudiants se sont engagés activement dans la campagne électorale en faveur du P.Q. [43]

Ainsi, la tendance nationaliste, repérée en particulier par les pratiques politiques mobilisatrices des étudiants et par les attitudes politiques, a pour objet la lutte contre la petite-bourgeoisie des notables et la bourgeoisie industrielle et financière anglophone au moyen de la croissance des appareils d'Etat. Dans ce sens, ce sont leurs propres intérêts que ces étudiants défendent, leur promotion occupationnelle individuelle. Etant qualifiés pour travailler dans de grandes organisations et pouvant difficilement en raison de leur origine sociale et de la discrimination ethnique pénétrer dans la bourgeoisie anglophone et dans les appareils de l'Etat fédéral, [44] ces étudiants en tant que partie de la nouvelle petite-bourgeoisie mobilisent leurs forces en fonction du développement des appareils d'Etat québécois ; [45] l'indépendance politique, la récupération de certains contrôles économiques, etc. auraient justement cet effet.

b) La tendance « bourgeoise »

La jonction des intérêts d'une fraction de la nouvelle petite-bourgeoisie et de la bourgeoisie industrielle et financière perpétue l'alliance caractéristique de la Révolution tranquille. Elle s'articule pour une part sur la modernisation des appareils d'Etat, et notamment, dans la conjoncture actuelle, sur la rationalisation des secteurs de la santé et des services sociaux où la petite-bourgeoisie traditionnelle conserve des intérêts et privilèges. D'autre part, elle se porte à la défense de l'entreprise privée capitaliste et développe l'idéologie qui veut que des Québécois francophones ayant un véritable esprit d'entrepreneur sont capables de créer de grandes entreprises, ou d'accéder aux postes de direction des entreprises du capitalisme international américain ou du capitalisme anglo-canadien.

La fraction étudiante liée politiquement à cette classe dominante a une visibilité politique relativement plus faible que les deux autres. Outre le sondage ci-haut mentionné où 32% des étudiants indiquent leur intention de voter pour le Parti Libéral, les expressions de cette tendance par rapport aux politiques adoptées par les organisations étudiantes sont pour la plupart « négatives » ou oppositionnelles. En 1966, alors que l'U.G.E.Q. demande l'abolition des frais de scolarité et un pré-salaire étudiant, les étudiants en commerce de l'Université Laval se prononcent contre la gratuité scolaire et en faveur d'un système de prêts. L'année suivante, leurs collègues de Montréal, les étudiants des Hautes Etudes Commerciales, se retirent de leur syndical local, l'A.G.E.U.M. Un bilan fait en 1969 indique que plusieurs associations d'étudiants des disciplines professionnelles se sont déjà retirées ou sont en voie de le faire : Polytechnique, Hautes Etudes Commerciales, Art dentaire. [46] A l'Université Laval, à peu près les mêmes facultés réclament la dissolution de l'A.G.E.L. [47] Ces étudiants sont le plus souvent favorables à des actions corporatistes au niveau de leurs institutions et ils maintiendront leurs associations à ces fins, ils appuient plus que les autres le Parti Libéral ou l'Union Nationale. [48] Ils sont aussi les plus satisfaits de l'université et les plus orientés professionnellement. Cette tendance est donc importante numériquement parmi les étudiants mais elle est moins visible, sauf comme opposition à l'intérieur même des organisations étudiantes ; au plan national, elle semble s'exprimer moins de façon autonome en tant que tendance étudiante et être davantage canalisée dans les cadres des partis politiques. Il semble aussi que cette fraction recrute davantage dans les facultés où la carrière est moins dépendante de l'intervention de l'Etat, plus individualiste et plus liée aux entreprises économiques.

c) Étudiants et classe ouvrière

Enfin, une fraction de la nouvelle petite-bourgeoisie est enga-gée dans la lutte des travailleurs contre le capital. Il est vrai que la classe ouvrière québécoise n'a pas d'organisation politique autonome et que plusieurs syndicats, après avoir soutenu la Révolution tran-quille, s'apprêtent à donner leur appui aux forces politiques soute-nant l'indépendance du Québec. Néanmoins, de nouvelles formes de luttes ouvrières sont apparues, en particulier depuis la recon-naissance par les centrales syndicales des limites de la négociation collective et de la nécessité de l'action économique et politique exté-rieure à l'entreprise : luttes contre les compagnies de crédit, front commun des centrales syndicales pour élaborer des programmes d'action politique, unité à la base à l'occasion de grèves... En même temps, la main-mise de l'Etat sur certains appareils comme l'école et l'emprise de la bourgeoisie économique sur certaines entre-prises comme l'information ont transformé les conditions de travail d'une couche de salariés qui jusque là jouissaient d'une relative autonomie dans l'exercice de leur travail et ont accéléré leur pro-cessus de syndicalisation : fonctionnaires, enseignants, journalistes des entreprises privées ou d'Etat, etc. Dans le même mouvement, l'Etat et le Capital renforcent les contrôles (censure, sélection, nor-mes administratives) sur ces secteurs dont les employés sont liés syndicalement et politiquement à la classe ouvrière et dont les grè-ves sont souvent longues et politisées. De sorte que cette fraction de la nouvelle petite-bourgeoisie où apparaissent des mouvements d'alliance avec la classe ouvrière est constituée surtout de salariés des appareils de reproduction idéologique et sociale.

Un mouvement parallèle de liaison avec la classe ouvrière s'est produit au sein du milieu étudiant, liaison qui a pris une forme nouvelle ces dernières années. En effet, certains groupes étudiants ont entretenu des rapports relativement étroits avec les centrales syndicales ouvrières en particulier depuis les années '50 : soutien aux ouvriers impliqués dans des grèves et, inversement, appui des militants syndicaux aux campagnes étudiantes pour la réforme sco-laire. Souvent ces alliances s'inscrivaient dans la ligne décrite plus haut de luttes contre les notables ou les entrepreneurs à idéologie féodale : réforme des services de santé ou reconnaissance syndicale, par exemple. A partir de 1965 s'amorce non plus seulement des appuis réciproques mais un véritable travail de mobilisation politi-que auprès de la classe ouvrière ou des milieux défavorisés. En effet, le gouvernement avait accepté une formule d'Action sociale étudiante (A.S.E.) suggérée par l'A.G.E.U.M. selon laquelle des étudiants [49] s'engageraient, contre rémunération par le gouverne-ment, à faire pendant l'été un travail qui contribuerait au relève-ment économique des régions défavorisées.

L'A.G.E.U.M. souligne alors que l'étudiant a besoin d'un tra-vail d'été, qu'il désire influencer le gouvernement pour accélérer la

Révolution tranquille, et qu'il veut une nouvelle politique soucieuse des classes moins favorisées. Et elle appuie sa suggestion sur le programme politique même du Parti Libéral et sur les objectifs définis par certains ministères : information sur la régionalisation scolaire, éducation des Esquimaux, loisirs auprès des jeunes, etc. Toutefois plusieurs des premiers projets entrepris par les étudiants sont réalisés en milieu ouvrier ou dans les quartiers défavorisés dont la situation est définie en termes d'exploitation. Le travail des étudiants prend alors le plus souvent un caractère de mobilisation politico-idéologique. Aussi des tensions apparaissent entre les travailleurs étudiants du Québec (T.E.Q.), qui avaient l'autonomie la plus complète quant à la définition et à la réalisation des projets, et les représentants du gouvernement. Après deux ans d'activités, soit en 1967, l'A.S.E. jusque là dirigée par un comité conjoint étudiants-gouvernement devient sous le nom d'Action Sociale Jeunesse (A.S.J.) un service administratif du Ministère de l'éducation. Cette transformation indique une tentative de récupération : des objectifs de développement socio-économique et de renouvellement des élites locales, comme la mise sur pied de structures de consultation en vue de la participation au développement régional, remplacent ceux de l'animation auprès des travailleurs, des chômeurs ou des assistés sociaux.

Mais des groupes d'étudiants poursuivent l'action amorcée par les T.E.Q., soit autour du Front de Libération Populaire (F.L.P.) et du Front d'Action Politique (F.R.A.P.), soit dans le cadre d'organismes gouvernementaux, comme la Compagnie des jeunes Canadiens, soit encore en formant des groupes aux tendances politiques diverses mais toujours en liaison avec des milieux défavorisés ou des militants ouvriers de la base. Le plus souvent ce travail a contribué à la formation de groupes de revendication (association de locataires, comités de citoyens...) dans divers quartiers et à l'organisation de services contrôlés par les participants eux-mêmes : cliniques médicales et judiriques, maisons de chômeurs, coopératives d'alimentation, etc. Ces groupes participent aussi à plusieurs luttes ouvrières : grèves, campagnes de syndicalisation...

Certes, beaucoup de ces initiatives seront aussi récupérées : les cliniques médicales et juridiques font maintenant partie des programmes de l'Etat, le travail politique a été canalisé par les forces nationalistes. Mais il s'est formé des noyaux de militants dont l'action est orientée vers l'autonomie politique de la classe ouvrière et dont le travail d'analyse théorique alimente de plus en plus les luttes ouvrières et même l'idéologie des centrales syndicales.

VI. DISPARITION DES SYNDICATS ÉTUDIANTS

Le fractionnement politique des étudiants s'est répercuté sur leurs organisations syndicales et en particulier sur leur Union générale, et cela d'autant plus que malgré une croissance accélérée, en prestige politique comme en nombre d'adhérents, l'U.G.E.Q. est toujours demeurée une organisation fragile. En effet, la syndicalisation des étudiants s'était développée très rapidement ; au début de 1967, l'U.G.E.Q. encadrait l'ensemble des étudiants des universités et collèges du Québec, y compris les anglophones, soit environ 58,700 membres. Son caractère représentatif et ses prises de positions favorables à la réforme de l'enseignement en avaient fait un interlocuteur valable : elle était consultée par le gouvernement sur la plupart des politiques concernant l'éducation ou la jeunesse. Elle a même reçu un accueil favorable des centrales syndicales ouvrières, d'agriculteurs et d'enseignants, à qui elle proposait de former un comité inter-syndical qui viserait à défendre les intérêts des classes défavorisés par l'intermédiaire d'un front commun des forces populaires.

Cette influence n'était toutefois qu'apparente et fut pour le moins de courte durée. Le syndicalisme étudiant québécois n'a pas réussi à s'implanter parmi les étudiants, ni à imposer des revendications politiques, ni à maintenir ou créer une unité idéologique. Sur le plan organisationnel, les unités locales percevaient des étudiants une cotisation obligatoire, de sorte que le passage de l'association au syndicat n'a pas nécessité de militantisme pour assurer le recrutement et ne s'est donc pas accompagné de formation syndicale à la base. De plus, la très grande autonomie des associations d'étudiants universitaires et des fédérations d'associations du secteur technique ou du secteur pré-universitaire a empêché une coordination efficace des actions locales et limitait les ressources de l'Union en personnel et en disponibilités financières ; d'autant plus que des unités de base, du pré-universitaire surtout, négligeaient de payer leurs cotisations. Les tentatives de créer une structure régionale forte pour renforcer l'emprise de l'organisme central sur les unités de base se sont heurtées à l'opposition des fédérations et n'ont pu ainsi être réalisées. Cette faiblesse organisationnelle a pu être compensée par le militantisme d'étudiants et le travail d'été de permanents syndicaux dans des associations locales ; en retour l'U.G.E.Q. n'a pu profiter des apports de ces militants car elle avait peu de contrôle sur leur action politique. La structure syndicale de l'U.G.E.Q. a ainsi toujours été fragile.

L'influence des syndicats auprès des dirigeants de l'appareil scolaire n'a pu davantage être démontrée afin de servir à légitimer auprès des étudiants l'existence du syndicalisme et de ses structures d'organisation. En effet, les syndicats étudiants n'ont pu imposer leurs principales revendications : participation des étudiants à l'orientation et à la gestion des institutions d'enseignement, et démocratisation par la gratuité scolaire et le pré-salaire aux étudiants. Les grèves et les manifestations en particulier des universitaires depuis la fin des années '50, leur présence dans les comités conjoints gouvernement-étudiants, leurs multiples mémoires n'ont pu empêcher la hausse des frais de scolarité dans certaines facultés. L'Etat a plutôt généralisé un système de prêts conforme à l'idéologie du « qui s'instruit s'enrichit » et à sa réalité : les investissements individuels en éducation ont en effet un taux de rentabilité élevé. Les luttes pour la participation n'ont pas davantage permis d'accroître l'influence des syndicats : la revendication de démocratisation par la présence d'étudiants dans la direction des institutions d'enseignement s'est heurtée à l'autoritarisme des administrations et n'a été l'objet que de concessions jugées mineures et insatisfaisantes par les syndicats étudiants. Globalement, l'influence des syndicats en ce qui concerne leurs revendications spécifiques s'est avérée relativement faible, car, dans ce cas, les administrateurs des institutions d'enseignement recevaient l'appui du gouvernement. Sur le front proprement étudiant, celui de la gratuité et de la participation à la gestion, les étudiants sont donc laissés à eux-mêmes et ne peuvent obtenir satisfaction. En outre, on l'a vu, certaines unités de base avaient manifesté leur opposition à la revendication de gratuité scolaire, et l'objectif de participation à la gestion ne suscitait pas un appui unanime. [50] En plus de voir leurs demandes refusées, les leaders étudiants devaient constater de profondes divisions internes au sein de la population étudiante.

La situation idéologique du syndicalisme étudiant est plus difficile à décrire ; une aussi courte histoire, le renouvellement annuel des leaders, l'influence souvent dominante des associations universitaires et en particulier de l'A.G.E.U.M., constituent d'eux-mêmes des éléments de mise en garde, interdisant la généralisation. Nous nous limiterons aux documents des congrès de l'U.G.E.Q. et à la définition de l'étudiant québécois en tant qu'elle légitime les actions des syndicats. A cet égard, l'aspect le plus significatif réside dans le passage d'une définition de l'étudiant en termes de jeune travailleur intellectuel au service de la nation, à une analyse de la condition de l'étudiant dans son milieu concret : l'école.

La déclaration des droits et devoirs de l'étudiant, adoptée au Congrès de fondation, définit l'étudiant comme jeune travailleur intellectuel : « la préparation intellectuelle et professionnelle des citoyens et des travailleurs constitue l'une des activités les plus productives et les plus rentables pour la nation » ; et, « par l'activité d'apprentissage professionnel qu'il exerce et par les recherches qu'il poursuit, l'étudiant... participe au monde du travail ». Cette insertion de l'étudiant dans le procès de production commande les principaux caractères du syndicalisme étudiant. Il est « une méthode d'analyse fondée sur l'axiome qu'il n'y a pas de problèmes fondamentalement et proprement étudiants mais qu'il n'y a que des aspects étudiants de problèmes nationaux » ; il est aussi « un type de solution, à savoir l'humanisation de la condition des travailleurs manuels et intellectuels par des transformations de la structure sociale ». [51] Les syndicats étudiants, en tant que représentants de travailleurs, légitiment ainsi leurs interventions politiques et leur alliance avec les travailleurs manuels. Plus particulièrement, leurs luttes pour la démocratisation de l'enseignement prennent ici un sens idéologique ; le droit de tous d'accéder au diplôme universitaire s'inscrit dans la lutte des classes. Mais en même temps, ils justifient leur propre promotion collective en identifiant « la formation de cadres qualifiés » au « progrès économique, social et culturel de la nation entière » et au « bien-être général de tous les citoyens ». [52] Les premières définitions de l'étudiant manifestent donc un certain flottement idéologique : lutte de classes, d'une part, développement national lié à l'expansion de la qualification professionnelle, d'autre part.

La situation change rapidement. Dès 1966, l'exécutif de l'U.G.E.Q. déplore la rupture entre la définition de l'étudiant et la réalité : il ne serait qu'un consommateur sans le sens de ses responsabilités et il s'identifie peu à sa centrale syndicale. [53] Les revendications originales sont réaffirmées, mais les activités de l'année suivante sont consacrées aux préoccupations professionnelles des étudiants : pédagogie, contenu des cours, rôle de l'école, etc. Les leaders sont conscients du risque que de telles activités font courir à l'idéologie du syndicalisme étudiant ; mais ils croient nécessaire de rapprocher l'Union des problèmes étudiants. La réforme pédagogique devient la préoccupation principale au congrès de 1968, avec l'espoir de relier les nouvelles revendications étudiantes à une contestation globale de l'école et de la société. L'année suivante, à la suite des occupations d'octobre 1968, l'exécutif déclare que l'U.G.E.Q. n'était, dans sa forme syndicale, que la réplique des organismes propres au mode de production capitaliste dans sa forme avancée (techno-structure) et qu'il fallait en modifier le fonctionnement et les revendications. [54] Celles-ci abordent maintenant les problèmes de l'utilisation et de l'appropriation privée du savoir :

> « Quelques-uns d'entre nous (membres de l'exécutif) avons senti ... que revendiquer une plus large distribution du savoir et une plus grande participation à sa définition était insuffisant ; que ce n'était pas l'accroissement du nombre d'universités, l'utilisation d'appareils audio-visuels, l'abolition des cours magistraux, l'intrusion de la pédagogie active qui répondaient à notre insatisfaction latente ... (Nous avons pressenti) qu'une plus large distribution des richesses et de la connaissance ne donnait pas nécessairement plus de prise sur leur orientation et leur utilisation ... » [55]

Alors qu'au début, pour les étudiants l'éducation est un investissement économique et social parce qu'elle contribue à former des cadres qualifiés, cette même fonction est aujourd'hui récusée.

« Nous avons pris conscience que nous étions... un potentiel d'efficacité et de rendement à bien huiler pour être utilisé d'ici peu... Ce qui prime, c'est la rationalisation utilitaire... le rationalisme borné de la bureaucratie, de l'idéologie technocratique, de la planification industrielle. » [56]

La seule solution, selon ces membres de l'exécutif de l'U.G.E.Q., est de créer une nouvelle culture, de nouvelles communautés.

Le discours idéologique ne révèle plus le jeune travailleur intellectuel devant s'allier à la classe ouvrière ou servir la nation. Les étudiants définissent leur situation, celle d'apprentissage des connaissances, comme une relation de domination ; les connaissances à apprendre, les problèmes à étudier, la façon de les traiter, bref toutes les activités d'apprentissage sont définies par le professeur, lequel est considéré comme étant au service de la technocratie au pouvoir, ce nouvel adversaire.

Résumons : l'existence de l'U.G.E.Q. a été précaire, sur tous les plans. Financier d'abord, car dès l'automne 1965 elle lance une campagne publique de financement ; plusieurs unités affiliées ne paient pas leur cotisation. Organisationnel aussi : la structure décentralisée favorisait les tensions entre, d'une part, les fédérations professionnelles plus axées sur les revendications sectorielles et corporatistes et, d'autre part, les associations universitaires qui étaient à l'origine des luttes politiques et de l'idéologie syndicale et qui contrôlaient l'appareil de l'U.G.E.Q. Cette décentralisation empêchait une coordination réelle des actions, une formation syndicale à la base et une réduction de la distance entre les leaders politisés et une base plus individualiste. Sur le plan idéologique, le flottement n'a pu contribuer à créer un minimum d'unité et à assurer une mobilisation idéologique ; les débats manifestaient aussi bien qu'ils accentuaient le fractionnement et l'écart entre les préoccupations de la base et les définitions théoriques de l'étudiant. Enfin, les revendications spécifiques comme la gratuité scolaire et la participation à la gestion n'ont pas été satisfaites et certaines unités affiliées ne partageaient pas ces objectifs.

Ces caractéristiques de l'U.G.E.Q. sont un effet du fractionnement politique dont nous avons parlé plus haut ; de sorte que ce fractionnement ajoutait à la fragilité de l'organisation. L'hétérogénéité des intérêts et des tendances politiques ou idéologiques, que ce soit selon les disciplines ou selon les niveaux d'enseignement, entraîne la disparition de l'U.G.E.Q. et des syndicats locaux au cours des années 1968-69. Les exécutifs se considèrent comme non représentatifs des étudiants, se retirent des comités conjoints au niveau de l'Etat et des institutions d'enseignement, et se transforment en comités d'action. [57] Sans organisation, ni idéologie, ni politique communes, le mouvement étudiant est désormais dépendant des initiatives spontanées et locales. Les projets de formation d'un front commun étudiant n'ont pas encore réussi jusqu'à ce jour.

CONCLUSION : ÉTUDIANTS ET NOUVELLE PETITE-BOURGEOISIE

La définition que nous avons proposée de l'étudiant comme agent politique a commandé notre analyse du mouvement et du syndicalisme étudiant. Ainsi nous n'avons pas retenu pour expliquer la pratique politique étudiante l'origine sociale de classe en tant qu'elle détermine un ethos culturel, ni certaines caractéristiques de la communauté étudiante plus ou moins fermée sur elle-même. Nous l'avons plutôt défini par sa situation d'apprentissage d'une qualification professionnelle qui lui permet de s'insérer dans les rapports de production. En ce sens, la première détermination structurelle utilisée est la place qu'il va occuper dans ces mêmes rapports de production, que cette place soit la même que celle de ses parents ou qu'elle représente une mobilité inter-générationnelle.

Par ailleurs la structure du système universitaire et de l'économie québécoise étant dominée par la division sociale du travail entre Canadiens anglais et Québécois francophones, l'éducation supérieure prépare les francophones à la pratique professionnelle privée ou à des emplois de cadres qualifiés dans les divers appareils d'Etat. Ces places sont précisément celles qui définissent la nouvelle petite-bourgeoisie. C'est donc par rapport à la position de la nouvelle petite-bourgeoisie dans les rapports sociaux que doit être analysé le rôle politique des étudiants : les luttes étudiantes sont celles de la couche sociale à laquelle ils appartiennent par détermination structurelle, elles ne sont pas celles d'un groupe autonome.

A cet égard, deux périodes doivent être distinguées dans l'ensemble des années considérées ici. La première correspond à une tendance politique dominante, l'autre se caractérise par le fractionnement politique de la nouvelle petite-bourgeoisie et de la pratique politique étudiante. La tendance politique dominante précède et accompagne la prise du pouvoir par la classe bourgeoise et la nouvelle petite-bourgeoisie, mais dans un rapport de forces où domine la classe bourgeoise. Le pouvoir politique ayant été graduellement arraché aux élites rurales et aux notables locaux, les principales mesures du nouveau gouvernement furent de moderniser les appareils d'Etat (école, santé, administration publique, etc.) pour les rendre plus conformes aux objectifs de l'industrialisation capitaliste. L'appareil scolaire en particulier a été profondément transformé par cette intervention de l'Etat. Ces mesures politiques ont reçu l'appui presque unanime de la nouvelle petite-bourgeoisie ; et les étudiants ont fortement contribué à leur réalisation par une mobilisation constante. En effet, ils s'étaient constitués en « chiens de garde de la réforme scolaire », c'est-à-dire qu'ils surveillaient étroitement le gouvernement pour qu'il ne dévie pas de ses objectifs.

La seconde période est marquée par un ralentissement économique et par le renforcement de la classe bourgeoise au sein de la coalition de sorte qu'une fraction de la nouvelle petite-bourgeoisie s'est constituée en force politique distincte, c'est-à-dire en force prête à intervenir dans les rapports politiques avec son poids spécifique. Ainsi, dans une telle conjoncture les pratiques politiques étudiantes sont divisées en deux fractions principales. L'une adopte des comportements politiques qui la rapprochent de la nouvelle petite-bourgeoisie qui maintient la coalition avec la bourgeoisie économique anglo-canadienne. L'autre manifeste une pratique politique qui rejoint celle de la nouvelle petite-bourgeoisie nationaliste qui cherche à se constituer en force politique distincte. Une troisième fraction, même si elle inclut des groupes aux idéologies et stratégies politiques diverses, se manifeste par une pratique politique qui vise à la promotion des intérêts de la classe ouvrière et tend à développer des luttes communes avec les militants ouvriers.

Les fractions, ici dégagées sont des fractions politiques ; nous n'avons donc pas tenu compte des tendances culturelles du milieu étudiant : communes de travail ou d'habitation, modes artistiques, vestimentaires ou alimentaires, consommation de drogues ou retour à la terre.

Enfin, les différences et variations observées dans les positions politiques de la nouvelle petite-bourgeoisie et partant au sein de la population étudiante font-elles éclater cette couche spéciale appelée nouvelle petite-bourgeoisie. Aussi devient-il plus exact de parler, selon les exigences de la conjoncture, de divers groupes ou fractions politiques qui constituent la nouvelle petite-bourgeoisie.

RÉFÉRENCES

1. Voir à ce sujet S.M. LIPSET, « Youth and Politics », in R.K. MERTON et R. NISBET, (eds.), *Contemporary Social Problems*, 3ème édition, New York, Harcourt, Brace Jovanovich, 1971, pp. 743-791.

2. Voir : Léon DION, *Le bill 60 et la société québécoise*, Montréal, H.M.H., 1967.

3. *Id.*, pp. 194-197.

4. Voir : G. GAGNON et C. GOUSSE, *Le processus de régionalisation scolaire dans l'Est du Québec*, Annexe technique 2 au Plan de développement 1967-72 du Bas Saint-Laurent, de la Gaspésie et des Iles-de-la-Madeleine, Bureau d'Aménagement de l'Est du Québec Inc., 1965 ; voir aussi : G. GAGNON et C. GOUSSE, « Le processus de régionalisation scolaire », reproduit dans ce livre-ci, pp. 289-297.

5. Voir : *Rapport de la Commission royale d'enquête sur l'enseignement dans la province de Québec* (RAPPORT PARENT), Québec, 1963 et 1966, 3e partie, chap. 8. Voir aussi l'étude de J.R. PODOLUK, *Incomes of Canadians*, Ottawa, D.B.S., 1968 (1961 Census Monograph), surtout chap. 7 qui analyse les variations de revenus entre les provinces en tenant compte des différences dans les taux de scolarisation et d'urbanisation de la main-d'œuvre et dans les structures occupationnelles des provinces.

6. *Rapport de la Commission royale . . . , op. cit.*, 3e partie, chap. 8, tableaux IX et X, « Les sources du financement de l'éducation au Québec et leur importance relative de 1954 à 1963 ».

7. Voir à ce sujet : *Rapport du Ministère de l'éducation*, 1964-65 à 1970-71, Québec, 1967 à 1972. Il y a quelques exceptions aux taux annuels supérieurs d'augmentation des dépenses du Ministère de l'éducation par rapport à celles du gouvernement du Québec. L'exception la plus remarquable est celle de l'année 1965-66 qui s'explique par la récupération faite en 1964-65 par le Québec de $36,700,000 du gouvernement fédéral affectés aux constructions d'écoles polyvalentes ; cette récupération eut donc des conséquences sur le budget de l'année 1965-66. (Voir : *Rapport du Ministère de l'éducation*, 1964-65, p. 98.)

8. Paul GERIN-LAJOIE, premier titulaire du Ministère de l'éducation du Québec en 1964, était, quant à lui, des plus explicites : citant le président du « Science Advisory Board » qui parlait de la nécessité d'investir dans l'éducation, il ajoutait : « Ce fonctionnaire américain a raison de parler d'investissement : les dépenses d'éducation, même considérées du simple point de vue économique, en dehors de toute considération humaniste ou morale, ne sont pas du gaspillage. On s'est rendu compte que l'éducation est le moteur de la croissance économique et que toute parcimonie en ce domaine est un pas vers la ruine. »
« Par exemple, une enquête récente portant sur plus de 400 fermes, au Danemark, a révélé que le revenu global du capital engagé est de 4.8% pour les fermiers qui ont une formation primaire supérieure, et de 7.5% pour ceux qui ont une formation secondaire ou professionnelle prolongée. La rentabilité de l'investissement dans le capital humain a fait l'objet d'études approfondies par le professeur Schultz de l'Université de Chicago. Il a établi que le supplément, moyen de salaire perçu par des travailleurs, de 18 à 64 ans, représente 19 fois le capital investi dans l'enseignement supérieur. L'investissement en éducation est donc l'un des plus productifs qui soient. » (Paul GERIN-LAJOIE *Pourquoi le bill 60*, Montréal, Editions du Jour, 1963, p. 34.)

9. R. MILIBAND, *The State in capitalist society*, London, Weidenfeld and Nicolson, 1969.
N. POULANTZAS, *Pouvoir politique et classes sociales*, Paris, Maspéro, 1968.
A. TOURAINE, *La société post-industrielle*, Paris, Denoël, 1969.

10. Voir à ce sujet, Z.E. ZSIGMOND et C.J. WENASS, *Inscriptions dans les institutions d'enseignement, par province, de 1951-52 à 1980-81,* Ottawa, Conseil économique du Canada, Etude no 25, 1970, p. 128 et 130. Les commentaires qui suivent, à moins d'avis contraire, utilisent les données consignées dans ce travail.

11. J. DOFNY et M. GARON-AUDY, « Mobilités professionnelles au Québec », in *Sociologie et sociétés,* 1, 2, novembre 1969.

12. Nous n'avons pas de ces phénomènes des mesures aussi perfectionnées et étendues dans le temps que nous pourrions le souhaiter. Tous les secteurs de l'appareil scolaire ne sont pas couverts et les mesures de l'origine socio-économique des étudiants sont souvent réduites aux seules échelles de professions du père. Qui plus est, ces échelles ne sont pas strictement comparables : elles ne comportent pas, plus souvent que nécessaire, les mêmes échelons ou les mêmes catégories de strates socio-occupationnelles.

13. R. OUELLET, A. BABY et P.W. BELANGER, « Les orientations des étudiants du cours collégial », in *L'étudiant québécois, Défi et dilemmes,* Québec, Gouvernement du Québec, 1972, pp. 51-113.
Centre de Recherches sur l'Opinion Publique, *Préoccupations des étudiants des CEGEP de Montréal,* Montréal, CROP, 1969.

14. Les données recueillies au cours de ces études présentent, par ailleurs, quelques difficultés d'interprétation. Les données utilisées par Michèle Paquette ont été obtenues de bulletins d'inscription aux universités McGill et de Montréal remplis par des étudiants qui ont obtenu un diplôme de ces universités sans que l'on sache précisément si les étudiants ont toujours fourni, sur ces bulletins, les informations nécessaires pour assurer à la classification faite une validité satisfaisante. On doit relever les taux élevés de rejet des bulletins d'inscription pour manque d'information surtout en ce qui a trait aux années 1950 et 1955, particulièrement à l'Université McGill. Notons, par ailleurs, que les trois études ont utilisé des échelles de strates socio-occupationnelles relativement plus comparables entre elles que les études dont il fut question précédemment (note 13). Il faut mentionner cependant que ces études ne concernent pas toujours les mêmes populations universitaires : seuls les étudiants de l'Université de Montréal tombent régulièrement sous le regard des trois études. Parmi les autres populations étudiantes on note la population universitaire anglophone la plus importante de la province, celle de McGill, et la population universitaire d'une ville moyenne, celle de l'Université de Sherbrooke.

15. Michèle PAQUETTE, *Etude comparative des orientations académiques et de la mobilité sociale chez les diplômés canadiens-français catholiques et canadiens-anglais protestants de deux universités montréalaises,* Thèse de maîtrise, Département de sociologie, Université de Montréal, 1968.

16. C. GOUSSE, « Préoccupations des étudiants à l'Université de Montréal », in *L'étudiant québécois, Défi et dilemmes, op. cit.,* pp. 211-275.

17. J. BRAZEAU, J. DOFNY, G. FORTIN et R. SEVIGNY, *Les résultats d'une enquête auprès des étudiants dans les universités de langue française au Québec,* Montréal, Département de sociologie, Université de Montréal, 1962.

18. L'année de réalisation de la recherche, soit 1961, ne saurait être représentée comme un handicap : cette nouvelle mesure se situe en quelque sorte entre les deux déjà retenues qui présentent des tendances assez homogènes. A cet égard, soulignons que la seule différence notable que présente l'étude de J. BRAZEAU et *al.,* par rapport aux résultats déjà examinés en ce qui a trait à la population étudiante de l'Université de Montréal, est un taux de pénétration relativement moins élevé (29%) pour les strates socio-occupationnelles inférieures. Par contre, le taux obtenu ne saurait être comparé à celui calculé par C. GOUSSE en 1969 (36.4%), ni même à celui compilé par Michèle PAQUETTE pour 1964 (33.5%). Ce taux doit être plutôt rapproché de celui établi par cette dernière pour 1960 et qui est de 29.3%. Ce paramètre plus adéquat pour la lecture de la seule variation significative remarquée entre les trois études en diminue la singularité.

19. La contribution certaine d'une éducation supérieure à l'acquisition de statuts socio-économiques élevés ne saurait renverser certaines particularités de fonctionnement des appareils scolaires ; l'école, loin de diminuer les inégalités sociales, les reproduit quand elle ne les renforce pas. (Voir à ce propos les travaux de P. BOURDIEU et, pour les Etats-Unis : C. JENCKS et D. RIESMAN, *The Academic Revolution*, N.Y., Doubleday, 1968 ; A.H. HALSEY, J. FLOUD et C.A. ANDERSON, (eds.), *Education, Economy and Society*, N.Y., The Free Press, 1961.) Plusieurs études ont démontré que divers facteurs constitutifs du statut socio-économique des parents étaient des plus conséquents dans la détermination des niveaux d'instruction auxquels parvenaient les enfants. Mais ce phénomène n'est pas uniquement relatif à la stratification sociale, il l'est bien davantage à la division sociale du travail entre travailleur manuel et intellectuel et aux rapports sociaux entre classes.
Mentionnons également que plusieurs inégalités sociales recoupent des clivages ethniques. Par exemple, les différences retenues entre Canadiens français et Canadiens anglais en ce qui a trait à la scolarité complétée ne sauraient expliquer l'écart de revenu identifié, dans la région montréalaise, entre ces deux groupes sociaux ; il reste un solde de 34%, dû en partie aux inégalités que véhicule l'ethnicité. (Rapport de la commission d'enquête sur le bilinguisme et le biculturalisme, *Le monde du travail*, livre III, 1ière partie, Ottawa, Imprimeur de la Reine, 1969, pp. 68-71.).

20. Voir à ce sujet, entre autres, A. TOURAINE, *La société post-industrielle*, *op. cit.* et *Le mouvement de mai ou le communisme utopique*, Paris, Seuil, 1968 ; F. MACHLUP, *The production and distribution of knowledge in the United States*, Princeton University Press, 1962 ; J.K. GALBRAITH, *Le nouvel état industriel*, Paris, Gallimard, 1969 ; S. MOSCOVICI, *Essai sur l'histoire humaine de la nature*, Paris, Flammarion, 1968.

21. C'est ce qui ressort d'une analyse comparative entre les deux principales universités francophones et l'Université McGill, portant sur les niveaux d'inscriptions et diplômes décernés dans chaque secteur académique. Pour les fins du présent article, nous renvoyons le lecteur aux données présentées par Richard SIMONEAU. « Les étudiants, les dirigeants d'université : doctrines étudiantes et doctrines universitaires. » *Recherches sociographiques*, 133, 1972, pp. 343-364.
Voir aussi : François BELAND, *Les universités québécoises ; une perspective socio-économique*, thèse de maîtrise, Département de sociologie, Université Laval, 1970 ; et Hélène OSTIGUY-PILON, *Statistiques détaillées relatives à l'enseignement supérieur*, Département de sociologie, Université de Montréal, septembre 1971.

22. *Le Quartier Latin*, 11 septembre 1958.

23. *Le Carabin*, 16 décembre 1958, publie le mémoire des étudiants et les commentaires de M. Duplessis et de M. Sauvé qui en ont accompagné la lecture, sous la signature de l'Association des Conseils étudiants des universités de la province de Québec.
Voir aussi *Le Quartier Latin*, 4 décembre 1958 qui relate les événements de cette campagne sur plusieurs années.

24. Extrait du Rapport RIOUX, reproduit dans ce livre, pp. 479-493.

25. Louis-Marie TREMBLAY, *Le syndicalisme québécois*, Montréal, P.U.M. 1972.

26. Vincent LEMIEUX, « Les partis politiques et leurs contradictions », in Jean-Luc MIGUE, (éd.), *Le Québec d'aujourd'hui*, Montréal, H.M.H., 1971, pp. 153-171. « Les clientèles libérales se trouvaient en fait du côté des anglophones, des milieux les plus urbains et les plus évolués du Québec, des universitaires et de certains leaders syndicaux. » (p. 156.)

27. Presse Etudiante Nationale : association des journalistes étudiants des universités et collèges classiques, auparavant nommée la Corporation des Escholiers Griffonneurs.

28. « Historique et orientation de l'Union Générale des Etudiants du Québec », document ronéo, U.G.E.Q., 6 pages.

29. *Congrès de l'U.G.E.Q.*, Montréal, Presses Syndicales de l'U.G.E.Q., 12-15 novembre 1964, en particulier pp. 5-8.
30. Voir : *Le Quartier Latin*, 9 décembre 1964 et *Le Carabin*, 10 décembre 1964, pour les reportages des journalistes étudiants qui ont suivi le Ministre de l'éducation lors de sa tournée d'information sur l'Opération 55.
31. Voir les listes d'associations et d'individus qui ont pris position, dans : Léon DION, *op. cit.*
32. *Id.*, pp. 110-112.
33. Jean LALIBERTE, *La participation des étudiants aux comités gouvernementaux*, Université de Montréal, Thèse de maîtrise, mars 1968.
34. A noter que l'opinion des étudiants se rapproche davantage de celle des professionnels (48% et 25%) que de celle des jeunes (42% et 18%). Voir : *Le Magazine MacLean*, novembre 1963.
35. M. RIOUX et R. SEVIGNY, *Les nouveaux citoyens*, Montréal, Radio-Canada, 1965.
36. R. SABOURIN, *Rapport d'enquête sur les étudiants de l'Université de Montréal*, Département de sociologie, Université de Montréal 1968.
37. Statistiques fiscales citées par Vincent LEMIEUX, *op. cit.*, page 164.
38. Le choix d'une année est relativement arbitraire. Une conjoncture politique est constituée de divers éléments dont la temporalité n'est pas égale.
39. Colloque sur les C.E.G.E.P., Faculté des sciences de l'éducation, Université Laval.
40. *Le Quartier Latin*, 18 et 19 mars 1969.
41. *Une chance sur « 63 »*, Document sur l'état de la langue française au Québec, Centre de documentation de l'Université du Québec, Montréal, novembre 1969.
42. *Le Soleil*, samedi, 18 avril 1970.
43. *Ca Urge !*, pamphlet, Montréal, mars 1970, 4 pages.
44. *Rapport de la Commission . . . , op. cit.*, p. 276 sq et p. 530 sq.
45. Nous laissons de côté ici le problème de l'effet à long terme d'un tel développement, en particulier la question des appareils d'Etat comme moyen de formation d'une bourgeoisie économique francophone.
46. Janine DALLAIRE, « Motifs de dissolution », *Congrès de l'*A.G.E.U.M., février 1969.
47. François BELAND, « La dissolution de l'A.G.E.L. », Département de sociologie, Université Laval, 1970. (ronéo.) (LETMOS)
48. R. SABOURIN, *op. cit.*
49. Nous ne pouvons rendre compte ici de l'action de multiples groupuscules formés d'étudiants ni des différences de leurs analyses politiques ; nous ne traitons que des groupes liés aux syndicats étudiants ou qui en ont pris la relève.
50. P.W. BELANGER *et ali*, *La contestation et les attitudes de contestation à l'Université Laval*, Document de travail, Québec, novembre 1969, tableau 39.
51. *Congrès de l'U.G.E.Q.*, Presses syndicales de l'U.G.E.Q., Montréal, novembre 1964, pp. 5-9 et 51.
52. *Id.*, p. 5.
53. *Rapport moral de l'équipe Nelson*, Deuxième congrès de l'U.G.E.Q., février 1967.
54. *Rapport moral de l'équipe Bourbeau*, Congrès de l'U.G.E.Q., février 1969.
55. Louise HAREL et Richard BRUNELLE, *De la protestation à la résistance*, Montréal, février 1969, 30 pages, ronéo, pp. 5-6.
56. *Id.*, p. 20.
57. François BELAND, « L'anti-congrès, » *Recherches Sociographiques*, 13, 3, 1972, pp. 381-395.

Ce texte est extrait de *Recherches sociographiques* ; vol. 13, no 3, sept.-déc. 1972, pp. 308-342.

LA STRUCTURE DU POUVOIR
À MONTRÉAL:
LE DOMAINE DE L'ÉDUCATION

Guy BOURASSA

La Commission des écoles catholiques de Montréal constitue l'un des principaux appareils bureaucratiques de la société québécoise actuelle. Les sommes qu'elle administre, son budget annuel voisine les cent millions de dollars, la complexité de ses structures et l'importance du personnel qu'elle emploie, environ dix mille enseignants, voilà quelques faits qui témoignent de son importance et qui suffiraient à justifier l'étude d'une organisation qui exerce une profonde influence sur un large secteur de la communauté canadienne-française, tout en étant elle-même le reflet et l'expression de quelques-uns des traits majeurs de cette culture[1].

Pour parvenir à cerner les divers aspects de la vie de la C.E.C.M., nous avons privilégié quelques questions qui nous ont paru fondamentales. En effet, l'interrogation générale : qui gouverne en matière d'éducation à Montréal ? peut se subdiviser en quelques sous-questions majeures. Tout d'abord, *qui* prend les décisions en matière d'éducation à Montréal ? Quelles sont les forces et les personnalités influentes, de quels milieux sociaux sont-elles issues; des « agents externes » à la Commission jouent-ils un rôle d'importance dans son activité : par exemple, le gouvernement provincial ou encore l'Eglise ? En second lieu, sur *quoi* portent les décisions que prend la C.E.C.M. ? Voilà l'analyse de l'objet même de l'action de celle-ci. Quelles sont ses responsabilités et les problèmes qu'elle a à résoudre ? Ce champ a-t-il varié selon les époques et comment évolue-t-il présentement ? Avec ces matériaux en main, notre analyse se préoccupe en troisième lieu d'éclairer le *comment* de la politique d'éducation à Montréal. Nous entendons par là l'examen des résultats obtenus par ceux qui font cette politique. Comment expliquer et comprendre les réussites et échecs ? Certaines « ressources politiques », certains atouts donnent-ils à tel groupe ou à telle force un avantage particulier ?

I. LES CARACTÉRISTIQUES SOCIO-ÉCONOMIQUES DES DIRIGEANTS DE LA C.E.C.M.

Les personnes qui ont occupé le poste de commissaire depuis 1846 forment un groupe de bonne dimension. Une recherche sur leurs caractéristiques, et plus précisément sur celles des présidents de la Commission depuis cent vingt ans, permet de cerner les traits de cette élite en même temps qu'elle contribue à une meilleure connaissance de la classe dirigeante de la société québécoise. Nous résumons ici les principaux résultats de cette étude.[1]

Suivant une méthode bien établie, on a regroupé les dirigeants de la Commission selon leur origine sociale, leur niveau d'instruction, leur statut civil, leur âge et autres caractéristiques. Ce tableau d'ensemble fait apparaître quelques conclusions de grand intérêt. D'abord, certaines « ressources politiques » furent indispensables à celui qui voulait accéder à un poste de commande à la C.E.C.M. En même temps, il y a eu pendant l'histoire de la C.E.C.M. une transformation radicale dans la nature de ces ressources politiques. Certaines ont perdu leur prestige au profit des nouvelles, et en cela encore la Commission s'approche assez de l'évolution du système municipal de Montréal. Nous voulons faire voir qu'il existe une relation étroite entre l'évolution générale de la Commission, son organisation et son activité, et, d'autre part, la personnalité de ses dirigeants.

On en saisit toute l'importance en remarquant dans l'histoire globale de la Commission une *coupure radicale* dans l'évaluation des caractéristiques de son personnel dirigeant. Le trait déterminant est celui du passage d'une élite religieuse à une élite laïque. Ce tournant se situe en 1917, date qui sépare bien deux périodes tout à fait différentes dans le recrutement des dirigeants de la Commission.

De 1846 à 1917, voici une élite issue du clergé. Les 14 présidents que la C.E.C.M. a connus entre 1846 et 1917 sont tous des clercs. La similarité entre eux va d'ailleurs plus loin quand on examine leurs origines socio-économiques, leurs carrières. Précisons les traits de cette oligarchie avant de tenter d'expliquer les raisons de sa domination pendant soixante-dix ans.

On ne saurait se surprendre que l'origine ethnique et le niveau d'éducation ne soient pas ici des critères d'intérêt. Bien sûr, les présidents de la Commission scolaire sont tous des Canadiens français, d'origine sociale assez différente (classe agricole, professions libérales, commerçants), et qui ont tous accédé à un niveau d'instruction élevé. Plus intéressant peut-être est de nuancer leur état religieux. Le clergé sulpicien occupe ici une place à part. En effet, six des quatorze présidents de la Commission pendant cette époque sont des sulpiciens, tandis que les huit autres appartiennent au clergé séculier. Certaines paroisses, certains milieux ecclésiastiques de Montréal sont particulièrement privilégiés, ce sera, par exemple, le cas des paroisses Notre-Dame et Saint-Jacques.

Ajoutons à ces considérations quelques indications sur la carrière qu'ont connue les présidents de cette première période de la Commission. On remarque d'une façon générale que l'accession à la présidence de la Commission scolaire est en quelque sorte le couronnement d'une carrière. Pourtant, et cela n'est sûrement pas négligeable, on est surpris de voir que l'expérience et la connaissance des choses de l'éducation sont assez limitées parmi ces premiers présidents : seulement huit sur quatorze peuvent les revendiquer.

Plusieurs explications peuvent rendre compte de cette suprématie cléricale. Bien sûr, le rôle majeur, à cette époque, du clergé dans la société canadienne-française est une cause qu'on ne saurait négliger, mais il est plus ardu d'expliquer la place respective des sulpiciens et du clergé séculier. Le clergé sulpicien a eu une grande influence dans l'histoire de Montréal, et son rôle dans l'éducation est en quelque sorte le prolongement d'une telle prépondérance. D'autre part, l'organisation scolaire de la province de Québec explique aussi cette situation puisqu'elle est liée de près à l'unité paroissiale : les principales paroisses de Montréal seront appelées à fournir l'essentiel des dirigeants en matière d'éducation.

En 1916, ce monopole est brusquement renversé. Une loi votée en décembre de cette année décrète la formation d'une nouvelle commission composée d'un bureau central et de quatre commissions de district, les questions administratives sont confiées à des laïcs, et les questions pédagogiques, aux ecclésiastiques. C'était donner un coup de barre et amener à la présidence de la Commission un premier laïc : le juge Lafontaine. Rappelons que 1917, comme nous l'avons souligné dans la partie précédente, marque aussi une étape dans l'histoire générale de la Commission. A cette époque en effet, prend fin ce que l'on pourrait appeler « la phase de mise en place ». Alors commencent l'extension et le développement d'une structure coordonnée et solide.

Depuis cinquante ans, les dirigeants de la Commission des écoles catholiques de Montréal se distinguent de bien des façons de leurs prédécesseurs. Ce sont des laïques. La transition est également visible au plan de l'expérience professionnelle et de la carrière. On remarque d'abord la très grande place occupée par les professionnels dans ces dirigeants : un quart seulement ne fait pas partie de ce groupe. Puis, et cela est plus important, on place de plus en plus à la tête de la Commission des administrateurs d'expérience. C'est même là le principal trait commun entre les huit présidents depuis 1917. Sauf une exception, ils ont tous été des hommes dont l'occupation première était du domaine de l'administration proprement dite. Celle-ci a pu d'ailleurs s'exercer dans des milieux passablement différents. Si l'on tient compte de ce fait, apparaissent mieux les raisons de l'évolution de la Commission depuis cinquante ans et, encore davantage les développements qu'elle a connus au cours des vingt dernières années. Autre signe intéressant: les dirigeants de la C.E.C.M. depuis 1917 ont, pour la plupart, déployé, avant d'arriver à ces postes de commande, une activité importante dans la communauté, aussi bien dans le domaine des arts que dans les domaines social ou religieux.

Pendant cette seconde période, les liens politiques ne sont pas à négliger. Puisque l'autorité provinciale a le pouvoir de nommer au moins une partie des commissaires, il est assez normal que la plupart de ceux-ci soient plus ou moins directement rattachés au parti au pouvoir. Parmi les présidents, un seul a fait de la politique active mais les autres étaient en général des partisans reconnus au moment de leur nomination. La coïncidence est trop forte, tout au long de la période, pour qu'on la néglige. Ajoutons, en rappelant que cela vaut aussi pour l'ensemble de la vie politique montréalaise, que, depuis quelques années, cette affiliation partisane semble avoir quelque peu perdu de son poids. En somme, depuis cinquante ans, les ressources et les atouts majeurs sont l'expérience administrative et, à un degré moindre, l'influence politique. Ces traits qualifient les dirigeants de la C.E.C.M. beaucoup mieux que leur statut socio-économique ou leur carrière professionnelle, ce qui n'empêche que, depuis cinquante ans, ceux-ci soient, pour la majorité, issus des classes supérieures de la société.

Là encore, diverses explications peuvent être évoquées et nous en citerons deux brièvement. La transformation du personnel dirigeant de la C.E.C.M. est reliée à une évolution beaucoup plus vaste et plus profonde dans l'ensemble de la société québécoise. En quelque sorte, ces modifications témoignent, à leur manière, de l'accession au poste de commande d'une classe moyenne qui, pour rester sur le plan municipal, a progressivement conquis une importance déterminante à Montréal. Le parallélisme est frappant entre l'évolution des deux personnels dirigeants, celui de l'Hôtel de ville et celui de la C.E.C.M. Voilà une cause extérieure. Il en est une propre à la C.E.C.M., et qu'on devine facilement : ses responsabilités nouvelles de même que son envergure l'obligeaient en effet à se donner un personnel qualifié.

Les autorités, de qui relèvent les nominations, se préoccupent de plus en plus de mettre en poste des gens capables d'administrer efficacement une entreprise qui prend des proportions majeures. A ce titre, nous voyons volontiers dans la C.E.C.M. le cas remarquable de l'apparition d'une classe administrative dans la vie municipale québécoise. Plus rapidement que dans les services municipaux, le personnel de la C.E.C.M. s'est professionnalisé et a été fondé sur les critères de la compétence et de la connaissance. Le mouvement s'est accentué au cours des années, et nous en percevons mieux le poids quand nous entreprenons l'analyse de l'exercice du pouvoir à la C.E.C.M.

II. L'EXERCICE DU POUVOIR À LA C.E.C.M.

Dans notre introduction, nous avons déjà expliqué les raisons théoriques qui nous amènent à mettre l'accent sur l'analyse de quelques décisions récemment prises par la C.E.C.M. Posons seulement ici que les décisions semblent fournir une occasion particulièrement bien choisie pour voir la nature des luttes engagées au sein d'un système administratif ou politique. En même temps, l'objet de ces décisions nous renseigne sur le contenu de l'activité de la Commission, et, en définitive, sur le fond de la politique de l'éducation à Montréal. Si nous laissons de côté, dans cet article, les discussions que l'on pourrait mener avec intérêt sur les aspects théoriques d'une telle approche des phénomènes politiques, cela tient au fait que notre ambition présente est beaucoup plus limitée et plus pratique. Les perspectives théoriques et méthodologiques que nous avons adoptées ont avant tout le mérite de situer notre analyse du pouvoir à la C.E.C.M. dans un angle dynamique. Ainsi, les quatre décisions étudiées sont toutes caractérisées par le fait qu'elles introduisent dans l'organisation et son environnement un ferment de transformation dans une pratique administrative à peu près reconnue comme coutumière jusque-là. Chacune de ces décisions met l'accent sur la dimension du changement et sur son ampleur dans les rouages de la C.E.C.M.

En ne portant que sur quatre décisions, notre analyse demeure-t-elle trop brève ? Certaines précisions sur la méthode utilisée nous permet d'éliminer cette objection.

1. L'objet des quatre décisions

Les procès-verbaux des réunions des commissaires ont été analysés complètement de 1945 à 1965. De là, selon un tableau de fréquence, se sont dessinées des zones plus importantes dans l'activité de la Commission. Cette première sélection a été par la suite éprouvée et appuyée par les avis de plusieurs observateurs bien renseignés sur la C.E.C.M. avant d'arriver à un choix final. Bref, les quatre cas retenus ne peuvent assurément garantir un choix exhaustif, mais ces quatre décisions, et cela est démontré avec rigueur, ont porté sur des points essentiels de l'activité de la Commission depuis vingt ans.

Soulignons ensuite que deux de ces décisions relèvent du domaine pédagogique; les deux autres, du domaine administratif. Voici leur objet respectif en quelques lignes. Une première décision date de mars 1963 alors que le président de la Commission annonce la division des services pédagogiques jusque-là réunis sous une seule administration. C'était transformer un aspect capital de la structure administrative de la Commission. Du côté pédagogique, une autre décision fort discutée et controversée, en mai 1962, amène la C.E.C.M. à interdire la revue *L'élève* dans ses écoles. Cette revue, longtemps reconnue comme matériel pédagogique, fut fort critiquée : il y eut donc interdiction après un débat animé aussi bien à l'intérieur qu'à l'extérieur de la Commission. En 1964, nouveau changement de position de la C.E.C.M. qui accepte la revue sous condition d'un contrôle serré.

Sur le plan pédagogique encore, en février 1964, le Département de l'instruction publique fait savoir à la Commission que celle-ci, contrairement à une décision qu'elle avait prise, ne pourra ouvrir huit classes de belles-lettres (secteur public), ce qui soulève toute la question de l'étendue de l'activité de la C.E.C.M. Le débat porte sur la question de savoir si elle a le droit ou non d'intervenir à ce niveau, et si cela est souhaitable. Enfin, une quatrième décision, elle aussi de poids et âprement discutée mais de nature administrative, touche au partage des taxes prélevées pour l'éducation. En juillet 1964, le gouvernement provincial accepte un nouveau mode de partage de la taxe des « neutres » entre catholiques et protestants de Montréal. La Commission des écoles catholiques de Montréal s'estimait lésée par le mode de partage antérieur qui donnait, selon elle, une part disproportionnée à la Commission anglophone et protestante, eu égard à ses effectifs réels. La Commission prétend alors que les proportions entre les deux organismes ne sont aucunement respectées et qu'un réaménagement général s'impose. Bref, l'intérêt des décisions retenues vient de leurs répercussions puisqu'elles touchent à des problèmes d'envergure, mais aussi de leur caractère conflictuel, car elles ont suscité des discussions et des débats qui ont mis en présence les diverses forces intéressées à l'éducation à Montréal.

2. *Les acteurs en présence et leurs stratégies*

L'analyse qui suit s'inspire des acquis de la science administrative, notamment des travaux de H. Simon et M. Crozier. Selon cette approche, nous avons cherché à reconstituer les diverses étapes de chacune de ces décisions, distinguant trois moments pour mieux isoler les stratégies et les facteurs en présence.

Une première étape est celle de la *mise en branle* de la décision, c'est-à-dire, de la formulation d'un projet qui a suscité un débat et, finalement, une décision positive ou négative. La seconde étape se concentre sur les *luttes* qui se sont déroulées avant la prise de décision elle-même : une fois le projet lancé, s'amorce un conflit qui se termine par une décision en bonne et due forme. Enfin, la troisième étape concerne l'*application* de la décision pour voir comment, après l'acte formel de la Commission, les politiques sont mises en force et ses refus respectés : quels sont alors les agents influents; sont-ils les mêmes qu'au moment de la prise de décision ?

Au cours de ces trois étapes, nous avons dressé le tableau des acteurs en présence et celui de leurs stratégies en privilégiant ici trois facteurs pour mieux les évaluer : les facteurs personnels, les facteurs juridiques et sociaux, et enfin les facteurs qui tiennent à la structure de la Commission, à son mode d'organisation. La connaissance du poids respectif de ces facteurs, nous le verrons, indique des éléments indispensables à la compréhension de la politique générale et de l'évolution de la Commission.

Dessinons cette mutation en détail en considérant les trois moments de chacune des décisions. Plutôt que de reconstituer le déroulement de chacune, nous posons ici les généralisations qui se sont avérées les plus valables et les plus significatives.

a) La mise en marche d'une décision. Les débuts d'une décision et les amorces d'une politique soulignent déjà quelques traits nouveaux et éloquents. Le début d'une décision, c'est le moment où un participant propose une idée ou un projet qui dans une seconde étape fera l'objet de débats avant d'arriver à un choix. Savoir qui exerce avec le plus de succès ces initiatives n'est pas secondaire.

Deux traits ressortent clairement de nos quatre analyses. S'il n'y a pas, pour ces diverses décisions, de modèle uniforme pour leur mise en branle, il serait exagéré de vouloir les faire surgir d'une même démarche ou d'un même individu ou groupe. On notera en même temps, et cela a sans doute plus de poids, que dans tous les cas, les règles du jeu, ou encore les normes à suivre pour engager un tel mouvement, étaient connues et posées depuis longtemps. Pour chaque question, il existait en quelque sorte un type de comportement et d'attitudes. Les principaux initiateurs — le vingt-neuvième président de la C.E.C.M. occupe ici une place à part — vont engager le débat en prenant appui sur des données peu exploitées jusquelà : l'opinion publique, un dossier technique.

b) La négociation. La négociation est la phase centrale du processus de décision. C'est alors, en effet, que les agents qui s'opposent se font connaître et dressent leurs stratégies. Cette phase, pour les quatre décisions analysées, est celle d'une lutte pour contrôler la zone d'incertitude créée par le lancement d'un projet qui brise les conventions. Puisqu'on rejette les normes traditionnelles, l'enjeu est de s'approprier le contrôle des nouvelles qu'on vient de faire surgir. Pour les divers acteurs en présence, le problème est de savoir lequel réussira à accaparer une zone où les débats n'étaient pas admis jusqu'ici.

Une première constatation éclaire l'exercice du pouvoir à la Commission. Les décisions nettement autoritaires, celles où une force détient le monopole, n'ont plus cours. Dans un seul cas (et il s'agit d'une décision qui touche à la vie interne de la Commission: la réforme administrative), les opposants élaborent des solutions radicalement autres, et l'une des factions l'emporte en éliminant carrément la solution de rechange. Sur les autres sujets, un tel procédé ne se rencontrera jamais, même si des positions rigides sont formulées au départ. En fin de compte, c'est avant tout par un jeu beaucoup plus complexe de stratégies et d'alliances que la victoire sera acquise pour l'une ou l'autre tendance.

En effet, l'examen minutieux des stratégies suivies par les forces en présence indique un changement important. Auparavant, les stratégies ne variaient guère; ainsi, pour ne prendre qu'un exemple, le mode de partage de la taxe des neutres qui prévalait en 1963 avait été défini en 1867. Maintenant, et voilà où le changement intervient, la façon de lancer chacun des quatre projets brise les pratiques établies solidement et remet en cause les statuts acquis. Ainsi, la réforme administrative de 1963 entendait réorganiser la structure moins en fonction des hommes en place et des privilèges reconnus que selon un critère de rationalité et de spécialisation des tâches. Qu'on outrepasse les pratiques coutumières se voit encore mieux à l'étude des trois autres projets. En touchant aux intérêts financiers de la Commission protestante, en proposant l'ouverture de classes de belles-lettres jusque-là réservées à la Fédération des collèges classiques, enfin, dans le cas de *L'élève,* en soulevant l'opinion publique et en accusant des agents aux positions anciennes et solides, par exemple une maison d'édition, la C.E.C.M. rompt avec une coutume et aborde des zones neuves. Elle prend sur elle d'intervenir.

Ce ne sont pas alors des agents extérieurs à la politique de l'éducation qui interviennent, mais un membre de la Commission dans la réforme administrative, l'autorité provinciale pour le cours collégial, l'autorité provinciale encore avec les fonctionnaires de la Commission et les commissaires pour la répartition des taxes. En somme, les participants sont bien connus et l'innovation est surtout dans les comportements qu'ils adoptent. On constate que les décisions sont encore fondées sur des alliances de style traditionnel, par exemple, forces politiques et milieux d'affaires, mais des ententes s'établissent maintenant entre des agents à peu près sans communication auparavant. Ceci mérite un examen plus attentif.

Il est normal, bien sûr, de noter fréquemment des alliances internes à la Commission, alliances qui unissent les fonctionnaires et les commissaires. Par exemple, pour la réforme des structures des services pédagogiques, les commissaires et le président s'attachent à convaincre la majorité des hauts fonctionnaires de la Commission pour assurer la réussite de leur projet, et cette collaboration sera de plus en plus fréquente afin de l'emporter sur des opposants aussi bien internes qu'externes.

Les alliances que nous qualifions d'externes parce qu'elles relient des membres de la Commission, commissaires ou fonctionnaires, avec des forces extérieures méritent plus d'attention. Parmi celles-ci, il faut mettre en toute première place le recours à l'appui de l'opinion publique que les participants aux quatre débats retenus ont tous tenté de mobiliser à leur avantage. Pour le débat sur la taxation ou à propos de la revue *L'élève*, l'opinion publique en vient à jouer un rôle capital. Les diverses factions veulent à la fois sensibiliser l'opinion à des questions qui la touchent directement et aussi la faire peser à un point tel qu'elle assurera le succès. L'ampleur même de la référence à l'opinion publique est un phénomène original dans la politique de l'éducation à Montréal. Il arrivera même que les opposants chercheront, par cet appui, à forcer la main d'une autorité supérieure, le gouvernement provincial. Ainsi, sur la répartition des taxes, la campagne très intense menée auprès de l'opinion voulait en définitive obliger ce dernier à approuver une transformation importante de la revue *L'élève,* les critiques qu'elle avait suscitées étaient du domaine public. C'est en prenant appui sur cette force que l'un des commissaires posa la question et mit en branle le processus qui devait amener l'interdiction de cette revue. Une analyse poussée de cette démarche montre aisément l'apport capital de cette alliance dans ce cas. Là encore, il est certain que l'opinion publique avait été mêlée à des débats antérieurs : ce qu'il y a de neuf ici, c'est qu'on la mette en cause de plus en plus souvent et aussi qu'on lui fasse exercer une fonction de premier plan.

Pour nuancer cette notion d'opinion publique, plusieurs exemples seraient à citer qui font voir le rôle de groupes précis en certains cas. Ainsi, la participation des parents à l'élaboration des politiques d'éducation n'est plus une formule vide de sens et diverses associations de ce type font entendre une voix nette et forte : telle centrale syndicale qui sera ici mise à contribution, ailleurs, ce sera une association à caractère religieux. En général, il s'agit d'un nouveau type d'ouverture qui change la dimension des conflits autour des décisions.

En résumé, au cours de cette seconde phase, certains participants exercent une influence prépondérante, les commissaires eux-mêmes, le président, les hauts fonctionnaires spécialisés que recrute la Commission, mais aussi l'autorité provinciale si elle décide d'intervenir. On retient surtout que les changements dans les rapports entre ces forces modifient les comportements généralement suivis antérieurement. Puisque le fait même de lancer un projet, rappelons-le, signifie le réexamen de privilèges et d'avantages acquis, il en est résulté une lutte et un alignement des forces nécessairement différents des échanges habituellement pratiqués.

c) L'application des décisions. L'application des décisions indique-t-elle à son tour ce renouveau ? Ou bien les forces traditionnelles trouvent-elles alors une compensation ? Il est dangereux de limiter l'analyse des décisions à la seule phase de leur formulation sans se soucier du sort qui leur est fait par la suite. Peut-on être assuré à priori que ceux qui ont vu leurs positions triompher dans la phase des négociations continueront à dominer lorsque viendra la mise en acte ? Nous nous sommes conséquemment demandé à qui ont profité, au bout du compte, les applications des décisions. Ceci conduit à l'analyse des facteurs majeurs qui ont marqué les processus de décision.

La réponse ici est brève et nette, car l'examen des suites des décisions révèle que, continuellement, ceux qui ont démontré leur poids pour s'accaparer et dominer un nouveau champ d'action seront encore en position privilégiée par la suite. Par exemple, l'influence exercée par le président sur l'orientation de la réforme des structures pédagogiques s'est aussi clairement manifestée dans la mise en oeuvre concrète de cette réforme. Cela vaut pour les autres cas étudiés. Quand il est question du cours collégial, le ministère de l'Education montre, par son intervention, qu'il entend bien rester l'autorité qui définit les normes, même s'il accepte à certains moments que cette autorité soit partagée. Enfin, quand la Commission interdit la revue *L'élève,* elle prend une décision et l'applique de manière à briser le quasi-monopole qu'exerçaient exclusivement les milieux de la C.E.C.M. En intervenant dans ce domaine nouveau, et en l'emportant, les commissaires augmentent sensiblement leur puissance au sein de l'appareil.

3. *Les principaux facteurs de succès dans le cheminement des décisions*

Le tableau que nous venons d'établir pour identifier les agents influents en matière de politique scolaire à Montréal, grâce à une division du processus de décision selon trois étapes (formulation d'un projet, négociation, application), n'est pas complet sans une analyse des causes qui ont favorisé ou défavorisé l'action de ces agents. Cela ramène à l'évaluation du poids des divers facteurs d'influence que nous avons évoqués plus haut. Sachant mieux *qui* sont ceux qui décident, voyons maintenant *sur quoi* repose leur succès.

Selon une perspective de la science administrative, le problème qu'il faut résoudre pour progresser vers une interprétation globale de l'exercice du pouvoir à la C.E.C.M. se résume à ceci : parmi les facteurs personnels, d'environnement social, de nature juridique ou dus au mode d'organisation de la C.E.C.M., quels sont ceux qui expliquent le mieux le cheminement des décisions ? Certains de ces facteurs ont-ils pesé plus lourdement, et quelles conséquences faut-il tirer, entre autres choses, de l'introduction récente dans les processus de décision à la C.E.C.M. de facteurs et de ressources quasi-inexploités jusque-là ?

Bien sûr, ces catégories de facteurs ont joué inégalement mais une tendance générale se dessine. S'il est indiscutable et normal que les règles juridiques et les traditions administratives de la C.E.C.M. ont donné un cadre précis à ses dirigeants, il nous semble beaucoup plus remarquable de noter le rôle de premier plan joué par les facteurs d'ordre personnel d'un type particulier nouveau et aussi l'influence grandissante de l'environnement social sur l'action de cet organisme : au point même de voir là les signes de l'apparition d'un comportement nouveau en matière d'éducation.

Le contexte juridique, celui de l'organisation et l'environnement social constituent évidemment des éléments majeurs dans toute décision. Par environnement social, nous entendons à la fois l'opinion publique qui s'exprime sous diverses formes, la presse, les groupes de pression, en somme le poids de la communauté au sein de laquelle travaille la C.E.C.M. L'environnement juridique est fait des règles légales qui déterminent le cadre de son action, c'est-à-dire, les normes émises par le pouvoir provincial, tandis que le cadre de l'organisation regroupe les règles, écrites ou coutumières, qui ont façonné la C.E.C.M. au cours de son évolution.

Illustrons brièvement la manière dont ces facteurs ont orienté les décisions que nous avons analysées pour examiner plus longuement ensuite comment les facteurs proprement personnels ont acquis une importance particulière dans les décisions récentes de la C.E.C.M., d'où, des conséquences qui rejoignent tous les aspects de son fonctionnement.

L'environnement social peut imprimer sa marque par l'expression des attentes de la communauté ou par ses réactions aux décisions émises. Sauf pour le cas de la réforme administrative, les autres décisions ont subi largement cette influence. Il n'est guère aisé de l'évaluer de façon précise, mais on verra plus loin que les exigences du corps social sont de plus en plus intimement liées à l'action de la C.E.C.M.

L'environnement juridique intervient surtout dans les décisions en fixant les limites et les normes que doivent respecter les leaders et les stratégies. Dans nos analyses, cette influence est demeurée quelque peu à l'arrière-plan. Les textes légaux délimitent le champ du conflit, mais ils ne jouent pas un rôle capital dans son déroulement, sauf dans un cas. Quand la C.E.C.M. a voulu établir des classes de belles-lettres, le pouvoir provincial lui donna un moment son autorisation, mais une interdiction survint rapidement qui obligea les dirigeants de la C.E.C.M. à abandonner leur projet. Le contrôle de la décision leur échappa alors complètement.

Le contexte de l'organisation se fit sentir de deux manières surtout. En général, les règles du jeu et les pratiques établies eurent des répercussions d'envergure. D'abord, quand on considère l'influence déterminante du président, on constate aisément qu'en lui attribuant aussi la direction des services, la structure administrative de la C.E.C.M. lui accorde un statut privilégié. Plusieurs décisions majeures furent plus ou moins directement reliées à cette structure formelle. D'autre part, il est aussi certain que les décisions de la C.E.C.M. furent souvent entravées par une routine contraignante. Les cas que nous avons analysés le font moins voir peut-être, mais on ne saurait nier qu'avant 1960 surtout l'action des dirigeants de la C.E.C.M. ait été quelque peu prisonnière des structures et comportements traditionnels.

Restent les facteurs personnels, c'est-à-dire, les qualifications qui ont permis à divers agents de devenir les meneurs du jeu. Par comparaison, ce sont ceux-ci qui ont marqué les débats et, cela surtout est significatif, ces facteurs personnels sont d'une nature différente comparés aux ressources utilisées auparavant par les principaux leaders de l'éducation à Montréal.

En effet, deux ressources ont davantage compté dans l'action des personnes impliquées ici : le prestige technique lié à des connaissances et une compétence éprouvées, le prestige social dont jouissaient divers leaders qui leur a assuré une voix prépondérante à plusieurs reprises.

Le prestige technique devient le facteur-clé dans plusieurs cas. Voilà un trait qui distingue bien la gestion de l'éducation montréalaise depuis quelques années. Citons deux cas pour faire voir à quel point il s'est situé au coeur même des conflits. Lors de la réforme des structures pédagogiques, le président put emporter la décision, malgré une opposition interne sérieuse, grâce à une connaissance fouillée des mécanismes, ayant été secrétaire de la C.E.C.M. pendant douze ans. Au moment de débattre la revue *L'élève,* on fait encore référence à un critère de compétence en établissant un comité d'enquête : en somme, l'action des commissaires est de plus en plus conditionnée par les rapports et études que leurs administrateurs leur transmettent.

Le prestige social, pour sa part, avait évidemment joué dans la carrière des dirigeants de la C.E.C.M. à des époques antérieures. Ce qu'il faut noter présentement, c'est surtout le relief nouveau qu'il prend et en même temps les causes auxquelles on le rattache. L'exemple de la revue *L'élève,* une fois de plus, va le montrer abondamment. Celui qui fut le principal promoteur du débat engagea la lutte sans compter, du moins au début, sur des appuis internes sérieux. Néanmoins, l'appui que pouvaient lui assurer certains groupes, notamment les syndicats, et le prestige acquis au cours d'une carrière d'éducateur et d'animateur lui permirent d'exercer une persuasion particulièrement efficace. Tout cela, d'ailleurs, est en quelque sorte un corollaire de la tendance récente dans l'éducation à Montréal pour s'ouvrir aux diverses expressions de l'opinion publique. Bien sûr, des leaders pourront encore exercer leur pouvoir de manière plus ou moins secrète, il n'en reste pas moins que les dirigeants de la C.E.C.M., qui peuvent compter sur un prestige social certain, jouissent d'un avantage marqué dans plusieurs domaines.

Dans cette troisième partie, la synthèse des voies d'approche que nous avons utilisée pour caractériser la dynamique du pouvoir à la C.E.C.M. met en relief trois constatations générales sur l'identité et les stratégies des élites dans le domaine de l'éducation à Montréal.

1. Pour résumer plusieurs remarques faites auparavant, soulignons une fois pour toutes que l'environnement social est en passe de devenir un élément de pouvoir, un facteur de stratégie capital dans la politique de l'éducation. Certes, il y a là une évolution qui n'est aucunement propre à la C.E.C.M., l'étude de son activité témoigne surtout des transformations que subit un organisme pour intégrer de façon valable les aspirations d'une communauté plus consciente des problèmes d'éducation.

2. Qu'en est-il de l'autonomie de la C.E.C.M. ? Sur le plan juridique, on sait qu'elle est essentiellement dépendante de l'autorité provinciale. Cette dépendance est-elle aussi totale dans la réalité ? Une vue d'ensemble nous porte plutôt à constater que la C.E.C.M. possède une assez large marge d'action autonome en bien des questions importantes. Bien sûr, le contrôle ultime s'exercera par le gouvernement du Québec. En même temps, celui-ci laisse les dirigeants de la C.E.C.M. adopter des décisions sans qu'il y ait intervention d'aucune sorte. On peut en prendre exemple au moment de la réforme administrative aussi bien qu'au sujet du débat pédagogique autour de la revue *L'élève*. Par contre, en matière de taxation l'autorité provinciale continue à exercer un contrôle de premier plan. Cependant, dans les situations mêmes où la C.E.C.M. se voit contrainte par l'autorité provinciale à adopter tel ou tel comportement, on perçoit entre les deux équipes une procédure de négociations qui est bien différente d'une autorité qui s'exerce en un seul sens. En tout cas, il est prévisible que l'autonomie réelle de la C.E.C.M. aille, selon le système actuel, de façon croissante. Cela aussi est relié à l'entrée à la C.E.C.M. d'hommes compétents et efficaces.

3. Vue comme système politique, la gestion de la chose scolaire à Montréal est-elle le fait d'une minorité restreinte et toute puissante ou bien peut-on valablement y voir le lieu d'une démocratie véritable ?

Il s'agit, à notre avis, d'un système pluraliste mais à tendance oligarchique. Système oligarchique, la C.E.C.M. l'a toujours quelque peu été au cours de son histoire. L'oligarchie présente n'est plus du même type, nous l'avons vu, mais l'examen de la dynamique du pouvoir montre bien qu'encore maintenant une équipe restreinte de dirigeants façonne l'essentiel des politiques d'éducation. Autour des questions importantes, le nombre des agents véritablement influents se rétrécit considérablement.

Le système est également pluraliste en raison même des interventions de plus en plus fréquentes et efficaces de l'opinion publique. On ne saurait pour autant exagérer la dimension réelle de cette influence et nous y voyons plutôt, dans la situation présente, un mouvement en pleine évolution qui favorisera la démocratisation de la politique de l'éducation. Il y a pluralisme aussi dans la mesure où les principaux participants varient selon les problèmes étudiés. La thèse de l'élite unique veut qu'on retrouve les mêmes leaders dans tous les aspects d'un domaine, il est clair qu'à la C.E. C.M. ces leaders varient selon que l'on considère les questions financières, administratives ou pédagogiques. Les milieux intéressés parviennent à se faire entendre et dans ces divers domaines la décision finale n'appartient pas exclusivement à une équipe dirigeante restreinte.

CONCLUSION

Il s'agit maintenant de faire le bilan d'ensemble de nos analyses, de réunir les points acquis au cours des trois étapes qui précèdent. De là, nous pourrons parvenir à replacer le sous-système que constitue la politique de l'éducation dans la vie politique montréalaise tout entière.

Deux constatations nous paraissent émerger qui attirent l'attention sur l'essentiel du fonctionnement de la C.E.C.M. En effet, avant de terminer, nous croyons primordial de bien faire voir à quel point l'évolution récente des centres d'intérêt des dirigeants de l'éducation à Montréal amène, d'une certaine manière, un bouleversement d'ensemble de la C.E.C.M. Cela se voit aussi bien dans ses méthodes de travail que dans les entreprises qu'elle se met à entreprendre depuis peu. En second lieu, nous voulons réfléchir quelque peu sur le vaste réaménagement des forces qui sont influentes dans la politique de l'éducation. Là encore, l'observateur constate un renouveau en profondeur.

Considérons d'abord l'évolution récente, et de plus en plus marquée, des centres d'intérêt, c'est-à-dire, des zones d'action des leaders en matière d'éducation à Montréal. L'histoire de la C.E.C.M. montre bien, au cours des cent vingt dernières années, que, progressivement, celle-ci a élargi son champ d'action pour devenir aujourd'hui un organisme qui détermine véritablement les politiques en matière d'éducation. L'étude des décisions récentes fait mieux mesurer à son tour que cet élargissement s'est particulièrement affirmé au cours des dernières années. Cela s'aperçoit aussi bien dans le domaine administratif qu'en matière pédagogique.

L'étude des caractéristiques des élites officielles de la C.E.C.M. soulignait l'apparition, dans l'élite dirigeante en matière d'éducation, d'hommes de formation nouvelle et aux préoccupations originales par rapport à leurs prédécesseurs et à l'ensemble de la tradition de la C.E.C.M. On en constate les résultats sous divers aspects. On pourrait citer, par exemple, les nombreuses réorganisations de structures effectuées depuis 1961 pour souligner à quel point s'est affirmée l'influence des commissaires qui voulaient par là mettre sur pied une organisation moderne bâtie sur des concepts d'efficacité et inspirée des techniques administratives les plus valables. L'analyse des procès-verbaux sur une période de vingt ans fait ressortir qu'une telle préoccupation était beaucoup moins présente avant 1960. Certaines réorganisations mériteraient d'être examinées plus à fond, nous les évoquons seulement ici : la modernisation, entre autre, des services de la trésorerie pour confier l'administration du budget de la C.E.C.M., aujourd'hui devenu énorme, non plus seulement, en tout cas, à des représentants nommés par l'autorité provinciale, municipale ou religieuse, mais encore à des administrateurs, à des fonctionnaires spécialisés qui peuvent, à la fois par les moyens qu'ils ont et leurs connaissances, définir une véritable politique financière pour la C.E.C.M.

L'évolution des préoccupations pédagogiques des commissaires est encore plus frappante et plus radicale. Longtemps auparavant, ils étaient quelque peu limités aux questions administratives avec, bien entendu, quelques interventions en matière pédagogique, mais tout cela restait limité. Présentement, l'évolution est double puisque, d'une part, les commissaires et les dirigeants de la C.E.C.M. ont voulu intégrer à leur champ d'action tous les problèmes d'ordre pédagogique et que, d'autre part, ils ont en même temps voulu pousser passablement loin les modifications de cette nature. Quelques commissaires, au cours de leurs expériences antérieures, avaient pu connaître les nuances de la politique de l'éducation. Une fois à la tête de la C.E.C.M., ils seront amenés à élargir la définition des tâches qu'on leur attribuait traditionnellement. Renvoyons encore aux décisions analysées pour témoigner de ce mouvement.

A cela s'ajoute chez les dirigeants de l'éducation la volonté d'opérer les diverses réformes pédagogiques avec l'appui et la collaboration des principaux intéressés, c'est-à-dire, des enseignants, des parents et des étudiants. Les leaders de l'éducation ont lancé depuis quelques années une opération de démocratisation qui a pris diverses formes, nous y reviendrons plus loin. De façon générale, l'analyse des procès-verbaux depuis 1963 démontre clairement que les sujets pédagogiques sont les plus souvent abordés lors des réunions alors qu'auparavant ils étaient largement moins fréquents que les sujets administratifs et financiers.

En second lieu, nous assistons présentement à un réaménagement des forces dans le domaine de l'éducation et de leur rapport. De nouveau, l'étude des caractéristiques des élites dirigeantes a bien montré que certains milieux sociaux sont de plus en plus représentés par elles, mais surtout le quasi-monopole qu'exerçaient jusque-là certains leaders, individus ou groupes, remarquablement puissants se trouve mis en question. Des leaders traditionnellement puissants ont depuis 1960 commencé à perdre, de façon de plus en plus sensible, les privilèges qu'ils avaient toujours eus dans la vie de la C.E.C.M. Citons, par exemple, la Fédération des collèges classiques, la Commission scolaire protestante de Montréal ou encore l'Association des commissions scolaires du diocèse de Montréal. Il est même arrivé que la C.E.C.M. brise de sa propre initiative une association plus ou moins tacite avec des participants et des forces depuis longtemps en place : ce sera telle maison d'édition dans le cas de la revue L'élève pour ne donner qu'un seul exemple. De façon générale, en voulant bâtir une administration moderne les commissaires indiquaient aussi que l'ère des privilèges et des ententes amicales était révolue. L'archevêché de Montréal voit, dans la période récente, et cela prend tout son relief si l'on tient compte de l'ensemble de l'histoire de la C.E.C.M., son rôle devenir de moins en moins déterminant. Bien sûr, il continue à nommer un certain nombre des commissaires mais son influence réelle semble assez limitée dans les faits.

Au plan politique, des modifications capitales sont visibles également : l'affiliation partisane, on l'a vu, ne semble plus avoir la même importance dans la nomination des commissaires. En même temps, il est quelque peu surprenant de noter que lorsqu'il veut agir, le gouvernement provincial le fait moins par l'intermédiaire des hommes qu'il a nommés que par d'autres mécanismes, et surtout par le ministère de l'Education. Ce qui nous amène à situer quelques forces nouvelles qui élargissent ainsi les cadres des élites montréalaises. La création récente du ministère de l'Education, cela est perceptible dans à peu près toutes les décisions et toutes les actions de la C.E.C.M. que nous avons analysées, montre bien que le nouveau dialogue prend forme. Le débat capital semble vouloir se faire et s'établir entre ce ministère et l'organisme lui-même puissant qu'est la C.E.C.M. Cela sera à analyser de près au cours des années à venir. En même temps, d'autres mouvements prennent de l'importance auprès de la C.E.C.M., même si ces mouvements restent actuellement plus ou moins bien organisés. Soulignons surtout ici ce vaste mouvement de participation qui, répétons-le, n'est pas tout à fait structuré mais qui semble en voie de prendre une part de plus en plus grande pour progressivement changer les méthodes de travail de la C.E.C.M. et l'objet même de son action. Diverses campagnes de presse ou certains mouvements d'opinion montrent qu'il y a là des éléments qu'on ne saurait négliger. L'analyse de la grève scolaire du début de l'année 1967 permettrait ici de préciser des positions de façon très significative. En somme, par des colloques et par des comités de diverses natures, la C.E.C.M. s'associe de plus en plus étroitement aux divers secteurs de la communauté qu'elle gouverne et crée chez ceux-ci une conscience des problèmes largement absente auparavant. Plusieurs initiatives le démontrent aussi bien pour ce qui est de la collaboration avec les parents ou avec les enseignants.

Finalement, en quoi la connaissance de la politique de l'éducation montréalaise contribue-t-elle à améliorer nos vues sur l'ensemble de la vie politique de cette communauté ?

Certains parallèles sont évidents, par exemple dans l'évolution des élites dirigeantes dans les deux secteurs, mais nous préférons insister pour terminer sur une caractéristique propre à la C.E.C.M. qui éclaire sous un autre jour les problèmes d'administration municipale. Nous formulons donc l'hypothèse suivante qui vaut principalement pour Montréal et aussi peut-être pour l'ensemble du régime politique québécois. Comme organisme administratif, la C.E.C.M. n'est-elle pas à l'avant-garde d'une évolution bureaucratique qui se manifeste présentement dans tous les secteurs de l'administration gouvernementale ? Ses efforts aussi bien que ses difficultés pour intégrer des notions d'efficacité et de compétence peuvent laisser prévoir ce que connaîtront principalement les services de l'administration municipale de Montréal en voie, à leur tour, de subir les mêmes transformations. D'autre part, l'apparition d'une conscience nette en matière d'éducation par de larges secteurs de l'opinion montréalaise et la volonté d'instaurer divers comportements démocratiques en même temps que conformes aux exigences de la technocratie moderne ne sont-elles pas aussi une préfiguration des modifications que connaîtront d'autres aspects de la vie municipale à Montréal, aussi bien selon leur dynamique interne que sous le jeu de forces extérieures ? Mais cette opération de démocratisation — nous en faisons plutôt une question pour conclure — n'est-elle pas à suivre de très près pour éclairer les développements présents et ce que semble devoir être la vie démocratique dans la société québécoise ?

RÉFÉRENCES

1. Cette recherche a été rendue possible grâce à un octroi du Conseil canadien des recherches urbaines et régionales. Nous en remercions les dirigeants puisque cela a permis d'associer à nos travaux quelques étudiants du Département de science politique. Nous tenons à remercier tout particulièrement M. Jacques Léveillée qui comme étudiant, puis assistant, a collaboré de très près à cette entreprise.

2. Cette recherche, comme ce sera le cas dans la partie suivante, a fait l'objet d'une thèse sur la vie politique montréalaise. Ces thèses sont disponibles. On y trouvera notamment de vastes indications bibliographiques que nous n'avons pas cru utile de reproduire ici. Nous exprimons notre gratitude à Mme Renée Lescop-Baudoin et à M. Paul Bélanger pour leur précieuse collaboration.

Ce texte est extrait de : Recherches sociographiques, *VIII, 2, 1967.*

LE BILL 60 ET LA SOCIÉTÉ QUÉBÉCOISE

Léon DION

Le 28 février 1961, l'Assemblée législative du Québec adoptait une loi instituant une Commission d'enquête sur l'enseignement; le 19 mars 1964, la loi créant le ministère de l'Education et le Conseil supérieur de l'éducation recevait la sanction royale. L'extraordinaire carrière du bill 60, qui se déroula dans un intervalle d'environ un an (d'avril 1963 à mars 1964), fut jalonnée d'événements nombreux dont certains furent qualifiés à l'époque de coups de théâtre de la scène politique. Il offre pourtant aux analystes une abondante et riche matière de première main permettant d'identifier, d'excellente façon, les origines et les caractères des mouvements de pression qui sont susceptibles de se produire dans le Québec à l'occasion d'enjeux politiques considérés importants pour l'avenir de la collectivité et, plus particulièrement, quand il s'agit de projets de loi.

En évoquant la carrière du bill 60, nous n'avons pas l'intention de faire oeuvre d'historien et encore moins de polémiste. Et bien que nous estimions que l'éducation est la question la plus urgente de l'heure au Québec, nous ne nous proposons pas non plus d'en introduire directement l'étude, encore qu'à coup sûr nous éclairerons au passage des aspects importants de cette question. Notre objectif immédiat est double : d'abord faire l'étude d'une campagne de pression et, ensuite, reconstituer un processus de décision. Mais, en dépit de l'importance intrinsèque du débat sur le bill 60, ce n'est pas comme cas d'espèce qu'il va retenir surtout notre attention. A travers ce cas, c'est la société québécoise elle-même que nous entendons soumettre à l'examen.

L'étude des phénomènes de pression politique nous paraît particulièrement prometteuse pour la reconstitution des représentations idéologiques et des réseaux d'influence au sein d'une société. On pourra s'étonner que nous fassions une affirmation aussi peu courante dans le domaine sociologique. Aussi, avant de nous engager dans notre sujet, nous a-t-il semblé utile d'expliciter notre hypothèse de travail.

Les avantages de l'étude des phénomènes de pression pour la connaissance des sociétés sautent aux yeux. Les phénomènes de pression, du moins ceux qui revêtent un haut degré de généralité, possèdent, en premier lieu, la qualité unique d'être quasi contraignants pour un grand nombre d'agents sociaux : les processus qui s'y déroulent se canalisent vers l'un ou l'autre des centres de décision, plus précisément vers ceux qui sont responsables de l'émission des normes impératives obligatoires pour l'ensemble de la société; souvent d'ailleurs ces processus ont pour origine des centres de décision politiques eux-mêmes. Mais parce que de tels phénomènes mettent fréquemment en question des intérêts jugés immédiats et vitaux, ils sont, en second lieu, aptes à susciter chez les agents sociaux des attitudes et des conduites d'une intensité exceptionnelle. Enfin, parce qu'ils se produisent dans un secteur de la vie sociale où la publicité des relations inter-groupes est davantage requise qu'ailleurs, ces phénomènes en général se prêtent plus facilement à l'observation. Ajoutons que dans nombre de sociétés contemporaines les normes d'action, le fonctionnement des mécanismes institutionnels et la propagande elle-même incitent les citoyens à prendre une part active au déroulement des processus politiques, en particulier à ceux qui comportent des décisions.

Sans doute, tous les phénomènes de pression politique n'ont pas une égale richesse de contenu ni surtout une même aptitude à ouvrir l'accès sur le système social. Dans les ouvrages sur la question, rares sont les études qui méritent de retenir l'attention de ce point de vue. Parmi les cas particulièrement intéressants sous cet angle, nous rangeons sans hésiter le débat sur le bill 60. Premier exemple québécois de phénomène de pression qui ait encore fait l'objet d'une étude systématique, ce débat soulève nombre de questions d'intérêt majeur pour le théoricien aussi bien que pour l'homme d'action.

Le débat sur le bill 60 représente beaucoup plus que la somme des interventions sur une question controversée des soixante-dix associations et des quarante-quatre individus que comprennent nos tableaux. Ce qui établit l'importance unique de ce débat, c'est qu'il procure une excellente occasion de scruter l'agencement et l'armature de la société québécoise.

Soulignons une fois de plus par ailleurs que l'aptitude des activités de pression à produire une vision cohérente et signifiante de la société est fort variable. Certaines sont si parcellaires dans leur origine et si limitées dans leurs conséquences qu'elles ne réfractent aucun angle discernable de la réalité sociale; d'autres, au contraire, sont si globales dans leur origine et si étendues dans leurs effets qu'elles réfléchissent, sous des aspects fondamentaux et bien précis, la société tout entière. La campagne du bill 60 nous paraît avoir constitué un cas exemplaire de cette seconde modalité d'activités de pression.

Du point de vue qui nous occupe, les spécialistes distinguent deux catégories principales d'activités de pression : les activités « isolées » et les « campagnes » de pression.

Dans le premier cas, il s'agit généralement d'interventions de la part d'un individu ou d'une association (ou de quelques individus ou associations), dans le but de promouvoir ou de contrarier une cause ou un projet concernant une valeur ou un intérêt restreint et plus ou moins exclusif à cet individu ou association. Dans le second cas, au contraire, il s'agit d'un grand nombre d'interventions, concertées ou non, s'échelonnant sur une certaine période, impliquant plusieurs individus et associations, à l'occasion d'une cause ou d'un projet tendant à modifier, favorablement pour les uns et défavorablement pour les autres, des valeurs ou des intérêts jugés généraux et vitaux. Une intervention de l'Association des manufacturiers auprès du gouvernement pour obtenir une majoration des tarifs sur un produit donné constituerait un exemple de la première catégorie d'activités de pression; une levée générale de boucliers de la part des associations médicales et de leurs alliées contre un projet d'assurance-santé représenterait un exemple de la seconde catégorie.

Il y a beaucoup plus d'activités de pression isolées que de campagnes de pression et c'est à juste titre que les analystes s'intéressent tout autant aux premières qu'aux secondes. Les unes et les autres exercent sur les processus sociaux et politiques une influence plus ou moins considérable qu'il s'agit de mesurer dans chaque cas. De plus, il n'est pas toujours facile de distinguer entre les deux catégories. Ainsi il peut arriver que par les remous qu'elle suscite à travers tout le corps social, une activité de pression à l'origine isolée donne naissance à une campagne de pression. Il n'y a pas à ce sujet de règle fixe. Notons toutefois deux traits spécifiques aux campagnes de pression : en premier lieu, les enjeux y sont considérés importants par un grand nombre d'associations et d'individus : il s'agit de questions jugées de force majeure et d'intérêt général; en second lieu, les centres de décision tardent à trancher le débat, soit par suite de la complexité de la question ou soit encore à cause de l'ampleur même de la division au sein de la société, de sorte que se déclenche un processus d'une certaine durée.

Les activités de pression isolées et les campagnes de pression n'agissent pas sur le système social de la même manière : l'effet des dernières est beaucoup plus général en même temps que plus profond. Sans doute, l'étude systématique des activités de pression isolées permet-elle une meilleure connaissance des organisations et des comportements sociaux et politiques qu'on ne l'imagine généralement : règles de jeu, stratégies, pôles de dynamisme, centres de décisions privilégiées, voies d'accès, techniques d'action, autant de considérations qui permettent une prise considérable sur les structures et le fonctionnement des sociétés. Toutefois, ce n'est qu'à l'occasion des campagnes de pression qu'une société découvre tout à fait, sous un certain angle, l'ampleur des harmonies et des antagonismes sociaux liés aux intérêts et aux valeurs, bref aux idéologies qu'elle sécrète. D'où leur importance unique.

A la lumière de ces indications, il est évident que le débat sur le bill 60 a constitué non pas une simple activité de pression isolée mais bien plutôt une extraordinaire campagne de pression. Les premières réactions se produisent à la suite de la publication du Rapport de la Commission d'enquête sur l'enseignement, le 23 avril 1963; le dépôt du bill 60 à l'Assemblée législative, le 26 juin, fait définitivement émerger la polarité des vues qui a caractérisé le débat. Entre le 23 avril 1963 et le 5 février 1964, date à laquelle l'Assemblée législative adopte finalement la loi créant le ministère de l'Education et le Conseil supérieur de l'éducation, cinquante-trois associations[1] et quarante-quatre individus, souvent à plus d'une reprise, sont intervenus d'une façon signifiante dans le processus. Ils ont, bien naturellement, tenté d'en influencer le déroulement dans un sens ou dans l'autre. Mais ce faisant, ils ont révélé le tempérament de leurs idéologies. Ils ont contraint le gouvernement à faire marche arrière et à porter la discussion sur la place publique. Ils l'ont même forcé à négocier avec l'agent le plus autorisé, le plus prestigieux et le plus puissant que le débat ait fait émerger, l'Assemblée des évêques. Bref, c'est bien en présence d'une campagne de pression au sens le plus fort du terme que nous nous trouvons.

Pour bien concevoir le débat sur le bill 60 comme campagne de pression, il importe de préciser qu'il a été déclenché par des initiatives gouvernementales et non pas par les agissements de groupements sociaux. C'est le Rapport d'une Commission d'enquête créée par le gouvernement qui a suscité les premières réactions et c'est le dépôt du projet de loi qui, nous allons le montrer dans notre première partie, structure la situation et précise l'enjeu. En outre, c'est le rappel provisoire du bill par le gouvernement, le 8 juillet, qui procure à la campagne de pression toute son ampleur. Enfin, le premier ministre, en avisant le 16 juillet les associations et les individus qu'ils avaient jusqu'au 1er septembre pour lui transmettre leurs suggestions, en quelque sorte sanctionnait cette campagne de pression.

Les traits spécifiques du débat sur le bill 60 comme campagne de pression ne viennent cependant pas surtout du fait qu'une initiative gouvernementale l'a suscitée. En réalité, la plupart des campagnes de pression qui ont été étudiées jusqu'ici, notamment aux Etats-Unis où de semblables recherches ont surtout été menées, ont été déclenchées par des projets gouvernementaux : le bill du plein emploi et le projet d'assurance-santé en constituent deux excellents exemples. On sait que le « Full Employment Bill », déposé au Congrès en janvier 1945, devint finalement l'« Employment Act », à la suite d'un dur affrontement, qui dura treize mois, entre groupes « libéraux » et groupes « conservateurs ». Quant au projet d'assurance-santé mis de l'avant par le Président Truman en 1950, il dut finalement être abandonné, la longue et coûteuse campagne de groupes adversaires dirigée par l'American Medical Association ayant même ébranlé la stabilité du gouvernement[2].

Par rapport à toutes les autres campagnes de pression étudiées jusqu'ici, celle du bill 60 se distingue par les deux traits suivants : en premier lieu, il y a eu rappel volontaire par le gouvernement d'un bill dûment présenté en Chambre et dépôt, sept mois plus tard, d'un nouveau bill : les circonstances du rappel de même que la substance des modifications apportées au second bill permettent de reconstituer avec une rare précision le déroulement du processus; en second lieu, il existe peu d'exemples d'une telle déférence à l'endroit des individus et des associations engagées dans un débat public de la part d'un gouvernement que celle manifestée à l'occasion du débat sur le bill 60 par le gouvernement du Québec. Dans toute l'histoire connue des campagnes de pression, on peut citer peu d'exemples de respect des vues du public semblables à celui qu'offrait le ministre de la jeunesse, parrain du bill, qui, au vu et au su de tous, est descendu dans l'arène et a accepté de bonne grâce de paraître aux yeux de plusieurs comme un simple belligérant. Il est vrai qu'il n'avait pas le choix. Aurait-il fait montre d'arrogance vis-à-vis les associations et les individus, cela aurait pu signifier l'échec du projet de loi. Rares sont les occasions où les rapports entre agents politiques et agents sociaux se présentent de façon à la fois si dramatique et si pressante.

Le problème de l'influence dans les processus de décision se pose de la façon suivante : quels pourraient être les groupes et les individus qui, tout en étant vitalement et immédiatement visés par un acte ou un projet de nature politique, se trouveraient, au moment opportun, stratégiquement en position de faire sentir leur présence, tant par l'ampleur des ressources à leur disposition que par leur facilité d'accès auprès des centres politiques décisifs ? Dans le cas qui nous occupe, la question est de savoir qui a influencé quoi, pourquoi et comment au cours du débat sur le bill 60 ?

La réponse à la question ainsi posée est complexe. La majorité des travaux sur les processus de décision aboutissent généralement à de vagues suppositions ou, tout au plus, à des conclusions hypothétiques. La conscience de la précarité de notre position à ce point de notre étude nous incite à procéder avec circonspection. Aussi, avant de nous engager dans la reconstitution du réseau d'influence que la campagne du bill 60 a dégagé, nous allons définir notre principal outil d'analyse, c'est-à-dire le concept d'influence lui-même.

Par influence, nous entendons l'efficacité relative de la participation d'un agent à la définition des buts, au choix des règles du jeu et aux prises de décision dans un processus social. Pour établir cette efficacité relative nous recourrons à trois mesures que nous appellerons respectivement l'autorité, le prestige et le pouvoir.*

Ce sont des porte-parole d'associations qui ont déclenché et constamment nourri la campagne du bill 60. Sans leurs interventions soutenues et celles d'un certain nombre d'individus agressifs, eux-mêmes d'ailleurs souvent liés à des associations, les sentiments à l'endroit du bill ne se seraient probablement pas exprimés sur la place publique. Dans cette éventualité, seuls des agents sociaux antagonistes particulièrement puissants auraient pu forcer l'attention du gouvernement. Et les divergences des vues entre eux auraient fait l'objet de négociations de coulisse.

Or, ces mêmes associations, pourtant responsables de la campagne, n'ont manifestement eu qu'une influence directe minime dans le déroulement et le dénouement du processus de décision. L'Assemblée des évêques mise à part, le degré de pression sur le gouvernement résultant de l'action des associations a été très faible. Aucune d'entre elles n'a pu prendre la direction des opérations, mettre au point des stratégies communes, ni inspirer les prises de décision . . .

Comme il fallait s'y attendre de la part de groupements représentant des idéologies et des intérêts divergents, les associations, vis-à-vis le bill 60, tinrent des positions fort différentes. Pour l'ensemble, sur un total de soixante-dix associations, vingt-huit eurent une orientation positive par rapport au bill tandis que les quarante-deux autres eurent une orientation négative. Quand on considère de plus près la gamme des orientations, la dispersion des vues se révèle encore bien plus grande. Certes, à l'intérieur d'une même catégorie d'associations, les vues pointèrent parfois dans la même direction, comme chez les étudiants et les syndicalistes qui furent en prépondérance d'orientation positive et chez les administrateurs et les associations religieuses qui furent surtout d'orientation négative. Mais l'effet de concordance à l'intérieur d'une même catégorie fut contrarié, sinon annulé, par l'existence de profondes divergences entre

---

* *La notion de pouvoir est l'objet d'un débat animé entre spécialistes, surtout de la science politique. Il est incontestable que cette notion est employée à la légère et de façon abusive. On appelle fréquemment « pouvoirs » les centres de décision autour desquels individus et groupes gravitent et en fonction desquels ils utilisent leurs ressources dans le but d'obtenir une influence dans le déroulement d'un processus. Par extension, on entend par « pouvoirs », les catégories elles-mêmes de ressources utilisées dans l'exercice d'une influence. C'est à ce double usage que renvoient des expressions courantes comme « pouvoir politique », « pouvoir économique » et « pouvoirs sociaux ». Nous n'avons aucune objection à ces emplois du terme, à condition qu'on admette que celui-ci est alors conçu d'une manière synthétique et non opérationnelle. Dans l'exposé qui va suivre, le pouvoir sera considéré comme un des attributs des agents politiques ou sociaux et, de la sorte, comme l'une des trois mesures de l'influence — les deux autres étant l'autorité et le prestige.*

catégories. Par ailleurs, les autres catégories d'associations — idéologiques, d'enseignants et de parents-maîtres — se neutralisèrent elles-mêmes en adoptant des positions contraires à l'égard du bill ...

En d'autres circonstances, l'absence d'unanimité parmi les associations n'aurait pas nécessairement provoqué pareille éclipse de leur autorité, de leur prestige et de leur pouvoir formels. Des procédés tels que la fréquence des interventions et le recours aux coalitions auraient corrigé l'effet de cette condition et procuré à certaines associations tout au moins un certain degré d'influence. Certaines d'entre elles, comme c'est souvent le cas, auraient émergé du débat en avant du gros du peloton et auraient rempli un rôle de leadership. Mais, dans le cas présent, des associations ne disposant pas au départ d'avantages stratégiques et au surplus n'offrant pas un front commun se trouvèrent confrontées avec deux coalitions de forces d'un poids exceptionnel : le gouvernement et l'Assemblée des évêques ...

La campagne du bill 60 se présente comme un affrontement entre l'Eglise et l'Etat. Les entrevues privées fort nombreuses du ministre de la Jeunesse avec des évêques, les interventions répétées d'évêques, agissant à titre individuel ou en groupe, auprès du ministre de la Jeunesse ou du premier ministre — tout cela dramatise et amplifie ce phénomène central; et c'est ce phénomène qui procure au débat son caractère unique. Une occasion exceptionnelle nous est ainsi fournie de voir ouvertement à l'oeuvre l'Eglise au Québec.

Par contraste avec les associations libres dont le comportement fut erratique et contradictoire, l'Assemblée des évêques a indubitablement préparé avec soin bien à l'avance chacune de ses interventions. Il est incontestable qu'elle a mis en oeuvre toutes ses ressources afin d'influencer le déroulement du processus ...

Par rapport à l'éducation chrétienne qui fut l'enjeu principal de la campagne du bill 60, l'autorité — ou droit formel — de l'Assemblée des évêques était éminente et incontestable. L'Assemblée pouvait se réclamer d'une tradition ecclésiastique fort ancienne que sanctionnent des textes officiels nombreux et rédigés à des époques différentes. En outre, fait de notre point de vue bien plus significatif encore, cette autorité se trouvait explicitement reconnue au Québec, tant dans la loi civile que dans la pratique administrative, les évêques étant, par exemple, membres d'office du très important Comité catholique du Département de l'instruction publique.

Or, dans ses trois déclarations, l'Assemblée des évêques de toute évidence prend soin de s'en tenir aux seules questions qui relèvent directement de la compétence ecclésiastique, c'est-à-dire la confessionnalité des écoles et l'enseignement chrétien ...

Non seulement l'autorité de l'Assemblée des évêques dans la campagne du bill 60 fut-elle incontestable, mais encore son prestige — deuxième mesure de l'influence — bien qu'aucun sondage ne l'ait établi, fut de toute évidence énorme. Les évêques s'engageaient dans le débat avec l'assurance que procure la conscience de jouir, en toute circonstance, dans le Québec, d'un respect universel qui confine parfois à la servilité. En matière d'éducation, en général, beaucoup les considèrent comme des experts; et tous s'inclinent devant leur compétence dans le domaine de l'éducation religieuse. Enfin la dignité et l'utilité de la charge épiscopale peuvent difficilement être mises en doute dans une société où la presque totalité des individus adhèrent activement à la confession catholique.

L'Assemblée des évêques représente un organisme quasi politique, disposant de prérogatives et de ressources considérables qui lui procurent un immense pouvoir, dans le sens défini plus haut. Ce n'est pas le lieu d'énumérer les composantes de ce pouvoir dérivé du magistère suprême de l'Eglise, qui, dans les questions de doctrine et de morale, s'impose à tous les fidèles sous peine de graves sanctions. Il suffit de mentionner que, durant le débat sur le bill 60, l'Assemblée des évêques a fait un usage optimum de ses ressources en vue d'amener le gouvernement à conformer son projet de loi aux objectifs et aux intérêts de l'Eglise en éducation. Parmi les composantes majeures du pouvoir, citons la facilité d'accès auprès des centres de décision, le degré de perception de l'enjeu, l'intérêt porté à l'enjeu, et le nombre et la qualité des alliés virtuels ...

D'après chacune des trois mesures — autorité, prestige, pouvoir — selon lesquelles on peut déterminer l'influence de l'Assemblée des évêques, on est donc conduit à conclure que cette influence fut prépondérante ...

Quels ont pu être les motifs qui ont conduit l'Assemblée et les évêques individuels à intervenir dans le débat comme ils l'ont fait ? Et quelles ont été les raisons qui ont incité le premier ministre et le ministre de la Jeunesse à leur prêter une oreille si attentive ?

Pour trancher ces questions, il faut rappeler les objectifs des deux protagonistes et nous demander dans quelle mesure ils n'auraient pas, au cours du processus, réconcilié leurs divergences et ne se seraient pas finalement rejoints à mi-chemin de leurs positions originelles respectives, sans avoir pour autant nécessairement renoncé à leurs objectifs fondamentaux.

Le but que le gouvernement poursuivait ressort du texte même du bill 60. Il consistait dans l'édification d'un système d'éducation répondant aux besoins de notre temps par la création d'un Ministère doté des prérogatives et des instruments d'action jugés nécessaires. Bien que des évêques se soient insurgés contre le projet gouvernemental, l'Assemblée des évêques comme telle a pris soin de ne pas mettre directement en cause l'objectif fondamental du gouvernement.

Par contre, le ré-aménagement radical du vétuste système d'éducation qu'impliquait la mise en oeuvre du projet gouvernemental heurtait de front les intérêts de l'Eglise. C'est ainsi que l'Assemblée des évêques se trouvait délogée de sa traditionnelle position stratégique au sein du Comité catholique. De son point de vue, la situation ainsi créée était grave. Or, c'était de sa propre initiative et de façon unilatérale que le gouvernement délogeait ainsi l'Assemblée des évêques. Celle-ci se trouvait spoliée, sans pré-avis, de droits acquis.

On peut supposer qu'avant le bill 60 il existait une sorte de concordat au Québec entre l'Eglise et l'Etat au sujet de l'éducation. En déposant le bill 60 à l'Assemblée législative, le premier ministre en quelque sorte avait rompu un engagement contractuel. Le fait même que le premier ministre ait adressé une copie du bill au Primat de l'Eglise au Canada avant de le déposer à l'Assemblée législative constitue un indice de cette conscience, de la part du gouvernement, de l'existence d'un tel engagement contractuel. De son côté, dans sa lettre du 17 juin, Mgr Roy faisait part au premier ministre de l'insatisfaction de l'épiscopat et de la ferme volonté de ce dernier de négocier une nouvelle entente avec l'Etat. En d'autres termes, Mgr Roy signifiait au gouvernement que celui-ci était en train de violer une sorte d'engagement solennel. Et en acceptant de poursuivre des négociations avec l'Assemblée des évêques, le gouvernement, de son côté, reconnaissait implicitement avoir été pris en faute.

Vues sous cet angle, les revendications de l'Assemblée des évêques paraissent avoir été bien modérées. Elles n'impliquaient aucunement le rétablissement de la situation antérieure mais simplement l'insertion dans le texte du bill de clauses visant, selon l'avis de l'Assemblée, une meilleure protection des écoles chrétiennes. Le bill 60 demeurait substantiellement intact. A la lumière de ce comportement, il est légitime de conclure que les motifs qui ont conduit l'Assemblée des évêques à intervenir dans le débat se rattachaient moins à des craintes entretenues sur la substance même du bill — encore que celles-ci aient existé — qu'au sentiment d'un bris de contrat de la part du gouvernement et à la volonté d'amener celui-ci à conclure une nouvelle entente.

Face à l'Assemblée des évêques, le gouvernement se trouvait placé dans une position inconfortable, mais non pas désespérée. Quelle qu'ait pu avoir été sa propre perception du prestige et du pouvoir de l'Assemblée des évêques, le gouvernement ne pouvait pas ne pas reconnaître la légitimité de son autorité. Ayant de son propre chef rompu un quasi-concordat, il se trouvait dans l'obligation d'en négocier un nouveau. Or, dans ces circonstances, les termes tels que suggérés par l'Assemblée des évêques ne pouvaient que lui sembler tout à fait justifiables et raisonnables. Les accepter n'était donc, du point de vue du gouvernement, ni une humiliation, ni une défaite. Tout au plus c'était la reconnaissance d'une faute, d'une indélicatesse commise à l'endroit de l'épiscopat.

Ainsi donc, les objectifs de l'Assemblée des évêques et ceux du gouvernement, divergents au départ, ont finalement convergé au mieux de leurs intérêts mutuels. De leurs points de vue respectifs, les deux protagonistes sortaient de la campagne du bill 60 avec les honneurs de la guerre. Ce sentiment résultait de ce que l'un et l'autre avaient envisagé l'enjeu sous des angles différents. En effet, ce qui importait le plus du point de vue du gouvernement, c'est-à-dire la création d'un ministère de l'Education doté de prérogatives adéquates, restait acquis. Inversement, l'Assemblée des évêques croyait avoir permis l'insertion de clauses offrant les garanties de l'éducation chrétienne, objectif qui avait été son unique préoccupation. Par ailleurs, les concessions que l'un et l'autre avaient dû consentir au cours des négociations paraissaient minimes en comparaison des gains obtenus par les deux parties et notamment l'assurance que l'harmonie était, du moins provisoirement, rétablie entre l'Eglise et l'Etat.

Bien que la présence des deux « pouvoirs » dominants que constituent l'Eglise et l'Etat ait dominé la campagne du bill 60, nous aurions tort de conclure que cette campagne fut non signifiante.

Bien au contraire ! Cette campagne nous a montré une facette majeure du visage du Québec contemporain : elle a révélé les dimensions réelles et le fonctionnement d'une institution sociale — l'Eglise — à laquelle on a toujours prêté une influence énorme sans que cette influence ait jamais jusqu'ici été mesurée à l'occasion d'un cas concret.

La campagne du bill 60 nous a permis de constater que, dans le Québec, l'union de l'Eglise et de l'Etat était encore intime. Elle a permis d'examiner comment, dans un cas précis, l'influence de l'Eglise s'est exercée. Elle nous a fait mieux saisir comment cette influence agit au sein de la société québécoise et comment elle inhibe la pensée et l'action des agents sociaux.

Une dernière question se pose. Si donc la confrontation de l'Assemblée des évêques et du gouvernement a dominé la campagne du bill 60, quelles en furent les conséquences pour les associations libres ? Nous estimons que l'autorité, le prestige et le pouvoir incommensurables de l'Assemblée des évêques fournissent l'explication de la piètre performance des agents sociaux durant la campagne. Ceux-ci, qu'ils fussent par ailleurs partisans ou adversaires du bill 60, n'ont paru exercer aucun effet sensible dans le déroulement du débat. C'est à peine si les agents politiques ont perçu le poids de leurs interventions. Les agents sociaux se sont livré entre eux une guerre surtout verbale mais la lutte véritable se disputait sur un champ de bataille d'où ils se trouvaient exclus. Bref, dans la campagne du bill 60, le rôle du gouvernement fut prioritaire, l'influence de l'Assemblée des évêques, prépondérante, et la force de pression des agents sociaux, insignifiante.

La campagne du bill 60 a donc été, à la périphérie de la société, une querelle sur la place publique entre associations libres et simples citoyens engagés dans la vie des associations, des revues et des mouvements sociaux; mais, au coeur du système social, il a été la confrontation des deux « pouvoirs » dominants, le « pouvoir » ecclésiastique et le « pouvoir » civil. Les associations libres et les simples citoyens ont été des participants plus ou moins conscients des négociations entre ces deux géants. Et ceux-ci ont réussi à concilier leurs divergences sans avoir requis, même s'ils ont pu verbalement le réclamer, l'appui des associations libres et des simples citoyens . . .

RÉFÉRENCES

1. Nous ignorons ici les dix-sept associations qui, dans un mémoire à la Commission d'enquête, s'étaient prononcées en faveur du maintien du Département de l'instruction publique mais qui ne sont pas intervenues dans le débat même.

2. Sur ces questions, voir Léon Dion, *Les groupes et le pouvoir politique aux Etats-Unis,* Presses de l'Université Laval et Armand Colin, 1965.

Ce texte est extrait de : Le bill 60 et la société québécoise, *Collection aujourd'hui, Les Editions HMH, Montréal, 1967.*

LE PROCESSUS
DE RÉGIONALISATION
SCOLAIRE

Gabriel GAGNON

Claude GOUSSE

INTRODUCTION

La présente étude s'attachera exclusivement à une tentative de régionalisation que le B.A.E.Q. avait décidé d'analyser : la formation de commissions scolaires régionales pour l'organisation de l'enseignement secondaire.

Il existe au moins une grande différence entre les deux processus : alors que les conseils économiques fonctionnaient depuis quelques années déjà, la régionalisation scolaire commençait à peine au moment de notre étude, à l'été 1964. Les sept commissions scolaires régionales prévues pour le Bas St-Laurent et la Gaspésie[1] n'en étaient d'ailleurs pas toutes au même stade de leur développement : trois étaient déjà en fonction (Péninsule, des Monts, Iles-de-la-Madeleine); trois autres, sanctionnées par le lieutenant-gouverneur en conseil, étaient en voie de constitution (Chaleur, Matapédia, Bas St-Laurent); la dernière (Grand-Portage) ne devait être sanctionnée qu'au cours de l'automne.

Selon l'hypothèse de Robert Dahl, nous supposions, au départ, qu'il pouvait exister des leaders et des processus de décision différents selon les secteurs de la réalité sociale : la comparaison portera essentiellement ici, cependant, sur les domaines scolaire et économique où la régionalisation semble avoir d'abord émergé. Par ailleurs, Dahl nous fournit très peu de détails sur les décisions d'ordre scolaire étudiées à New-Haven : retenons surtout son insistance sur l'aspect dynamique de la décision, vue comme un affrontement entre leaders et associations en coalition ou en conflit.

La régionalisation scolaire nous apparaît essentiellement comme une macro-décision composée d'un ensemble de décisions plus restreintes que nous avons essayé d'analyser : chacune de ces micro-décisions pouvait constituer un révélateur partiel de la structure du pouvoir, des coalitions et des conflits potentiels entre individus, associations et localités. Au début du processus, c'est le principe de régionalisation lui-même qui joue le rôle de catalyseur : par la suite, le principe recevant l'appui de la majorité, l'intérêt se déplace vers la localisation des pôles où seront situées les écoles secondaires, la répartition des sièges à la commission scolaire régionale, la nomination de ses principaux administrateurs, les négociations collectives avec les professeurs, etc. Un nouveau joueur entre en lice avec la formation des comités de planification scolaire au cours de l'automne : notre étude s'étant terminée en septembre, nous n'avons malheureusement pu observer leur fonctionnement.

Cette méthode dynamique nous a semblé la meilleure pour analyser le processus de décision en matière scolaire comme pour en identifier les principaux acteurs.

La régionalisation scolaire permet-elle l'émergence de nouveaux leaders plus adaptés aux nouvelles structures ? Est-elle, au contraire, contrôlée par les personnalités locales traditionnellement mêlées aux problèmes de l'éducation ? Quelles sont les caractéristiques comparatives des détenteurs du pouvoir régional en matière scolaire et économique ? L'idéologie dégagée au cours des divers processus de régionalisation au niveau municipal, scolaire, économique, coopératif, est-elle la même ? Voilà autant de vastes questions auxquelles notre recherche voulait tenter de répondre.

I. PROCESSUS DE DÉCISION : ANALYSE D'UN CAS, LA RÉGIONALE DE LA PÉNINSULE

Cette régionale commença à fonctionner dès le début de l'été 1964. La résistance au principe de la régionalisation, d'abord très forte, s'y était suffisamment atténuée pour que les deux pôles principaux acceptent une collaboration provisoire au sein d'une même organisation.

L'opposition à la régionalisation semble ici essentiellement le fait de l'évêché et de la majorité du clergé : il s'agit d'une résistance avant tout idéologique, basée sur la primauté de la communauté paroissiale qui doit intégrer tous les individus de la naissance à la mort. Ce type d'opposition semble avoir eu sa source à Gaspé, ville épiscopale fondée sur les services et les institutions. L'autre pôle, Chandler, organisé autour d'une usine, semble avoir opté plus rapidement pour une régionalisation qui pouvait lui procurer un avantage sur un concurrent réticent.

Devant l'attitude ferme du gouvernement, confirmée lors de la visite du ministre Gérin-Lajoie à l'été 1963, le leadership de Gaspé fait volte-face et songe à dominer à son profit une institution où Chandler devrait aussi s'engager : il s'agit à ce moment de s'assurer le contrôle d'un pôle scolaire que l'on prévoit unique. La reconversion ne s'opère pas facilement puisque plusieurs curés sentent une opposition entre cette attitude pragmatique et l'idéologie communautaire prêchée jusqu'alors.

Les premières réunions voient s'affronter les deux pôles : ils cherchent à coaliser les autres municipalités jusqu'alors négligées surtout par Chandler qui avait imposé des conditions draconiennes à ses voisines désireuses de passer avec elle des ententes sur l'enseignement secondaire. Gaspé emporte une première manche en faisant élire un des siens président de la régionale; Chandler entraîne ensuite quelques commissions scolaires à passer des résolutions de retrait de la régionale afin d'en former une à son profit : cette tentative entraîne peu de gens et semble abandonnée lorsque s'atténue la notion du pôle scolaire unique.

Un autre clivage semble aussi s'opérer au sein de la régionale entre les principaux leaders urbains, surtout professionnels, et le monde rural dont les représentants, mal informés, participent peu au processus de régionalisation et aux réunions tenues en ce sens. Ils se sentent démunis vis-à-vis le changement et doutent souvent de l'avenir de la commission scolaire locale.

On semble ici, au-delà de l'opposition des pôles, en face de deux joueurs privilégiés agissant par personnes interposées, l'évêché et la Cie Gaspésia, le premier l'emportant nettement par le nombre de ses alliances et la force de son idéologie. Il a le sentiment d'avoir la main forcée par l'autorité gouvernementale mais l'accepte pour la mieux contrôler grâce au rôle des institutions indépendantes au secondaire.

Les autres protagonistes possibles semblent absents : les associations volontaires, sans politique régionale commune, adhèrent plutôt aux politiques des leaders de leur localité : d'ailleurs, seule la Chambre de Commerce semble prendre un certain intérêt dans la question. Les professeurs, peu informés, ne participent pas au processus de régionalisation : ils maintiennent une attitude strictement corporatiste.

Les inspecteurs d'écoles gardent une attitude ambiguë, partagés entre leur double allégeance aux politiques du ministère et à leur communauté locale : cette dernière l'emporte le plus souvent.

Quant aux influences politiques, elles semblent assez faibles puisque plusieurs leaders scolaires appartiennent ouvertement au parti d'opposition.

Dans cette région pauvre, c'est finalement surtout sous son aspect d'investissement profitable qu'on considère la nouvelle politique d'éducation : si on oublie ainsi les dangers qu'elle comporte pour la mentalité traditionnelle, on refuse, cependant, de dépasser la structure territoriale à laquelle on est habitué.

II. PROCESSUS DE DÉCISION : TENTATIVE D'EXPLICATION, GÉNÉRALISATION À PARTIR DE SIX CAS[2]

A — Gouvernement et population

Autant le conseil d'orientation économique du Bas St-Laurent fut une création régionale, fruit des initiatives des leaders de ce territoire, autant les commissions scolaires régionales à leurs débuts apparaissent téléguidées par l'action gouvernementale. Un processus lent, amorcé par le régime des ententes, s'accélèrera avec la publication de la carte scolaire puis grâce à l'Opération 55, conçue en grande partie pour absorber le plus rapidement possible des montants rendus disponibles par une entente fédérale-provinciale sur l'éducation professionnelle valable jusqu'en 1967. C'est ainsi que, si les régionales de premier type ont semblé se mouler facilement sur les réseaux traditionnels, les grandes régionales sont apparues comme des créations des planificateurs et ont difficilement fait l'accord des populations et même des représentants locaux du ministère de l'Education, les inspecteurs.

D'ailleurs, de 1962 à l'automne 1964, la conception de la régionalisation scolaire semble avoir été continuellement en processus d'élaboration même aux plus hauts niveaux du ministère. Cette incertitude se répercuta sur le territoire où plusieurs inspecteurs, manquant d'information, eurent tendance à demeurer dans l'expectative sinon à s'opposer en sourdine aux nouvelles structures.

Le manque de distinctions claires entre régionalisation scolaire avec son pôle et écoles secondaires semble avoir contribué aussi à susciter de nombreuses inquiétudes qui furent à la base de bien des oppositions.

Il est assez curieux de noter les nombreux contacts directs entre commissaires d'écoles et planificateurs scolaires, effectués sans l'intermédiaire des inspecteurs, pourtant représentants locaux du ministère. Le dévoilement de la carte scolaire en octobre 1962 se fait ainsi en l'absence de plusieurs inspecteurs qui n'avaient tout simplement pas été invités. Leur inaction durant cette période peut s'expliquer pourtant autant par la fluidité des politiques et le passage accéléré des micro aux macro-régionales que par une attitude d'opposition systématique.

L'impression créée par la notion d'un pôle et de sous-centres qui jalonneraient le territoire de chaque régionale semble avoir eu un double effet : tout en appuyant les réticences de plusieurs, elle semble avoir suscité de nombreuses initiatives de la part de municipalités pauvres désireuses d'acquérir le prestigieux investissement scolaire qui les ferait triompher du voisin. Cette attitude inspirée par l'« esprit de clocher », contribua insensiblement à susciter un esprit régional puisque les localités intéressées durent rechercher l'appui de puissantes coalitions pour obtenir les investissements désirés.

Les planificateurs semblent en effet, avoir presque toujours cherché à transformer les rapports verticaux localités-ministre ou localités-fonctionnaires en rapports horizontaux entre commissions scolaires. Le principe semble avoir été cependant oublié dans certains cas où l'adhésion à la régionale ne fut obtenue qu'après des promesses faites par le ministre ou ses planificateurs au sujet de la représentation ou des investissements futurs. La majorité des promesses de ce genre furent cependant effectuées par les commissaires locaux vis-à-vis certaines localités susceptibles d'entrer dans leur coalition.

En ce sens, tout le processus semble avoir été plutôt restreint à un certain nombre de joueurs privilégiés : les centres urbains importants. Le monde de ceux qui ne pouvaient espérer obtenir d'école secondaire fut négligé tant par les inspecteurs que par les localités importantes : l'opposition de ces localités, acceptée d'emblée comme inévitable, devait se dissiper par la contrainte et le temps. Cet oubli de zones rurales qui englobent une bonne partie de la population du territoire soulève encore des réticences chez ceux qui sont finalement amenés à souffrir le plus d'une régionalisation faite un peu sans eux. Ceci se remarque dans certaines régionales par une coalition actuelle ou latente des secteurs ruraux contre le ou les pôles scolaires : une jonction pourrait se faire entre ces opposants et l'UCC qui reste, elle aussi, réticente vis-à-vis un processus où elle eut finalement peu de part, ou même un certain parti politique qui affiche comme partie importante de son programme la lutte contre la régionalisation scolaire et les fusions municipales.

B — Les commissions scolaires

Dans le Bas-St-Laurent, la régionalisation paraît avoir redonné une nouvelle importance aux commissions scolaires locales qui ont cherché à faire face aux nouveaux problèmes; en Gaspésie, il semble au contraire que, dans beaucoup de cas, on se soit mis à douter de ces structures démocratiques et à prévoir sinon souhaiter leur remplacement par des fonctionnaires permanents. On a remarqué un peu partout le désir de la population d'ajuster ces structures de base aux changements politiques survenus au niveau de la province en 1960 : c'est ainsi que des partisans plus ou moins avoués du parti libéral, plus susceptibles d'efficacité dans la structure de patronage jusqu'alors en vigueur, semblent avoir été mis en place dans les commissions scolaires à partir de ce moment. D'autre part, dans certains cas, la nouvelle formule de régionalisation dévoilée en 1962 amena le remplacement des leaders jusqu'alors engagés trop à fond dans la réalisation de la première formule. Nous aurons à reparler de ces commissaires d'écoles dans le prochain chapitre qui traitera des leaders et de leur idéologie.

Mais, devant les dangers de la régionalisation, plusieurs commissions scolaires ont cherché à s'appuyer sur des personnalités extérieures susceptibles de les éclairer. Deux groupes principaux de personnalités se dégagent ici : les curés en Gaspésie et dans les petites localités, les administrateurs scolaires dans les grandes localités du Bas-St-Laurent. Avec la constitution des régionales, l'influence du second groupe aura peut-être tendance à devenir prépondérante. De toute façon, l'action de ces divers éléments pourra se faire sentir plus ouvertement grâce aux comités régionaux de planification scolaire. Ces comités sont susceptibles de formaliser l'influence des groupes de pression agissant dans le domaine scolaire tout en favorisant l'émergence de nouveaux leaders ignorés par les structures traditionnelles.

Retenons donc pour l'instant que les commissions scolaires ont été surtout importantes et valorisées dans le processus de régionalisation lorsqu'elles émanaient de localités importantes susceptibles d'y perdre ou d'y gagner d'importants investissements.

C — Les associations

Lorsqu'il s'agissait pour une localité d'essayer d'obtenir un investissement scolaire incertain par des stratégies verticales, sa commission scolaire avait tout intérêt à coaliser l'ensemble des réseaux constitués par les associations pour faire pression sur l'administration centrale. On retrouve presque toujours dans ces cas l'action de la Chambre de Commerce locale qui, souvent, possède même un comité d'éducation.

Dans la région qui nous intéresse, les Chambres de Commerce, plutôt que de représenter les intérêts d'une classe particulière de la population, s'érigent en organismes polyvalents, sortes de clubs sociaux où se rencontrent les principaux leaders d'une petite ville pour en promouvoir les intérêts. Dans bien des cas, l'action de ces organismes apolitiques semble prévaloir sur celle des structures plus formalisées du conseil municipal et de la commission scolaire lorsqu'il s'agit de prendre contact avec l'ensemble de la population.

Toutes les interventions des Chambres de Commerce dans le domaine scolaire ont eu pour but, soit de coaliser des municipalités autour d'un pôle scolaire potentiel, soit de préparer des mémoires en ce sens, soit enfin de réunir l'ensemble des associations d'une municipalité en vue de pressions concertées. C'est donc avant tout sur la question du pôle scolaire avec ses implications économiques qu'elles se sont prononcées : leurs prises de position n'allaient absolument pas à l'encontre des intérêts commerciaux théoriquement à la base de leurs activités.

Une autre association polyvalente, hésitant entre l'organisation syndicale des cultivateurs et des bûcherons et la défense de l'ensemble du monde rural, ne semble pas avoir participé aux débuts de la régionalisation. Malgré les appels de l'archevêque de Rimouski en faveur du mode de vie traditionnel et l'opposition des localités rurales dans la régionale du Bas-St-Laurent, l'UCC ne semble pas avoir voulu prendre parti : on a cependant cru remarquer au cours de la formation des comités de planification, son opposition à une représentation trop restreinte du monde rural. L'ambiguïté tient au fait que beaucoup de résistances faites à la régionalisation au nom du « rural » émanèrent soit du clergé soit de leaders non eux-mêmes issus de la classe agricole.

On s'étonne, au long de ce travail, de ne noter aucune action d'un des milieux les plus directement intéressés à la régionalisation scolaire, celui des professeurs. Ces derniers, affiliés en grande partie à la CIC,[3] étaient regroupés sur la base du diocèse divisé en secteurs correspondant en gros aux pôles retenus lors de la première formule de régionalisation. Faisant face à d'innombrables difficultés syndicales, dues surtout à la tendance des commissions scolaires à accélérer indûment la mobilité de leur personnel pour ne pas avoir à lui accorder d'augmentation de salaires, les professeurs ont peu songé au début à la régionalisation scolaire. Malgré l'abstention officielle de leur organisation régionale, plusieurs professeurs accordent leurs suffrages à une régionalisation qui, au secondaire, leur permettrait de résider dans les plus grands centres et de négocier avec un seul interlocuteur. D'ailleurs, dès l'automne 1964, des efforts ont été faits pour restructurer la CIC, comme la Fédération de Commissions Scolaires, en fonction des régionales plutôt que des diocèses. Il faut distinguer évidemment, ici, entre professeurs religieux et laïques : les premiers semblent avoir cherché avant tout l'intérêt de leurs communautés respectives en tirant le meilleur parti possible d'une régionalisation inévitable.

C'est surtout sur le principe de la régionalisation que le clergé s'est manifesté par la voix des chefs des deux diocèses du territoire. L'opposition est, ici, avant tout idéologique et nous y reviendrons au chapitre suivant. Les oppositions des évêques se répercutent différemment auprès des curés selon les localités qu'ils dirigent : les pasteurs des municipalités rurales acceptent cette idéologie qui justifie l'autonomie locale, base de leur pouvoir spirituel et temporel, alors que les curés des cités et villes ont plutôt tendance à se faire les promoteurs de fait d'une organisation qui aura, au contraire, pour effet d'affirmer les bases de leur leadership : on voit ainsi certains curés changer d'opinion comme ils changent de village.

Les députés comme les partis politiques semblent avoir été mis à l'écart dans cette tentative de bureaucratisation : à long terme, en affirmant les structures scolaires régionales, elle devrait même miner le système de patronage reliant jusqu'alors les commissions scolaires locales à l'administration centrale par l'intermédiaire des organisations partisanes. Sauf les créditistes de Gilberte Côté-Mercier qui, par des tracts, des assemblées et des émissions radiophoniques, tentèrent une action concertée contre la régionalisation, les deux principaux partis semblent s'être abstenus d'une action de promotion ou de résistance : ceci tient encore à l'aspect économique du phénomène qui fait qu'on ne peut refuser l'investissement proposé, quelles qu'en soient les conséquences.

La seule intervention manifeste d'une organisation partisane eut lieu dans une localité où un leadership d'Union Nationale s'opposait à la régionalisation sous prétexte qu'elle enlèverait à la ville au profit d'une voisine un investissement promis depuis longtemps : pour couper l'herbe sous le pied à ces adversaires, l'association locale des Femmes Libérales établit alors le contact entre la population et les planificateurs, obtient l'investissement proposé et oblige ainsi le leadership en place à accepter la régionalisation.

Mais, dans les quelques cas où les planificateurs semblent s'être pliés aux promesses des politiciens, ils ont quand même dû faire approuver ensuite leurs initiatives par les commissions régionales elles-mêmes : le processus semble donc évoluer vers une dépolitisation graduelle, au sens traditionnel du terme.

Peu d'autres influences ont pu être mises à jour sauf celles de deux compagnies dans des villes où elles contrôlent indirectement le leadership formé en grande partie de leurs employés.

Pour résumer, le processus de régionalisation, au moment où nous l'avons étudié, consistait essentiellement en trois micro-décisions successives mettant en jeu des joueurs différents dotés d'idéologies opposées.

— Le principe de la régionalisation oppose d'abord dans la région les autorités religieuses aux planificateurs gouvernementaux, les premiers se faisant définiteurs d'une société rurale et les seconds du passage à la société industrielle : l'opposition apparaît ici plus nette, dans un territoire rural et sous-développé comme la Gaspésie.

— Dans une seconde phase, le principe de la régionalisation l'ayant emporté grâce à ses avantages économiques, la lutte se fait autour des nouveaux investissements entre les principaux pôles urbains du territoire susceptibles de les obtenir. C'est la phase de la lutte des pôles entre « promoteurs de fait » : le conflit se maintient alors à l'intérieur d'un groupe de dirigeants de même strate socio-économique.

— Une troisième micro-décision se greffe sur la précédente : il s'agit de la représentation dans les organismes prévus pour diriger au profit de l'ensemble de la population les pôles scolaires choisis. Une opposition se dessine alors, parfois latente parfois organisée, entre le monde des « sans pôle » et celui des localités urbaines maintenant coalisées autour de compromis acceptables pour elles. Le monde rural devient à son tour « promoteur de fait » pour essayer de participer lui aussi à un processus inévitable. Le conflit ainsi amorcé pourrait se poursuivre à l'intérieur des régionales et faire évoluer une opposition rurale-urbaine en un conflit de classes sociales axées sur d'autres bases idéologiques que celles proposées par la hiérarchie religieuse[4].

RÉFÉRENCES

1. Si l'on inclut celle des Iles-de-la-Madeleine que nous n'avons pas étudiée.

2. *Note :* Les auteurs ont analysé le processus de décision dans 6 régionales. Dans cette partie ils tentent de rassembler les caractéristiques communes de ce processus de décision. (P.W.B. et G.R.)

3. *Note :* La Corporation des instituteurs catholiques, aujourd'hui connue sous le nom de Corporation des enseignants du Québec, C.E.Q. (P.W.B. et G.R.)

4. Cf. Fortin G., Milieu rural et milieu ouvrier : deux classes virtuelles. *Cahiers Internationaux de Sociologie,* Vol. XXXVIII, 1965.

Ce texte est extrait de : Le processus de régionalisation scolaire dans l'Est du Québec, *Annexe technique 2 au Plan de développement 1967-1972 du Bas Saint-Laurent, de la Gaspésie et des Iles-de-la-Madeleine, (Un projet ARDA), Bureau d'Aménagement de l'Est du Québec Inc., 1965.*

LECTURES RECOMMANDÉES

— Elizabeth Bielenski, « L'idéologie des contestataires », *L'Etudiant québécois, défi et dilemmes,* Ministère de l'Education, Québec, 1972, pp. 313-364.

— Charles Bruce Sissons, *Church and State in Canadian Education,* Toronto, The Ryerson Press, 1959, particulièrement le chapitre II : « Québec ».

— Pierre Dandurand, « Essai sur l'éducation et le pouvoir », *Sociologie et Sociétés,* 3, 2, pp. 209-228.

— Léon Dion, *Le Bill 60 et le public, Les Cahiers de l'I.C.E.A.,* l'Institut Canadien d'éducation des adultes, No 1, janvier 1966, 128 pages.

— Léon Dion, *Société et politique : la vie des groupes,* P.U.L., Québec, 1971, pp. 177-202.

— Fernand Ouellet, « L'enseignement primaire : responsabilité des églises ou des états ? (1801-1836), » *Recherches Sociographiques,* 2, 2, 1961, pp.

— *Rapport de la commission royale d'enquête sur l'enseignement dans la province de Québec,* particulièrement le volume I, « Les structures supérieures du système scolaire », Québec, 1963.

— Guy Rocher, « L'administration scolaire », *Recherches sociographiques,* IX, 1-2, 1968, 35-43.

QUATRIÈME PARTIE

ÉDUCATION
ET INTÉGRATION
SOCIALE

PRÉSENTATION

Nous entendons ici par intégration sociale l'ensemble des contrôles et des contraintes qui s'exercent sur l'action des individus et des groupes pour créer des solidarités sociales, établir des liens d'appartenance, contrer des tendances déviantes, assurer des rapports de complémentarité et de hiérarchie entre les éléments composants d'une société. Cette brève énumération dit tout de suite combien ce qu'on appelle l'intégration sociale est un aspect extrêmement complexe de la société. C'est d'ailleurs un secteur de l'analyse sociologique qui ouvre le plus la porte à des discussions théoriques, aussi bien qu'à des affrontements idéologiques. En effet, pour exister, toute société a besoin d'avoir au moins un degré minimum d'intégration sociale ; mais on peut alors soutenir, selon le point de vue auquel on se place ou l'idéologie que l'on adopte, que la société est trop intégrée, ou trop peu intégrée, ou mal intégrée ; on peut considérer que l'intégration est source de force pour la collectivité et les personnes, parce qu'elle assure la paix et l'unité, ou on peut au contraire soutenir qu'elle est un facteur d'aliénation des personnes et des groupes.

On se rendra compte de la complexité du problème de l'intégration sociale en parcourant les textes que nous avons groupés ici sous ce thème.

Tout d'abord, la stratification sociale apparaît aux sociologues comme un aspect de l'intégration sociale. Or, il est certain que, d'un côté, les classes ou strates sociales créent des communautés de pensée, des solidarités, des groupes d'intérêt et parfois des mouvements d'action. Vues sous cet aspect, les classes sociales sont de puissants agents historiques du changement social. Mais par ailleurs, la division de la société en classes ou strates produit des échelles de pouvoir, de prestige, de richesse et de culture. Et ces échelles constituent des entraves ou des contraintes à la mobilité sociale et économique, sinon géographique, des personnes et des groupes.

C'est sous ce dernier aspect que la stratification sociale apparaît surtout, quand on la considère du point de vue du système scolaire. Chercheurs et pédagogues se sont en effet demandés dans quelle mesure l'appartenance à telle ou telle classe sociale est un facteur favorable ou défavorable dans l'accès aux niveaux d'études les plus avancés. En d'autres termes, on a cherché si le système scolaire n'est pas un des facteurs qui perpétuent les distinctions de classes, les privilèges des bien nantis et l'aliénation économique et sociale des moins favorisés et des prolétaires. Si tel est le cas, il est légitime de se demander si des transformations du système scolaire favoriseront une plus grande mobilité sociale, dans une société plus égalitaire.

Dans le premier texte, fruit de recherches menées par les soins du Conseil des Oeuvres de Montréal (qui porte aujourd'hui le nom de Conseil de Développement Social), on constatera combien les chances de succès dans les études sont conditionnées par le niveau de vie de la famille, le quartier qu'elle habite, le niveau d'études des parents. Il apparaîtra que la pauvreté n'est pas seulement un phénomène économique, mais qu'elle se transmet de génération en génération, parce qu'elle est aussi un état de vie et une culture. Et dans la société industrielle notamment, l'accès différentiel aux études contribue à durcir et à élargir le clivage entre milieux favorisés et milieux défavorisés. Et c'est peut-être dans une grande ville métropolitaine comme Montréal que ce clivage apparaît d'une manière plus frappante encore, parce qu'il y crée de vastes quartiers, que l'on a pu qualifier de « zones grises », qu'il n'est que trop facile de comparer aux quartiers résidentiels et aux banlieues.

Le second texte, de Pierre W. Bélanger, porte précisément sur la principale réforme pédagogique par laquelle on a pu espérer amoindrir l'effet de la stratification sociale dans l'accès aux études et le succès scolaire. L'école polyvalente, en Europe aussi bien qu'aux Etats-Unis et au Québec, est apparue comme un type d'école secondaire susceptible de favoriser la démocratisation de l'enseignement. Il importe cependant de savoir avec certitude et réalisme ce qu'on peut attendre de la polyvalence et ce qu'il n'en faut pas attendre. S'appuyant sur diverses recherches, Pierre W. Bélanger montre que la polyvalence n'est qu'un facteur de démocratisation d'une société et que ce facteur ne peut pas, de lui-même, répondre à tous les espoirs d'égalisation. En effet, la polyvalence n'aura des conséquences égalitaires que dans la mesure où on s'attaquera en même temps à d'autres obstacles, économiques, sociaux et culturels, à la scolarisation générale de la population.

Le troisième texte, extrait du rapport de la Commission royale d'enquête sur le bilinguisme et le biculturalisme, met en lumière un autre problème d'intégration ou de malintégration sociale. Il s'agit en l'occurrence des obstacles que l'école oppose à l'intégration d'une minorité ethnique à la société globale. On a constaté en Ontario que les élèves francophones réussissent moins bien au cours secondaire, non seulement que les élèves anglophones mais aussi que les élèves de toutes les autres minorités ethniques. Par élimination des différents facteurs qui pourraient expliquer cet état de fait, les auteurs en arrivent à la conclusion que l'école publique apparaît à la minorité francophone de l'Ontario comme une menace à son identité culturelle au double plan linguistique et religieux. En l'occur-

rence, ce n'est pas la motivation à profiter de l'instruction qui fait ici défaut, c'est la motivation à profiter du type d'enseignement que ce système scolaire particulier offre à la population. On peut aussi dire que l'identité culturelle, facteur d'intégration d'une minorité linguistique et religieuse, s'avère en même temps un obstacle à l'intégration de cette minorité à la société globale, parce que l'école publique paraît mal adaptée aux besoins de ce groupe particulier. Ici, ce n'est donc plus un problème qui relève, du moins pour une part, de la réforme pédagogique et d'une réforme sociale, comme dans le cas de l'éducation en milieu économiquement défavorisé ; le problème en est plutôt un de structure politique.

Le quatrième texte est un extrait de l'ouvrage de Raymond Breton, dans lequel celui-ci rapporte les résultats d'une vaste enquête que l'auteur poursuivit en 1964-1965 auprès de 140,000 élèves de tous les niveaux du cours secondaire, répartis proportionnellement sur tout le territoire du Canada. L'objet de l'étude était de mieux connaître les orientations scolaires et professionnelles des jeunes étudiants canadiens. C'est la plus vaste recherche de cette nature jamais entreprise au Canada. L'extrait que nous en publions montre combien, au moins à cette époque, c'est-à-dire il y a une dizaine d'années, l'origine socio-économique de la famille de l'élève constitue pour celui-ci une barrière à la réalisation de ses aspirations, ou tout simplement une inhibition de ses aspirations. De plus, comme le montre bien Breton, ce sont les jeunes les plus intelligents qui sont le plus affectés par le statut socio-économique de leurs familles, lorsque celui-ci est moyen ou bas. Au Canada, comme dans les autres pays industrialisés, l'objectif de la démocratisation de l'accès à l'enseignement est encore loin d'être pleinement réalisé.

Il y a un lien évident entre le texte précédent de Raymond Breton et le suivant, de Eigil Pederson et Annette Faucher. Dans une étude fascinante, ces derniers ont pu retracer ce que sont devenus des jeunes dont on avait mesuré le quotient intellectuel alors qu'ils étaient à l'école élémentaire. On y trouve en particulier deux observations extrêmement intéressantes. Tout d'abord, le Q.I. varie durant la période des études élémentaires, et il ne varie pas au hasard. En second lieu, les auteurs ont pu identifier l'influence qu'exercent les institutrices du premier âge sur le reste de la vie. Ils montrent que cette influence semble perdurer et qu'elle serait assez nettement identifiable. Bien sûr, il s'agit d'une étude exploratoire, étant donné qu'elle ne porte que sur un nombre limité de sujets. Mais elle ouvre des perspectives de recherche qui paraissent essentielles à la fois pour mieux comprendre le développement intellectuel et affectif de l'enfant et pour mieux apprécier le rôle de l'école sur ce développement.

Le texte suivant, du sociologue français Raymond Boudon, pousse l'analyse un peu plus loin encore. Il utilise des données empiriques pour construire un modèle théorique et général d'ana-

lyse de la mobilité sociale, en tenant compte particulièrement de l'inégalité des chances des différentes classes sociales dans le système scolaire et le système de mobilité des sociétés industrielles modernes. Chiffres à l'appui et se fondant sur un modèle rigoureux, Raymond Boudon démontre comment le développement récent de l'éducation et ce que l'on a appelé la démocratisation de l'accès à l'école n'ont pas encore réduit l'inégalité des chances des différentes strates et classes sociales. Plus précisément, l'égalisation des chances de tous devant l'enseignement, que l'on a connue dans une certaine mesure depuis quelques années dans les pays industriels avancés, n'accroît pas nécessairement les chances de mobilité sociale. La structure des classes sociales demeure et se reproduit, en dépit des réformes des systèmes scolaires. Bien sûr, le modèle de Boudon repose sur l'hypothèse d'une structure des occupations fixe dans le temps, ce qui est une hypothèse « manifestement excessive », comme le souligne Boudon lui-même. Il n'en reste pas moins que cet article pose avec force le problème de l'efficacité de la réforme de l'enseignement, même dans les pays où la mobilité sociale paraissait relativement possible.

Le dernier article, celui de Patrice Garant, soulève un aspect particulier de l'intégration sociale. On peut dire qu'on rencontre ici un double problème d'intégration. Tout d'abord, la confessionnalité scolaire est elle-même une modalité d'intégration d'un groupe particulier dans une société. Par l'école confessionnelle, un groupe religieux cherche à se reproduire et à garder sa cohésion, en s'assurant d'une socialisation satisfaisante des jeunes générations à la doctrine, aux normes et aux valeurs d'une religion particulière. La confessionnalité scolaire peut être définie dans des termes différents par celui qui la considère sous l'angle théologique ou sous l'angle d'une philosophie sociale. Mais vue sous l'aspect sociologique, sa fonction en est une d'intégration et par là de solidarité.

En second lieu, l'article de Patrice Garant touche, à l'occasion de la confessionnalité scolaire, un autre aspect de l'intégration sociale : la fonction de contrôle qu'exercent le droit et les institutions juridiques dans la vie sociale. C'est en effet au droit qu'il revient d'expliciter dans le détail les conditions d'exercice d'un privilège, les règles auxquelles doivent se conformer les bénéficiaires, les limites qu'il leur faut respecter, etc. Le droit est donc une des principales institutions intégratives dans toute société, même dans des sociétés archaïques, mais bien plus encore dans les sociétés modernes complexes. L'article de Patrice Garant illustre de quelle manière le législateur a défini dans ses termes une idée aussi générale que celle de la confessionnalité de l'enseignement, comment le droit concrétise cette définition dans des structures et des règles, et comment il en limite la nature et l'étendue par d'autres considérations proprement légales ou politiques.

La lecture de ces sept textes permettra au lecteur de se familiariser avec des aspects du système scolaire qui n'étaient pas apparus dans les parties précédentes. Comme nous l'avons souligné, ce sont des aspects qui, pour la plupart, sont objets de polémique et appellent des prises de position, des jugements de valeur, et souvent différentes formes d'action individuelle et collective. Qu'il s'agisse de corriger des inégalités, de définir des politiques, d'interpréter ou de modifier la loi, de faire fonctionner une bureaucratie, ces différentes formes de contraintes ou de contrôles sont source directe ou indirecte de frustrations. Il ne faut donc pas s'étonner qu'elles contribuent à grossir le réservoir d'hostilité et d'agressivité latente dans toute société. Paradoxalement, les facteurs de solidarité apparaissent en même temps comme des facteurs d'agressivité, et par là, de désintégration sociale. En d'autres termes, il y a toujours un coût à payer pour l'intégration sociale, et si le prix est trop élevé, les perturbations qui se développent vont dans le sens d'une destructuration rendue nécessaire pour que s'opère une restructuration, c'est-à-dire un changement social souhaité.

L'ÉDUCATION DANS LES MILIEUX DÉFAVORISÉS

Le Conseil de Développement
Social de Montréal

INTRODUCTION

Une stratégie pour réduire les inégalités socio-économiques ne saurait être complète, sans qu'on n'y tienne compte du rôle de l'éducation.

Le système d'enseignement constitue, dans une société industrialisée et urbanisée comme la nôtre, l'une des forces majeures qui permettent à l'individu d'entrevoir un avenir réussi, par la satisfaction de ses aspirations légitimes.

Il n'est pas question de mettre quoi que ce soit à la charge de l'école, ni de lui attribuer la responsabilité d'opérer seule les modifications nécessaires pour diminuer les proportions d'élèves qui échouent en classe, ou qui quittent l'école avant d'avoir complété une formation adéquate.

Il s'agit au contraire, en fonction d'objectifs clairement établis et unanimement acceptés, et à la lumière d'une connaissance aussi précise que possible des besoins, d'identifier les changements nécessaires, et de situer le rôle de l'école dans le plan d'action communautaire qui vise à les réaliser. Ce rôle s'y avère en effet capital, au même titre que celui des systèmes qui touchent directement la main-d'oeuvre, les revenus et la rénovation urbaine proprement dite.

Éducation, société et démocratie

On peut donc affirmer qu'autant pour des raisons spiritualistes et humanistes que pour des raisons d'efficacité, la société moderne, par cette double caractéristique industrielle et démocratique, s'appuie plus que jamais auparavant sur l'éducation généralisée et sur une scolarisation accrue.

Rapport de la Commission Royale d'Enquête sur l'Enseignement dans la province de Québec.

Comme plusieurs sociétés industrialisées, le Québec est caractérisé par un système complexe, un essor dynamique et un niveau de vie et de loisirs sans cesse croissant. Il est de toute première importance, pour une telle société, de former une main-d'oeuvre compétente. L'économiste Schultz[1] remarque que le développement de l'économie, aux Etats-Unis, est trois fois plus accéléré que celui du travail et du capital, et il attribue cette disproportion à l'évolution rapide de la connaissance humaine et du savoir-faire.

On peut illustrer brièvement la relation entre « l'employabilité » et l'éducation dans notre société industrialisée : au Canada, l'emploi entre les années 1949 et 1959 a augmenté de 24%, alors que l'emploi semi-spécialisé et non-spécialisé n'a augmenté que de 19%[2]; une étude faite en 1960[3] a montré qu'environ 50% des chômeurs au Canada n'avaient pas terminé le cours primaire et que 90% n'avaient pas terminé le cours secondaire.

Enfin, la relation étroite entre la pauvreté et l'éducation ne peut passer inaperçue. Le comité spécial du Sénat sur la main-d'oeuvre et l'emploi (1961), la Commission Gill sur la Loi de l'Assurance-Chômage, le premier Rapport annuel du Conseil Economique du Canada et la récente Conférence fédérale-provinciale sur la pauvreté ont tous insisté sur cette relation. Jenness[4] rapporte que parmi les travailleurs masculins ayant terminé un cours primaire, 26% gagnaient moins de $2,000 par an, 46% moins de $3,000; par contre, l'incidence de revenu inférieur chez ceux qui avaient terminé un cours secondaire ou universitaire était deux fois moindre. Des salariés de moins de 25 ans ayant seulement un cours primaire, 40% gagnaient $3,000.

Il devient de plus en plus évident que, dans une société industrielle, l'éducation — et l'éducation permanente — prend des proportions gigantesques. Dans une telle société, l'accès à l'éducation occupe une place prépondérante, non seulement en termes de fonctionnement rationnel du système économique, mais aussi en termes d'idéal démocratique. Ainsi que le souligne Johnson :

« Application of Marx's general analytical method to the system of corporate industrial production suggests not the polarisation and eventual break-down of capitalist society... but the consolidation of a highly differentiated hierarchial society in which status is determined by educational attainment. »[5]

L'énoncé est clair : dans la société industrielle, le statut social d'un individu sera largement déterminé par son savoir-faire et ses connaissances; l'idéal démocratique de « chances égales pour tous » exige que chacun puisse évoluer dans cette hiérarchie mobile selon ses goûts et ses aptitudes, et c'est là que le libre accès à l'éducation devient critique :

« On peut donc affirmer sans hésitation que la justice la plus élémentaire réclame que chacun ait également accès aux ressources éducatives de la société, afin de s'épanouir pleinement selon les lignes de force ou les tendances de son être. »[6]

A cette conception de l'éducation moderne — selon laquelle l'assignation des individus à des tâches précises et leur accès aux ressources de l'éducation sont déterminés par leurs aptitudes — ni le Canada, ni le Québec ne semblent se conformer. En fait, selon Porter[7], peu d'efforts ont été accomplis pour supprimer les obstacles aux ressources éducatives. Le Québec, semble-t-il, rejette cette conception.

Quand on considère, par exemple, les jeunes de cinq à dix-neuf ans, soit d'âge scolaire « normal », 78% de ce groupe fréquentaient l'école au Canada, en 1961. Cette proportion était une augmentation appréciable relativement à 66% en 1951; cette dernière proportion n'était qu'une légère augmentation par rapport à 61% en 1921 et 50% en 1871[8].

Même si toutes les provinces exigent que les enfants fréquentent l'école jusqu'à l'âge de quatorze ans au moins, 3% du groupe des dix à quatorze ans ne fréquentaient plus l'école lors du recensement de 1961; environ 36% de ces enfants d'âge scolaire qui avaient abandonné leurs études demeuraient au Québec. La diminution du nombre d'étudiants ayant plus de quatorze ans est frappante. En 1961, 61% des garçons de quinze à dix-neuf ans fréquentaient l'école au Canada, contre 54% au Québec (avant-dernier, l'Ile du Prince-Edouard n'ayant que 51%) et 71% en Colombie-Britannique. Le fait que moins du dizième des Canadiens de vingt à vingt-quatre ans fréquentaient encore l'école, au Canada, en 1961, indique que seul le petit nombre poursuit des études supérieures[9].

La conclusion à tirer de cette brève analyse est qu'un grand nombre de jeunes abandonnent l'école dès qu'il est légalement permis de le faire.

Mais qui sont ces enfants qui quittent prématurément l'école ? Une enquête a démontré que l'abandon prématuré des études est visiblement associé à la classe sociale. Porter souligne qu'au Canada, pour le groupe des douze à vingt-quatre ans, les pères de famille ayant une occupation élevée avaient presque les trois-quarts de leurs enfants à l'école, alors que les manoeuvres en avaient à peine un peu plus du tiers. Une étude semblable faite dans les écoles du Québec, en 1961, par le professeur Pierre Bélanger de l'Université Laval, est arrivée aux mêmes conclusions[10].

Qui plus est, la formation préparatoire aux professions supérieures s'avère un privilège de la classe aisée. En 1953, J. Y. Morin concluait :

« The intellectual and commercial classes, in the broad sense of the term, are represented at the University of Montreal in a proportion which greatly exceeds the proportion of their members in the Province... The working class — or perhaps more exactly the less fortunate class — is represented by a very small proportion of its sons. »[11]

En 1956, le Bureau fédéral de la statistique a fait une enquête auprès des étudiants d'Université. Vingt-huit pour cent des étudiants en droit et 22% des étudiants en médecine provenaient de familles ayant un revenu supérieur à $10,000, comparativement à 15% en moyenne de l'échantillon. En 1956 aussi, seulement 3.3% des familles canadiennes avaient un revenu supérieur à $10,000; or, 5% seulement des pères des étudiants se classaient dans la catégorie « ouvriers », cette catégorie comptant toutefois pour 21% de la main-d'oeuvre totale[12].

Une autre dimension de cette déviation sociale quant à l'accès à l'éducation tient à la situation des francophones par rapport à celle des anglophones, au Québec. Une comparaison entre les groupes occupant les postes de commande et ceux qui sont au dernier échelon du système économique dans le Québec révèle des écarts importants dans ce sens : les francophones étaient en minorité aux niveaux professionnel et financier entre 1931 et 1961[13], et en majorité au niveau des occupations primaires et non-spécialisées, durant la même période[14].*

Porter rapporte quelques études concernant les différences ethniques dans le domaine de l'enseignement au Québec. Au cours d'une étude faite en 1956, le professeur Tremblay constatait que pour le groupe d'âge de douze ans la proportion de garçons protestants fréquentant l'école dépassait celle des garçons catholiques, et malgré que pour chaque âge au-dessus de douze ans, le nombre d'étudiants dans chaque groupe diminuait, la différence entre catholiques et protestants augmentait; pour le groupe d'âge de seize ans, le quart seulement des garçons catholiques fréquentait l'école, comparé à la moitié des garçons protestants. Pareillement, une Commission Royale rapportait qu'en 1953 61% des enfants catholiques âgés de cinq à dix-neuf ans fréquentaient les écoles catholiques de la province, alors que 83% des enfants protestants du même âge fréquentaient les écoles protestantes.

Cette brève analyse a tenté de démontrer que la classe sociale et le groupe ethnique, avec les inégalités socio-économiques qui s'y rattachent, sont importants pour déterminer la persévérance scolaire d'un individu.

Dans le passé, le Québec a recruté à l'étranger un grand nombre de travailleurs professionnels et expérimentés. Cet état de dépendance à l'égard du recrutement à l'extérieur a créé une illusion de suffisance ou de saturation, et a contribué à maintenir l'éducation reliée à la classe sociale[15].

Les implications de ce problème sont sérieuses par suite de l'explosion de la population étudiante :

« Dans le Québec, seulement, le nombre d'étudiants réguliers a doublé en quinze ans, passant de 660,000 en 1945 à 1,350,000 en 1962. Les problèmes que cela pose sont multiples. »[16]

Désormais, la condition sociale d'un individu ne doit plus être un obstacle à son éducation. Une politique d'éducation servie par des structures moins rigides permettrait de supprimer bon nombre des conditions qui briment l'épanouissement des aptitudes :

« C'est à l'organisation actuelle des écoles qu'est sans doute attribuable en partie cet abandon prématuré des études; les écoles ne répondent probablement pas aux besoins variés et à toutes les aptitudes des enfants. »[17]

Il faut cependant reconnaître qu'une authentique réforme en éducation — dans l'optique de la mobilité verticale basée sur les aptitudes — ne saurait se réaliser, sans qu'on ne songe en même temps à la redistribution des revenus et à la subvention de services relatifs à l'habitat, à la santé et aux loisirs, entre autres. Les solutions partielles et trop « ad hoc » ne répondront pas aux besoins dans toute leur ampleur : il faut apporter des changements radicaux correspondant à l'étendue des besoins.

Responsabilités du système scolaire

Le chapitre précédent a souligné combien la classe sociale et l'appartenance ethnique ont joué, jusqu'aujourd'hui, un rôle important dans la sélection, pour ainsi dire, des aptes et des inaptes

---

* Par exemple, les anglophones augmentaient leur majorité aux niveaux professionnel et financier de 5.0 en 1931 à 7.1 en 1961; les francophones, aux niveaux des occupations semi et non-spécialisées, l'augmentaient de 0.3 à 1.1.

à bénéficier d'une éducation complète et satisfaisante. Le contexte actuel exige une modification fondamentale de cette situation. La complexité et la rapidité des changements sociaux qui s'opèrent au sein de sociétés comme la nôtre n'ont pas exagérément mérité le nom de « révolution »; le système de l'enseignement lui aussi ressent brusquement les effets multiples qui en découlent, lesquels exigent de sa part une ré-orientation de pensée et une adaptation de programmes plus immédiatement fondés sur les besoins.

Pour fonctionner normalement dans cette société hautement urbanisée et industrialisée, c'est-à-dire pour assurer sa sécurité dans le travail, sa maturité au plan social et son indépendance, chacun doit être éduqué et mis en mesure de ré-apprendre au fur et à mesure des exigences nouvelles. Cette double condition est remplie quand, fort d'une formation générale qui le prépare à devenir un « honnête citoyen », l'élève reçoit la formation professionnelle qui, en achevant la première, en fait un élément productif sur le marché du travail. Nous n'avons pas à discuter ici les politiques qui s'imposent pour une formation professionnelle accordée aux exigences du marché du travail; soulignons simplement que la spécialisation des tâches et la mobilité dans les divers secteurs d'activités rendent nécessaire une adaptation dynamique et continue des programmes à ce niveau de l'enseignement, sans quoi des milliers de citoyens risquent de grossir les rangs des sans-travail.

La formation générale qui nous préoccupe ici doit tenir compte de cette évolution, car :

« ... si les cours de formation générale atteignent les objectifs qui leur sont propres (transmission des valeurs propres à la culture du milieu et développement de la capacité à participer et à communier à cette culture), ils auront indirectement rendu leurs élèves plus aptes à mieux gagner leur vie; ... en développant leurs capacités d'assimilation des valeurs culturelles, ils auront du même coup développé chez eux des instruments de connaissance et de manipulation du milieu qui leur seront non seulement utiles, mais nécessaires dans l'acquisition d'un métier ou dans l'exercice d'une fonction de travail. »[18]

En les atteignant à un âge de plus en plus hâtif, la formation générale doit dépasser l'objectif qu'avait encore récemment l'école élémentaire de « donner à la majorité des jeunes les connaissances rudimentaires qu'exigeait la vie en société. Aujourd'hui, elle ne doit être terminale pour personne ... Elle doit donner à tous les fondements d'une authentique formation intellectuelle »[19]. Vu comme son prolongement, l'enseignement secondaire doit être « à la fois cohérent et diversifié »[20].

L'application de ces principes trace une ligne de responsabilité définie : jusqu'à l'âge de 15 ou 16 ans, l'élève recevra une formation propre à le préparer à la vie, formation en quelque sorte universelle, dans le sens qu'elle sera la même pour tous et qu'elle évitera les cloisonnements qui forçaient à des options prématurées; l'élève n'en sera pas pour autant lésé dans ses aptitudes et ses goûts puisqu'un système souple d'options lui permettra de les développer progressivement et d'établir une base solide au choix définitif de son orientation dans la vie.

Ce pluralisme aux niveaux élémentaire et surtout secondaire s'inscrit bien dans la ligne de la démocratisation de l'enseignement. Il brise les liens qui, à la fois par l'incohérence des structures et la hiérarchisation due aux préjugés, réservaient à une « élite » l'accès aux humanités classiques en leur donnant tout le prestige, mais classaient les études scientifiques au second rang et considéraient comme des pis-aller les cours techniques et la section commerciale. La nouvelle conception de la formation générale vise à donner à tous des chances égales d'orientation dans une carrière conforme aux aptitudes individuelles.

L'expérience a montré toutefois que « les pays qui sont allés le plus loin dans cette voie se butent encore à de puissantes forces sociales et psychologiques »[21]; un changement aussi fondamental ne saurait s'effectuer sans résistances. Ce qui, théoriquement, s'accepte bien au nom du sens commun, revêt parfois dans la pratique un caractère onéreux qu'on n'avait pas présumé : faire de la formation générale une loi obligatoire pour tous, cela concorde avec les idéaux de la démocratie moderne; mais que dans la même ligne de pensée tous aient accès, selon leur potentiel individuel, aux multiples options qui concrétisent l'oeuvre de l'esprit humain, cela se ressent comme un privilège que l'on concède et, par conséquent, la dépossession partielle d'un bien.

Or, c'est un droit que de jouir de la meilleure éducation possible, condition d'une vie harmonieuse accordée à ses capacités. Il ne suffit donc pas de généraliser l'enseignement et d'augmenter par là le nombre de ceux qui pourraient ainsi s'assurer une vie meilleure : encore faut-il que l'enseignement de toute nature et de quelque niveau qu'il soit réponde à des normes qualitatives exigées, elles aussi, tant par les idéaux de la démocratie que par le développement économique.

Les « cloisons étanches » entre les programmes reflétaient « l'évolution parfois chaotique du savoir »[22], intimement liée aux exigences de la vie moderne. Ce mouvement toutefois n'est pas à sens unique : l'enseignement est « un élément dynamique de la civilisation », et de la qualité de son contenu et de ses méthodes dépendra en bonne partie l'avenir de la jeune génération.

En éducation comme en d'autres secteurs d'une société donnée, les normes se fondent sur les valeurs que partagent la majorité des gens. Ceux qui, pour diverses raisons, ne sont pas en mesure de s'y conformer, ne peuvent pas, cela va sans dire, s'identifier aux systèmes qui les appliquent. Comme il prend à sa charge la ré-éducation, quand elle est possible, de ceux qui enfreignent ses lois. l'Etat a le devoir d'assurer une éducation adéquate à ceux que des facteurs socio-culturels autant qu'individuels placent en marge de l'éducation régulière.

Ces deux grandes catégories de facteurs distinguent deux groupes d'enfants auxquels une authentique démocratisation de l'enseignement doit fournir les mesures spéciales que réclame leur problème spécifique. Les premiers dont nous traiterons sont ceux que l'on appelle « défavorisés »* : leurs chances de réussir à l'école sont diminuées du fait qu'ils proviennent d'un milieu socio-familial où les conditions de vie sont nettement insatisfaisantes (« zones grises »). D'autre part, nous traiterons du problème des enfants « exceptionnels », qui sont eux victimes d'un handicap personnel (physique, mental ou caractériel). Pour les uns comme pour les autres, nous suggérons ce qui nous apparaît essentiel pour favoriser leur épanouissement.

Caractéristiques des élèves des zones urbaines prioritaires de Montréal

Nous allons d'abord vérifier l'hypothèse que, à Montréal comme ailleurs, les enfants des zones désavantagées réussissent moins bien que les autres. Nous tenterons ensuite d'expliquer ce phénomène.

A — Délimitation du territoire et de la population

Dans le cadre de l'Opération 55, le pronostic démographique établi à la CECM à la suite d'une étude préparée par M. Paul Laliberté du Service d'Urbanisme de la Ville de Montréal[23], partage l'île de Montréal en cinquante-quatre zones d'analyse, en tenant compte du réseau routier, des migrations de populations, et des barrières naturelles et artificielles. Vingt de ces zones couvrent un territoire entièrement administré par la CECM, et quinze n'en couvrent qu'une partie; les dix-neuf autres sont complètement en dehors de sa juridiction.

---

* Le terme « défavorisé », bien que d'usage populaire, sera employé le moins souvent possible au cours de cet exposé; sa connotation, d'ailleurs négative, réfère à une explication du problème de l'éducation en milieu désavantagé. Cette théorie explicative a sa valeur, mais ce n'en est qu'une parmi plusieurs autres toutes aussi valables.

La population scolaire dont nous analysons les caractéristiques fréquente des écoles situées dans des zones scolaires qui correspondent à peu près aux zones sociales analysées dans le cadre de la stratégie[24], soit respectivement St-Henri, Pointe St-Charles, Centre-Ville, Mile-End, Centre-Sud et Hochelaga. Elles sont, à deux exceptions près, entièrement occupées par la CECM. Nous n'analysons pas de données éducationnelles relatives à la zone *Nord de Mile-End;* cette zone sociale s'étend en effet sur des fractions inégales mais très réduites de deux zones d'analyse scolaire et de trois districts scolaires, de sorte que des données sur l'ensemble de l'une ou l'autre de ces dimensions territoriales n'eussent pas été représentatives du *Nord de Mile-End* comme tel. Les districts constituent l'entité administrative d'après laquelle sont compilées la plupart des statistiques de la CECM; ces districts couvrant un territoire plus vaste, dans la plupart des cas, que celui couvert par une zone, il s'ensuit que la description basée sur des données par districts englobera les Z.U.P.* dans leur ensemble, tandis que nous pourrons caractériser, par d'autres données, chacune des zones sociales. Pour fins de comparaison, le quartier Rosemont a été choisi comme zone non défavorisée[25].

Des institutions autres que la Commission des Ecoles Catholiques de Montréal dispensent l'enseignement secondaire, collégial ou spécialisé, dans les zones dites défavorisées. Toutefois, la clientèle de ces institutions ne se limitant pas à la population du territoire environnant, il était impossible dans le cadre du présent travail d'entreprendre une étude des caractéristiques particulières des élèves provenant des dites zones et fréquentant ces institutions. Nous croyons cependant que l'analyse de données relatives à la population scolaire, cliente seulement de la CECM, fournit un tableau représentatif de la situation dans les zones grises.

La catégorie de population étudiante sur laquelle il a été possible de recueillir les données les plus précises, est la population inscrite en première année pour l'année académique 1965-66. Des généralisations basées sur l'analyse de données qui caractérisent principalement ces élèves sont, de l'avis de pédagogues consultés à ce sujet, facilement justifiables : les élèves de première année, que le système scolaire n'a pas encore influencés, apparaissent pour ainsi dire sous leur vrai jour : ils sont un reflet vivant des conditions de leur milieu. De plus, dans la perspective de mesures éducatives spéciales, susceptibles d'influencer l'avenir même lointain des enfants de milieux urbains défavorisés, des expériences tentées ailleurs, et qui seront discutées plus loin, démontrent que c'est avec les enfants plus jeunes qu'on peut entrevoir les plus grandes chances de succès d'un programme spécial. De façon idéale, ce sont évidemment les enfants de classes maternelles et même pré-maternelles qui

---

* *Note :* Zones urbaines prioritaires. (P.W.B. et G.R.)

correspondraient le mieux à l'orientation envisagée. Toutefois, ces classes ne sont pas établies encore en un système suffisamment généralisé pour qu'on puisse en tirer directement, de façon immédiate, des caractéristiques valables.

Ce qu'on est en mesure de conclure au sujet des élèves de 1ère année — en faisant la relation entre leurs caractéristiques au plan scolaire et celles de leur milieu — peut apparaître moins aisément justifiable pour le cas de leurs aînés, particulièrement ceux du cours secondaire : la certitude est moins grande que les données sur une zone n'incluent que des enfants de cette zone, les classes de ce niveau n'étant pas toujours accessibles dans un voisinage aussi immédiat que celles du niveau élémentaire. Il est cependant une hypothèse qu'il nous apparaît plausible d'émettre à leur sujet : selon nous, les options à caractère moins « culturel » qu'« occupationnel » seraient représentées en plus grande proportion dans les zones prioritaires que dans l'ensemble, la CECM fournissant les multiples options selon la densité de la demande.

B — Indices utilisés

En fonction des données disponibles aux fins de notre démonstration, et compte tenu d'autres études effectuées dans une optique similaire à celle-ci, en particulier celle de Sexton[26], nous comparons les enfants des zones prioritaires à ceux du quartier Rosemont, de même qu'à l'ensemble des écoliers de la CECM, et cela sous *trois* aspects principaux, à savoir : les résultats obtenus aux tests d'habileté mentale, les proportions de « doubleurs », et les proportions d'élèves dans certaines options, au niveau du cours secondaire. Nous complétons cette description par quelques renseignements sur les conditions de santé et l'incidence de la délinquance juvénile.

Il ne nous est malheureusement pas possible de fournir des données sur l'incidence de l'arrêt prématuré des études, celles qui sont disponibles étant trop partielles.

1. *Résultats aux tests d'habileté mentale*

a) A la fin de septembre 1965, le STANINE* était administré à tous les élèves inscrits en *première année;* les résultats à ce test déterminent le degré de préparation à l'apprentissage scolaire. Le tableau suivant compare les résultats moyens obtenus par les enfants des zones prioritaires à ceux des écoliers de Rosemont et à ceux de l'ensemble des écoliers de la CECM. Il identifie aussi, d'après ces résultats, les proportions de « lents intellectuels » (Q.I. de 80 et moins) et d'enfants normalement trop âgés pour être en première année (7 à 10 ans).

---

* De « Standard » et « nine ».

TABLEAU I

Certaines caractéristiques des élèves de 1ère année :
comparaison des zones urbaines prioritaires avec
Rosemont et Montréal (CECM - 1965-1966)

Zones	Statine moyen	% de Q.I. 80 et moins	% de 7-10 ans
St-Henri	4.41	22.0 ⎫	
Pte St-Charles	4.02	24.0 ⎬	10.3
Centre-Ville	4.46	16.0 ⎭	
Mile-End	4.28	21.0	9.7
Centre-Sud	4.42	20.0	13.7
Hochelaga	4.93	14.5	6.1
Rosemont	5.65	6.0	3.1
CECM	5.14	11.5	5.8

Source : Bureau de l'Expérimentation, CECM.

Chacune des zones prioritaires montre un STANINE moyen inférieur à celui de l'ensemble, indiquant que dans ces zones, les enfants de première année sont en moyenne moins préparés que les autres à suivre le programme scolaire régulier. Les enfants obtenant les plus bas résultats, ce qui dénote une intelligence « lente », sont en proportion moyenne presque deux fois plus grande dans les zones prioritaires que dans l'ensemble. La même constatation s'applique pour la proportion d'élèves « âgés » inscrits à ce degré.

Sous ce troisième rapport, les renseignements disponibles étaient classés par districts : c'est pour cette raison qu'apparaît un 10.3% moyen pour les trois zones comprises dans le district No 2. Exception faite de cet aspect — puisque nous ne pouvons y comparer chacune des zones prioritaires —, c'est Pointe St-Charles qui est la plus défavorisée, et Hochelaga la moins. Sous les trois rapports, Rosemont se situe nettement au-dessus de la moyenne.
b) En 1963-64, une grille intellectuelle[27] a été appliquée aux élèves de *septième année,* dans le but de partager la population en tiers à peu près égaux :
— le tiers *supérieur* groupant les élèves capables de poursuivre leurs études au-delà de la onzième année, soit aux Instituts,* soit à l'Université;
— le tiers *moyen* groupant les élèves capables de poursuivre leurs études jusqu'à la onzième année, avec la possibilité d'y recevoir une formation professionnelle au niveau des métiers;

---

* *Note :* le nom avait été proposé dans le Rapport Parent, mais le ministère de l'Education a finalement préféré C.E.G.E.P. à Institut. (P.W.B. et G.R.)

— le tiers *inférieur* groupant les élèves susceptibles de constituer les effectifs des cours d'initiation au travail et des centres occupationnels.

On peut voir, dans le tableau suivant, les proportions moyennes d'élèves comprises dans chacun des tiers :

TABLEAU II

Caractéristiques intellectuelles des élèves de 7e année : comparaison des zones urbaines prioritaires avec Rosemont et Montréal (CECM, 1963-64)

Zones	Tiers supérieur	Tiers moyen	Tiers inférieur
	%	%	%
St-Henri ⎫ Pte St-Charles ⎭	24.0	30.0	46.0
Centre-Ville	19.0	36.0	45.0
Mile-End	21.0	33.0	46.0
Centre-Sud	24.0	32.0	44.0
Hochelaga	29.0	32.0	39.0
Rosemont	38.0	35.5	26.5
CECM	34.2	33.3	32.5

Source : Bureau de l'Orientation, CECM.

D'après les résultats obtenus, Centre-Ville est la plus défavorisée, quand on considère la proportion d'élèves « doués », et elle suit de près le Mile-End et la zone double St-Henri et Pointe St-Charles quant aux élèves moins doués. Hochelaga est la moins défavorisée des zones prioritaires.

La situation pour ainsi dire inverse des Z.U.P. par rapport à Rosemont ne saurait être prise au pied de la lettre. En effet, « l'échantillon qui a servi à normaliser le test (au début des années '50) pourrait ne pas être des plus représentatifs et biaiser vers le bas de la courbe. L'avènement de la télévision a pu accroître sensiblement la qualité et la quantité du vocabulaire de notre population et *rendre plus facile pour les élèves un test ayant un contenu exclusivement verbal.* De plus, certaines zones groupent parfois un nombre considérable d'élèves par rapport à d'autres »[28].

Compte tenu de ces réserves, ces proportions donnent toutefois un ordre de grandeur valable, qu'une homogénéisation des groupes d'élèves ne réussit pas à faire varier de façon sensible[29]. Ce qu'on ne peut leur contester, c'est que les élèves des Z.U.P. seraient destinés à occuper, dans le monde du travail, les postes les moins élevés, et cela dans une proportion sensiblement supérieure à la moyenne.

On ne peut cependant pas déduire de ces résultats que ces enfants sont moins intelligents que les autres; nous fournirons plus loin quelques explications démontrant que leur intelligence peut être « différente »[30], comme c'est le cas dans les « zones grises » de d'autres grands centres urbains.

2. Proportions d'élèves « doubleurs »

Il semble bien que, contrairement à ce que laissait entendre une position maintenant périmée et d'ailleurs fort controversée jadis, l'échec en soi ne stimule pas l'élève à mieux faire; de la même façon que « rien ne réussit mieux que le succès », il n'y a peut-être rien de plus décourageant pour l'élève que la répétition d'échecs[31].

On reconnaît que, pour différents motifs dus à des circonstances sociales et familiales, autant que scolaires, les enfants des « zones grises » réussissent moins bien que les autres, à l'école. Observons les proportions d'élèves qui répétaient une classe du niveau élémentaire en 1964-65, et les proportions d'élèves qui doublaient leur 1ère année en 1965-66 :

L'an dernier, en moyenne quinze enfants sur cent doublaient leur première année, dans les zones prioritaires; dans Centre-Sud, la proportion de ces doubleurs était deux fois plus grande que la proportion moyenne pour l'ensemble.

En 1964-65, les doubleurs dans les zones prioritaires comptaient pour 40% de tous les doubleurs du niveau élémentaire. Dans Rosemont, la proportion était au moins deux fois moindre que les proportions du Centre-Sud et du district comprenant le Centre-Ville, Pointe St-Charles et St-Henri.

Les résultats qu'ils obtiennent aux tests de Q.I. prédisent aux enfants des zones prioritaires des chances limitées de succès scolaire. En comparant le rang des douze districts élémentaires selon l'ordre décroissant du STANINE moyen et selon l'augmentation des dou-

TABLEAU III

Nombre et pourcentage de doubleurs au niveau élémentaire
(1964-1965) et en 1ère année (1965-1966) : comparaison
des zones urbaines prioritaires avec Rosemont et Montréal
(CECM).

Zones	Elèves inscrits 1ère - 7e incl.	Doubleurs		Elèves inscrits 1ère année	Doubleurs %
		Nombre	%		
St-Henri				900	16.4
Pte St-Charles	8,593	959	11.2	381	15.2
Centre-Ville				238	15.5
Mile-End	10,542	996	9.4	737	11.5
Centre-Sud	8,609	1,026	11.9	1,317	18.5
Hochelaga	10,823	936	8.6	1,605	10.5
Rosemont	11,835	666	5.6	1,443	5.0
CECM	124,711	9,440	8.0	18,299	9.3

Source : CECM, Bureau de la Statistique, Bureau de l'Expérimentation.

bleurs, on obtient une corrélation de 0.97 : les zones où les élèves
de 1ère année (1965-66) semblent le moins préparés à l'école sont
celles où les doubleurs (1964-65) étaient en plus grand nombre, de la
1ère à la 7e année inclusivement. Voir le graphique à la page suivante.

3. *Distribution de certaines options*

(cours secondaire)

En 1965, la C.E.C.M. absorbait 53% de la population de 13
à 18 ans sur son territoire; on ne peut en déduire que les écoles
indépendantes de sa juridiction, et dispensant l'enseignement secondaire, absorbaient la proportion complémentaire des jeunes de
cette catégorie d'âge.

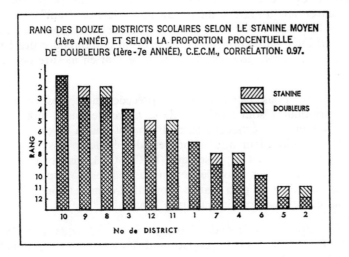

RANG DES DOUZE DISTRICTS SCOLAIRES SELON LE STANINE MOYEN (1ère ANNÉE) ET SELON LA PROPORTION PROCENTUELLE DE DOUBLEURS (1ère-7e ANNÉE), C.E.C.M., CORRÉLATION: 0.97.

District no 2 : St-Henri, Pointe St-Charles, Centre-Ville.

District no 6 : Mile-End.

District no 5 : Centre-Sud.

District no 4 : Hochelaga.

District no 8 : Rosemont.

On peut supposer qu'un certain nombre, provenant surtout des zones peu ou non défavorisées, poursuivaient leur formation générale dans des collèges classiques ou d'autres institutions privées d'enseignement collégial ou spécialisé; que d'autres fréquentaient les cours techniques ou de métiers, lesquels donnent immédiatement accès au marché du travail, et se situent de ce fait au niveau de l'enseignement professionnel; ainsi en est-il aussi du cours d'« initiation au travail ».

Sauf dans le cas de ce dernier qui, tout en relevant de la C.E.C. M., a trait directement à la formation d'une main-d'oeuvre, mais n'a donc pas à être analysé ici, nous avons déjà souligné qu'il était impossible, dans le cadre de ce rapport, de relever des données sur les effectifs des autres écoles à juridiction publique ou privée; c'est dire que nous limiterons l'analyse aux données que nous a fournies la C.E.C.M.

Le régime des options, au niveau secondaire, applique le principe de « polyvalence », lequel vise à offrir à tous les élèves une formation de base complète, tout en favorisant le développement des aptitudes individuelles.

Certaines de ces options sont « terminales », c'est-à-dire qu'elles ne donnent pas accès à des études supérieures, mais préparent l'élève à entrer sur le marché du travail immédiatement après une 10e, 11e ou 12e année. Ce régime donne donc des avantages aux élèves qui, pour l'une ou l'autre raison, ne peuvent entreprendre des études ultérieures : ils sont tout de même relativement en mesure de gagner leur vie.

Comme nous l'avons observé précédemment, les écoles des zones prioritaires sont au-dessus de la moyenne quant aux proportions d'enfants qui échouent ou n'obtiennent pas, à divers tests, des résultats justifiant leur orientation vers des études poussées. D'après ces données, on peut supposer que, la C.E.C.M. distribuant les options dans les zones selon le besoin, les classes de type « occupationnel » seraient en plus grande proportion dans les zones prioritaires que dans Rosemont et que dans l'ensemble.

L'analyse du relevé de l'inscription au 30 septembre 1965[32] révèle effectivement que la proportion d'élèves en « occupationnelle » est *deux fois plus élevée* dans les écoles des zones urbaines prioritaires que dans l'ensemble. Les 723 élèves inscrits à cette option dans les écoles des Z.U.P. représentent près de 60% de tous ceux (1,230) qui y sont inscrits à la C.E.C.M.; aucune classe de ce type n'existe dans Rosemont. Cette zone retient par contre 47% des élèves inscrits au cours préparatoire aux études supérieures, lequel n'a aucune classe dans les Z.U.P. Les « arts familiaux », qui ne sont pas, comme on pourrait le croire, reliés au cours donné dans les instituts familiaux, donnent directement accès à des occupations semi-spécialisées telles que : opératrice (industrie du textile), serveuse (restaurant), et cela, à la fin de la 10e année. Les 109 filles inscrites à cette option dans les écoles des zones urbaines prioritaires comptent pour 43% des 252 élèves qui y sont inscrites dans toute la C.E.C.M.

4. *Délinquance juvénile*

Point n'est besoin d'insister sur l'influence détériorante que des échecs, surtout s'ils se répètent, peuvent exercer sur les élèves. Etant perçus comme une punition, ils tendent à accroître l'hostilité des élèves envers l'école, la société, leurs parents, voire eux-mêmes; ils peuvent dans ce sens contribuer à augmenter l'incidence des délits et des conflits émotifs chez les étudiants de familles à revenus insuffisants qui subissent fréquemment des échecs en classe[33].

Les données afférantes à la délinquance juvénile, pour la population de la C.E.C.M., sont recensées sur une base administrative différente de celle qu'on utilise pour le comptage des doubleurs, par exemple*. C'est dire que nous ne pouvons pas identifier facilement, d'après ces données, les taux de délinquance ni pour chacune, ni même pour l'ensemble des Z.U.P. D'autre part, nous croyons que le taux de délinquance s'établit plus justement par un comptage de délits que par celui de comparutions à la Cour. En comparant les renseignements fournis par le Service de la Police de Montréal avec ceux que nous avons sur les « doubleurs » (CECM), nous constatons que les districts nos 5 (Centre-Sud) et 2 (St-Henri, Pointe St-Charles et Centre-Ville) montrent les plus forts pourcentages de doubleurs (respectivement 11.9 et 11.2%), et que le Centre-Ville accuse le plus fort taux de délinquance, suivi de Centre-Sud[34].

5. Condition de santé

Qu'il suffise de mentionner ici quelques-unes des observations qu'ont pu faire des médecins du Service de Santé[35], en examinant les cent vingt-sept enfants inscrits en 1ère année à l'école Jean-Jacques Olier en 1965-66**. La majorité de ces enfants (plus de 95%) habitent les sept secteurs de recensement nos 53, 121 et 135 (moyennement défavorisés), no 136 (très défavorisé), et nos 122, 137 et 138 (légèrement défavorisés); 44% des familles ont un régime alimentaire déficient, c'est-à-dire que lors de l'entrevue du médecin avec les parents, ceux-ci ont avoué « ne pas pouvoir manger à leur faim ».

Faut-il s'étonner, devant ces faits, qu'*un* enfant sur *cinq* répétait sa première année, quelques-uns pour la seconde fois? Que 9 des 117 familles avaient au moins *deux* enfants en première année? Tributaires de déficiences socio-économiques marquées, ces enfants ne réunissaient pas les conditions physiques nécessaires à un rendement scolaire normal. Il suffit pour s'en convaincre de constater que :

— environ 20% de ces enfants n'ont parlé que passé l'âge de 3 ans, et en plusieurs cas, par phrases encore bien incomplètes;

— l'évaluation de la maturation des enfants sous les dimensions physique, neuro-motrice, intellectuelle et affective a révélé qu'une même proportion de ces enfants n'avaient pas la taille

---

* Au lieu de 10 districts (élémentaires), il n'y en a que 8 pour le contrôle des absences et le comptage des comparutions à la Cour du Bien-Etre Social.
** Examen fait dans le cadre du PROJET D'ACTION SOCIALE ET SCOLAIRE (PASS), projet expérimental placé sous les auspices conjoints de la Commission des Ecoles catholiques de Montréal, du Plan de Réaménagement Social et Urbain (P.R.S.U.), du Conseil des Oeuvres de Montréal et du Service de Santé de la Ville de Montréal.

ou le poids normal, qu'un bon nombre n'avaient ni l'un ni l'autre et n'étaient donc nettement pas développés suffisamment; que ces enfants, qui n'avaient pas une bonne posture, avaient le teint pâle et dénotaient des signes de fatigabilité; qu'ils manifestaient des troubles du rythme, lesquels sont préjudiciables aux premières expériences de lecture. Plus de la moitié de ces enfants ont manifesté, à divers degrés, des troubles de langage, soit de vocabulaire, de compréhension ou d'expression; et enfin, près de 40% présentaient une ou plusieurs irrégularités psychiques telles que : sommeil agité, cris pendant le sommeil, cauchemars, tics, agitation, etc.

Or, 42% de ces enfants avaient 7 ans et plus en janvier 1966 : ils auraient dû être normalement en 2e année; en outre, leur STANINE moyen n'était que de 4.58 (moyenne C.E.C.M. : 5.14), et la proportion de ceux qui dénotent une « intelligence lente » y est *deux* fois plus grande que celle observée pour l'ensemble de la C.E.C.M. Au cours d'une entrevue avec les institutrices de ces élèves, celles-ci ont souligné, entre autres difficultés, celle de ne pouvoir soutenir l'attention de ces enfants sur le même sujet que pendant cinq ou dix minutes. « Souvent les enfants s'endorment sur leurs pupitres et les professeurs doivent le tolérer parce qu'ils sont conscients que ces enfants ne dorment pas assez pour répondre à leur besoin, ou bien s'ils dorment, c'est dans de mauvaises conditions. »[36]

Sans transposer intégralement à l'ensemble des élèves des zones prioritaires la situation observée dans ce cas particulier, il faut bien admettre que si, entre autres, les caractéristiques socio-économiques autant qu'intellectuelles des enfants révèlent des tendances semblables, en comparant le « cas Olier » avec le cas global des zones urbaines prioritaires, l'hypothèse apparaît valable que le phénomène se reproduise aussi sur le plan des conditions de santé physique et affective.

Conclusion

Les quelques données que nous venons d'analyser confirment l'hypothèse que les élèves des « zones désavantagées » de Montréal réussissent moins bien que les autres à l'école. Nous croyons que cette situation ne pourra s'améliorer sans qu'on intervienne auprès des enfants eux-mêmes autant qu'auprès de leurs parents, et sans que ne soient apportées des modifications au système scolaire et à ses applications. En nous appuyant sur la théorie qui explique ce phénomène de « retard » ou d'« inaptitude » académique — laquelle est exposée dans le chapitre suivant — nous souhaitons que soient augmentées, pour ces enfants, les chances de réussir à l'école et de se préparer un avenir conforme à leurs aptitudes individuelles.

Causes de l'abandon prématuré des études

Nous regroupons ici en quatre catégories les multiples explications au phénomène de rendement scolaire inférieur, selon les divers facteurs auxquels on l'attribue : (1) facteurs psychologiques, (2) sociologiques, (3) socio-économiques, et (4) facteurs issus de l'école même. Il nous faut admettre que ces catégories se recoupent entre elles et que les distinctions qu'on en fait sont plus ou moins arbitraires. Il faut souligner aussi que les recherches rapportées ici ont été effectuées aux Etats-Unis, et que les conclusions qui en découlent ne sauraient être appliquées au Québec sans réserves.

1. *Les facteurs psychologiques*

Des tests d'intelligence et d'aptitudes ont démontré, à plusieurs reprises, que les enfants des « zones grises » obtiennent moins de points que les enfants de quartiers à l'aise[37]. Nombre d'éducateurs considèrent ces résultats comme la preuve que ces enfants ne sont pas éducables. Leur argument est simple : d'après ces résultats, ces enfants sont incapables de gravir les degrés académiques; forcer ces enfants à fournir un rendement dont ils sont incapables crée chez eux des frustrations et des anxiétés qui risquent d'altérer plus encore leur fonctionnement individuel.

Même si les tenants de cette théorie « élitiste » se font plus rares, en ce moment, Kenneth B. Clark affirme que c'est elle qui influence encore certains programmes et certaines pratiques scolaires :

« This point can be illustrated by an examination of the arguments in favour of homogeneous groupings. The most persistent arguments of grouping children, according to IQs, are largely assertion of this convenience of such groupings for overworked teachers ... [But], it is implied, and sometimes stated, that these conditions will facilitate the maximum use of the already high *intelligence* of the gifted children and will reduce the frustrations of those children who are not gifted. It is further suggested that, if the gifted child is not given special treatment in special classes, he will somehow not fulfill his intellectual potentials — « he will be brought down to the level of the average or the dull child ». So far, there seems to be little empirical evidence in support of these assertions, in spite of their wide acceptance by the public and by many educators.[38]

(Italiques ajoutés)

Selon cet auteur, on ne peut s'attendre à ce que des enfants, qu'on a en quelque sorte stigmatisés — en les regroupant dans des classes reconnues comme « lentes », « ennuyantes », ou « destinées aux retardés mentaux » — trouvent les stimulants et la motivation nécessaires pour donner un bon rendement.

Clark maintient de plus que les programmes scolaires visant à fournir aux jeunes des zones désavantagées « une éducation pratique, vocationnelle — immédiatement orientée vers le travail — correspondent à leur niveau intellectuel », s'inspirent aussi de la conception que l'éducation doit certes se préoccuper de former de façon adéquate « les coupeurs de bois et les tireurs d'eau », mais qu'elle doit pourvoir d'un enseignement académique supérieur l'« élite intellectuelle ».

Tout en n'accordant pas à cet auteur un appui sur toutes ses idées, on est bien forcé d'admettre avec lui que les études empiriques démontrent que ce n'est pas le faible niveau intellectuel qui peut expliquer l'abandon prématuré des études dans les « zones grises ».[39] On a pu identifier certains facteurs tels la motivation, le rapport, la rapidité et le contenu même des tests qui biaisent sérieusement les résultats qu'y obtiennent les enfants de milieux désavantagés[40]. En fait, nombre de programmes très différents entre eux ont haussé le résultat de ces enfants en termes de Q.I.*.

Une autre explication — plus rigoureuse et transcendante — de l'abandon prématuré des études chez les enfants de familles à bas revenus, tient au « manque de stimulants du milieu »; cette théorie se base sur les études de Martin P. Deutsch**[42]. Selon cette explication, l'environnement dans les « zones grises » a pour effet de retarder le développement du langage et des facultés de connaissance. Spécifiquement, cet environnement — surtout visuel, oral et tactile — inhibe l'apprentissage. Par exemple, Deutsch maintient que le contenu du milieu désavantagé n'est pas « verbal » : les adultes s'expriment par phrases brèves, et, de ce fait, l'enfant n'a pas à écouter plusieurs longues phrases à la suite les unes des autres. Il s'ensuit qu'il est par contre incapable de suivre le professeur de classe moyenne qui enchaîne, lui, plusieurs phrases à la fois. Il est aussi établi que le bruit est tellement dense, dans ce foyer, que l'enfant est en quelque sorte forcé d'apprendre *à ne pas écouter*. De plus, — du côté tactile — on prétend que l'environnement manque de stimulants. En fin de compte, cet « appauvrissement cumulatif » fait que l'enfant n'est pas préparé à lire ou à penser en termes abstraits, conditions *sine qua non* du succès scolaire. Des expériences de Deutsch's Institute of Developmental Studies concluent que « l'enfant de milieu désavantagé se présente à l'école si mal pré-

---

* Par un programme « d'adaptation » en six semaines, comprenant des réunions de parents, trente minutes de télévision éducative au foyer, des exercices pour développer le vocabulaire, la perception, la conceptualisation et l'habileté à suivre des directives, on a réussi à améliorer de 35 points percentiles le degré d'adaptation, tel que déterminé par le Metropolitan Readiness Test.[41]

** Le travail de Deutsch est basé sur les éclaircissements apportés par des expériences en insuffisance sensorielle, de J. McV. Hunt, et le travail du psychologue français Jean Piaget.

paré que des échecs hâtifs sont presque inévitables, et que l'expérience scolaire s'avère pour lui plutôt négative que positive »[43]. Deutsch en arrive à dire que l'effet de ces conditions de privation s'aggrave au fur et à mesure du développement : c'est ce qu'il appelle le « phénomène des déficits accumulés ». Cet auteur souligne enfin que « les enfants qui ont fréquenté le jardin d'enfants et la classe maternelle dénotent une plus grande capacité d'adaptation aux exigences intellectuelles que les enfants qui n'ont pas connu cette expérience »[44]. D'autres chercheurs en sont venus à des conclusions similaires. Par exemple, Bloom, Davis et Hess rapportent que la portée du « déficit cumulatif » est telle que, à leur entrée en 8ème année, les enfants de familles à faibles revenus sont environ trois ans en retard[45].

Frank Riessman diffère d'opinion avec certains aspects de l'analyse de Deutsch. Selon lui, le milieu désavantagé est loin de manquer de stimulants. Mais l'enfant de ce milieu *apprend difficilement* : il lit plus lentement, met plus de temps à résoudre des problèmes, s'absorbe moins rapidement à la tâche, et se montre lent quand il subit des tests. Mais pour s'exprimer dans son propre langage, il ne semble plus lent du tout. Riessman suggère donc que l'enfant de milieu désavantagé ne doit pas être considéré comme *limité,* mais comme un enfant dont la façon d'apprendre est *différente,* laquelle peut avoir des valeurs positives[46].

Une étude faite par Haryou (auprès d'enfants noirs du Harlem) tenta de démontrer le lien entre le rendement à l'école élémentaire, le revenu familial, le surpeuplement des logements et la dislocation du foyer; cette étude a conclu que le succès scolaire ne dépendait que très peu des conditions socio-économiques. Comme dans d'autres études semblables, on a remarqué que le rendement académique se détériorait à mesure que l'étudiant changeait de classe. Selon les auteurs, les professeurs des écoles de Harlem *s'attendent* à ce que l'enfant de famille à faible revenu ait un rendement médiocre, et en conséquence, ils exigent beaucoup moins de sa part. On obtient d'autant moins qu'on s'attend à un résultat moindre : c'est l'effet de la « prédiction créatrice ». Haryou lui attribue la détérioration du rendement académique. (Haryou admet que l'enfant « défavorisé » est « différent », mais reconnaît qu'il est quand même éducable.)[47]

Même si les opinions diffèrent quant à la causalité du phénomène, il n'est pas superflu de rappeler qu'elles sont unanimes à dire que l'enfant de famille à faible revenu est « différent », *surtout en ce qui concerne le développement du langage.* Toutefois, et il est également important de le souligner, tous s'accordent à dire que cet enfant peut apprendre. Diverses études ont clairement démontré — quelles que soient les causes qui l'expliquent — qu'on peut améliorer son rendement scolaire; les effets du « retard » encouru ne sont pas irrévocables. Cependant, des expériences récentes ont

fourni la preuve que des programmes compensatoires de type inten-
sif (tel les classes maternelles et préparatoires « Head Start »
mises en vigueur dans le cadre de la « guerre à la pauvreté » aux
Etats-Unis) sont à la fois une perte de temps et d'argent : les enfants ne maintiennent pas par la suite les progrès sensibles qu'ils
montrent au cours de l'expérience même[48]. Ce qu'il faut donc,
c'est une revision complète des programmes d'études dans les écoles
élémentaires et secondaires[49].

2. *Les facteurs sociologiques*

Nous avons déjà mentionné que les descriptions, tant sociologiques qu'économiques de la pauvreté, identifient un grand nombre
de « facteurs négatifs », pour ainsi dire fatalement associés aux familles des enfants de milieu désavantagé : faible niveau d'éducation,
mauvaise santé, familles nombreuses ou instables, etc. Par ailleurs,
on associe généralement ces facteurs à des traits négatifs de personnalité : apathie, désespoir, négation du travail et de l'éducation comme valeurs, et enfin état de dépendance chronique. Il n'y a qu'un
pas entre cette description pour le moins négative et l'idée que la
cause de la pauvreté vient des pauvres eux-mêmes. Logiquement,
il faut à partir de là songer à « corriger » les pauvres. Un journal
de Montréal faisait récemment mention d'une situation illustrant
cette attitude. Dans un article intitulé « Dropouts Problems : Let
Bored Pupils Go, Teachers Urge », on soulignait ces paroles d'un
principal d'école :

« Many principals work too hard to keep students in school,
who are not suited for education... [A] year of job-hunting might
convince drop-outs that their best chance was to return and work
hard in school... Many students... remain in school although
they have no interest in or capacity to absorb their studies...
Motivation might be the cure for the drop-out problem.[50]

Conant donne une autre version de cette attitude punitive :
« The lesson is that to a considerable degree, what a school should
do and can do is determined by the status of the families being
served ».[51]

Les familles à faibles revenus ont-elles une vie sociale distincte, basée sur des aspirations et des croyances qu'elles partagent
en commun ? Il est capital de fournir une réponse à cette question
pour la simple raison que les aspirations peuvent servir de fondement à des programmes éducatifs en « zones grises ». Si, par exemple, nous supposions que les valeurs de l'enfant d'un tel milieu sont
« mauvaises », nous en arriverions à proposer des programmes d'é-
ducation susceptibles de lui inculquer de nouvelles valeurs.

Il existe encore une controverse, à savoir, d'abord s'il existe une sous-culture de la pauvreté, et si tel est le cas, quelles sont les valeurs prédominantes. W. B. Miller et Herbert Gans considèrent la sous-culture de la pauvreté comme un fait; H. Rodman soutient par contre qu'il ne s'agit pas d'une sous-culture mais d'une conception élastique des valeurs (« value stretch ») : les gens à bas revenus ne refusent pas, selon lui, les valeurs fondamentales de la réussite telles que l'éducation supérieure, mais ils les étirent pour ainsi dire vers le bas, de sorte que des niveaux de succès moins élevés s'avèrent tout autant souhaitables pour eux. W. C. Haggstrom suggère pour sa part que ce qui apparaît comme une culture de la pauvreté peut n'être que provisoire — non pas attribuable à des facteurs intrinsèques et permanents — et peut volontiers changer à mesure que la situation s'améliore.[52]

Quant à ceux qui soutiennent l'existence d'une telle culture, leurs points de vue diffèrent sur la valeur de son contenu. Jadis, maints éducateurs ont prétendu que l'abandon prématuré des études par les enfants des « zones grises » était dû à une absence de motivation à l'étude de la part de leurs parents. Des études typologiques faites par Mulligan, Hyman et Rosen supportent cette théorie[53]. Cependant, d'autres études, dont celles de Weiner, Murray et Empey[54], contredisent cette argumentation. Riessman, de son côté, soulève un point intéressant quand il fait la distinction entre l'attitude à l'égard de l'éducation et l'attitude à l'égard de l'école; il prétend que la première est positive, mais la seconde négative[55]. Une étude de cinquante familles à faibles revenus dans Montréal a révélé que 50% d'entre elles désiraient que leurs fils poursuivent le cours collégial, et pourtant, les pères de famille se classaient, dans une proportion de 82%, dans les occupations semi ou non-spécialisées; par ailleurs, 51% des personnes qui répondaient à ce questionnaire ont exprimé leur manque de confiance dans la qualité de la tâche accomplie par l'école en vue d'éduquer leurs enfants[56]. Miller fait une observation tout aussi percutante quand il affirme qu'il se peut que les parents n'aient pas la *capacité* d'exprimer leur intérêt pour l'éducation en soutenant les efforts de leurs enfants, mais que, d'autre part, les écoles ne sont pas en mesure d'exploiter cet intérêt chez un grand nombre de familles à faibles revenus[57].

Somme toute, il apparaît prématuré de tirer des conclusions sur la valorisation de l'éducation par les familles à faibles revenus : les données disponibles pour le faire sont encore trop contradictoires, voire trompeuses. Toutefois, il existe une autre catégorie de données intéressantes dans le cadre de cet énoncé. Au cours des dernières années, aux Etats-Unis, des parents de milieu désavantagé, dans plusieurs villes importantes, se sont groupés pour protester contre les conditions faites à leurs enfants dans les écoles des « zones grises »[58]. A Montréal, un groupe de parents des enfants de l'école

J. J. Olier viennent de commencer à se réunir pour discuter des problèmes soulevés par l'incendie de cette école, en juillet dernier. On peut considérer ces démarches comme une preuve éloquente de l'intérêt que portent les parents de bas niveau économique à l'éducation de leurs enfants.

3. *Les facteurs socio-économiques*

L'accord est presque unanime sur le fait qu'il faut d'abord satisfaire les « besoins vitaux » de l'être humain pour qu'il soit en mesure de se concentrer et de mettre ses efforts sur des tâches plus élevées :

« With children, the adequate satisfaction of nutritional needs and the need for sleep and rest heightens the probability of their being able to perform competently in school situations. Adequate living conditions, clothing, exercise, and the availability of medical care — all contribute to the heightened probability of increased capability in school situation. »[59]

Les statistiques de la santé publique confirment généralement, chez les enfants de familles à faible revenu, une forte incidence de déficiences organiques flagrantes (par exemple, troubles dentaires, vision défectueuse, déséquilibre auditif), de même que des maladies intimement liées à des conditions économiques insatisfaisantes, comme la tuberculose. Y sont aussi répandues des maladies de nature débilitante qu'on ne soigne généralement pas dans ce milieu, mais qui épuisent à la longue; nous incluons dans cette catégorie diverses déficiences spécifiques et l'affluence de parasites de toutes sortes[60]. Une étude récente sur les besoins de santé des enfants de niveau élémentaire au Québec concluait :

« Des examens de la vue ont révélé que 13% des élèves de 1ère année manifestent des troubles visuels, 24% en 3ème année et 30% en 6ème année. De 2 à 5% des écoliers souffrent de troubles auditifs, selon les résultats d'examens systématiquement faits à l'audiomètre en 1ère et 2ème années, ainsi qu'au début du cours secondaire. »[61]

Comme l'incidence des troubles visuels et auditifs est plus élevée chez les enfants de familles économiquement faibles, il se pose un sérieux problème à l'école en zone désavantagée.

Les handicaps quant aux besoins vitaux influencent l'apprentissage de diverses façons. Par exemple, une grande part de l'énergie et de l'attention de l'enfant étant concentrées sur la satisfaction de ces besoins, il est moins en mesure de fournir l'application nécessaire pour apprendre et pour effectuer ses travaux scolaires. Silberman a observé qu'un très grand nombre d'enfants de milieux désavantagés vont à l'école sans avoir mangé, et qu'il n'est pas rare de voir de ces enfants, surtout parmi les plus jeunes, s'assoupir jusqu'à la collation de l'avant-midi[62]. Que des enfants soient astreints à étudier dans de telles conditions, le système scolaire pas plus que les responsables de la moralité publique ne peuvent s'en laver les mains. On ne devrait ni exiger ni même attendre d'un enfant qu'il apprenne quand il est affamé ou malade.

4. *L'école située en zone désavantagée*

Les pratiques scolaires actuelles n'arrivent pas à niveler les différences fondamentales entre enfants de familles économiquement faibles et enfants de familles aisées. Au contraire, le fossé s'élargit à mesure que l'enfant avance :

« By the end of the sixth year of school, there is a cumulative deficit in the school achievement of the culturally disadvantaged children which shows up most clearly in the tool subjects of reading and arithmetic. But even in the measures of general intelligence, many of these children appear to decline during the period of grade 1 to 6. It is this cumulative deficit which must be reversed as early as possible in the culturally deprived child's school career. »[63]

Un des exposés les plus pénétrants sur le problème de l'éducation des enfants dans les zones urbaines en détérioration a été fait par Patricia C. Sexton, dans son volume *Education and Income*. Les faits qu'elle présente établissent incontestablement que les programmes d'étude, les normes éducationnelles, la qualité de l'enseignement, autant que l'équipement et les ressources pédagogiques sont étroitement dépendants du statut socio-économique de la majorité des enfants qui fréquentent une école donnée; ces faits révèlent aussi que le succès scolaire est lié directement au statut socio-économique. Dr. Sexton conclut en disant que c'est l'école qui détermine le niveau de rendement académique, et *non pas* les normes et la qualité de l'école qui reflètent les insuffisances du foyer et du voisinage de l'enfant[64].

En résumé, sept facteurs principaux sont utilisés pour expliquer le rôle trop souvent non-éducatif des écoles dans les zones défavorisées[65]. 1) D'abord, les enfants y sont comme patronnés et discrètement orientés vers des sphères « réalistes », en même temps qu'éloignés des sphères professionnelles[66]. 2) Des études ont démontré que les instituteurs sont moins bien disposés à l'égard des enfants de milieu désavantagé, même si leur rendement scolaire est satisfaisant, et les enfants perçoivent ce rejet. 3) La plupart de ces enseignants considèrent leur tâche comme insipide et ingrate. 4) Les manuels scolaires utilisés sont surtout conçus en fonction de la classe moyenne. 5) La mentalité, dans les écoles, est essentiellement et profondément féminine, et ceci va à l'encontre des valeurs masculines qui prédominent chez le garçon de ces milieux. 6) La façon de penser chez l'enfant de famille pauvre contient beaucoup d'éléments positifs que les méthodes pédagogiques courantes ne permettent pas d'exploiter. 7) Enfin, cet enfant est reconnu pour avoir des difficultés à apprendre à lire, et pour raisonner en termes plus concrets qu'abstraits, mais l'école ne tente rien pour y apporter des compensations.

Il semblerait que celui des facteurs dont l'importance persiste le plus au delà des divergences d'opinions fût la « prédiction créatrice ». Clarke l'exprime bien quand il dit :

« A minority-group child who is expected to fail will almost always fail. His failure will reinforce his sense of inferiority and the related sentiments and hostility. A normal child who is expected to learn, who is taught, and who is required to learn will learn. »[67]

Plusieurs autorités en la matière croient qu'un simple renversement de cette « prédiction » aurait des chances d'apporter un changement sensible dans les écoles des zones désavantagées. Riessman, par exemple, attribue le succès du programme « Higher Horizons »[68] non pas à une révolution dans les méthodes d'éducation, mais à un sous-produit de l'expérience comme telle. Autrement dit, « Higher Horizons » représente une application concrète de la conviction que les enfants de milieux désavantagés peuvent apprendre, stimulés qu'ils sont, entre autres, par la nouveauté de l'expérience et le développement de ressources à leur disposition[69].

Observations et conclusions

Les connaissances sont encore bien limitées dans le domaine de l'éducation en milieu désavantagé; sous plusieurs aspects, on en est encore au stade expérimental, et il n'est pas de projets connus qui l'aient dépassé.

Mais il y a un point clair dans cette obscurité : le talent de l'homme est pour une bonne part un produit de la société, et il se révèle et se développe en autant que la société sait le reconnaître. Il y a peu de doute que les enfants de milieu modeste soient « différents », et que cela soit dû au fait qu'ils sont pauvres : la pauvreté *fait* sa marque. S'ils n'étaient pas différents, il n'y aurait vraisemblablement pas ce problème de rendement scolaire inférieur. Par ailleurs, qui dit « différent » ne dit pas « non-éducable » : plusieurs expériences ont démontré qu'au contraire ces enfants *peuvent* apprendre. Bien que la nécessité d'évaluer l'efficacité relative des différentes démarches entreprises se fasse sentir, leur principe fondamental ne laisse, par contre, aucune ambiguïté : le personnel enseignant doit être convaincu que l'enfant de famille à faible revenu *est capable* de réussir. On peut même s'attendre à des résultats encore plus satisfaisants quand, à cette ferme conviction, s'allient des transformations au programme et l'utilisation d'excellentes techniques d'enseignement.

Une autre idée générale qui se dégage de l'analyse précédente, c'est la nécessité d'intervenir *tôt* et de *poursuivre* les mesures d'intervention. Diverses études ont montré que plus l'intervention est précoce, plus significatif est le changement. Toutefois, si les mesures ne sont pas maintenues à mesure que l'enfant change de classe, l'amélioration de son rendement diminuera graduellement. Cela laisse entendre que le *système scolaire* doit changer : des programmes hâtifs mais « ad hoc » et à brève échéance, constituent un gaspillage d'argent. C'est dans la même perspective qu'on devrait d'ailleurs envisager les mesures à prendre auprès des jeunes qui, selon toute probabilité, abandonneront leurs études, et auprès de ceux pour qui c'est déjà chose faite. Les spécialistes des problèmes de la jeunesse partagent de plus en plus l'opinion qu'il est presque vain d'attaquer ce problème au niveau des jeunes qui ont déjà quitté l'école: le plus souvent, l'effort est trop timide et il arrive trop tard. Les écoles ont fourni à cet égard maintes tentatives, mais celles-ci n'ont abouti à rien, la plupart du temps. La racine du problème tient au fait que les écoles engendrent un nombre plus grand de ces élèves que le nombre de ceux qu'on peut réchapper*. Toute nouvelle que soit l'approche utilisée, l'intervention contre ce mal arrive invariablement trop tard. C'est entre la troisième et la cinquième année scolaire qu'il est visible : dès lors, l'élève va d'échecs en échecs — puis il quitte l'école. Très souvent, celle-ci a échoué autant que l'élève. Une démarche authentique, de longue haleine, pour solutionner ce problème, devrait commencer par des *modifications dans l'école même*.

Une troisième généralisation concerne les agences et services communautaires. La déclaration de « guerre » à la pauvreté indique non seulement la nécessité mais l'ampleur des investissements requis à divers niveaux pour éliminer de façon efficace la pauvreté et ses conséquences. Les agences de bien-être sont présentement surchargées de travail et ne répondent pas à tous les besoins : il arrive aussi qu'elles opposent une forte résistance à servir les économiquement faibles, en dressant contre eux des barrières. De plus, on ne trouvera de solution à la plupart des problèmes (comme celui du logement, par exemple) que par le truchement d'une planification et de politiques sociales plus rationnelles, tant au niveau municipal que provincial. L'école peut réussir à élever le rendement acadé-

---

* C'est un fait reconnu que les statistiques sur l'abandon des études sont difficiles à obtenir. La plupart des Commissions scolaires ne les compilent pas — c'est d'ailleurs assez mystérieux quand on songe à l'importance de ces statistiques comme indices du succès des écoles — et même quand on les compile, on cherche à les dissimuler.

mique des enfants de milieu désavantagé, même si ses efforts ne vont pas au-delà de ses propres frontières; mais ses chances de succès seront augmentées d'autant si elle coordonne son effort à celui d'autres organismes municipaux et provinciaux, tant publics que privés. Un enfant mal logé, sous-alimenté et physiquement diminué est sérieusement handicapé dans sa capacité d'apprendre.

En quatrième lieu, nous soulignons l'importance d'engager les parents dans le processus de changement. Or, c'est surtout *la façon* de les y engager qui revêt une importance capitale. C'est un fait que la famille et l'école sont différentes; on sait pourtant que l'enfant *est capable* de fonctionner dans ces deux systèmes. Il arrive souvent que les éducateurs se considèrent comme ayant envers les parents une relation de type rééducatif ou psychothérapeutique. Il existe pourtant une approche plus positive, soit la *collaboration* avec le foyer, en vue d'un intérêt commun — le progrès et la réussite scolaire de l'enfant. Plus précisément, cela veut dire que l'école doit : 1) accepter le foyer comme foyer, 2) essayer de le comprendre et l'encourager à jouer son rôle, et 3) ne pas essayer de le changer ou de le détruire.

Enfin, on reconnaît qu'une politique formelle d'égalité pour tous ne suffit pas : si on veut qu'il se rattrappe, il faut donner à l'enfant de milieu défavorisé un traitement de préférence. En termes absolus, la condition des enfants défavorisés s'est améliorée au cours des dernières années; leur situation économique et leurs connaissances académiques, autant que leur niveau de rendement, sont plus élevés que jadis. Mais dans une société donnée, l'égalité est chose relative; et les différences essentielles sont celles qui, à un moment donné, divisent les couches de cette société. Donc, même si l'on sait qu'en termes absolus le sort des désavantagés s'est amélioré, celui des favorisés, proportionnellement, s'est amélioré plus encore :

« At one time, social theorists believed that inequality among classes could be removed merely by guaranteeing to all equal access to public services. But the experience of the past quarter century has shown that this assumption is mistaken in most areas, and especially in relation to the culturally deprived. On the one hand, the gap between the « haves » and the « have nots » is far under and deeper than the theorists had thought; and on the other hand, the adage « to him who has even more shall be given » still operates. Thus it becomes increasingly clear that any significant change in the condition of the disadvantaged can be achieved only through a rational policy of preferential treatment...[70]. »

Une analyse sommaire nous a permis de constater qu'il existe, au plan de l'éducation, des différences entre le Canada et le Québec, lesquelles apparaissent au plus grand désavantage de la population québécoise. D'autre part, l'analyse de certaines données, mises à notre disposition par la C.E.C.M. et concernant ses élèves, a aussi révélé qu'à l'instar d'autres centres urbains, Montréal accuse, dans ses zones défavorisées, d'importantes proportions d'élèves qui ne donnent pas un rendement scolaire satisfaisant : conséquemment, il y a *moins de chances* que ces élèves, dans des proportions comparables à l'ensemble, accèdent à l'éducation supérieure, du moins dans les conditions actuelles.

En revisant les expériences réalisées aux Etats-Unis en milieu désavantagé, on a pu se rendre compte que divers moyens sont disponibles pour améliorer le rendement scolaire de ces enfants. On aurait tort cependant de croire en l'efficacité de programme « ad hoc » et à court terme seulement : il faut en quelque sorte « *institutionnaliser* » *le changement* qu'on apporte, de manière à ce qu'il modifie non seulement la politique et la méthodologie de l'enseignement, mais qu'il s'attaque aux structures mêmes du système. En outre, les tentatives pour arrêter le flot de l'abandon prématuré des études s'avèrent impuissantes parce qu'elles atteignent les jeunes quand le mal est déjà fait : on ne peut sérieusement parler d'enrayer ce problème qu'en prenant des moyens de l'attaquer aux premiers symptômes, lesquels sont décelables *au milieu du cycle élémentaire.*

Le problème du rendement scolaire inférieur est relié à des conditions socio-économiques marquées par la misère et la privation; quand les besoins vitaux d'alimentation, de repos et de logement, entre autres, ne sont pas satisfaits, les conditions minima d'efficacité académique n'existent pas. Seule, l'école ne peut envisager de régler ce problème : des politiques sociales encadrées par une structure fonctionnelle doivent soutenir son effort, *en collaborant avec elle.*

RÉFÉRENCES

1. Schultz, Théodore W., « Investment in Man : An Economist's View », *The Social Service Review,* Vol. 33, no 2 (June 1959), pp. 109-117.
2. La Banque Royale du Canada, « Les élèves qui ne profitent pas de leurs études », *Bulletin mensuel,* vol. 45, no 11 (novembre 1964).
3. Special Planning Secretariat, *Meeting Poverty : Profile of Poverty in Canada,* Bureau du Conseil Privé, Ottawa (non daté).
4. Jenness, R. A., *The Dimensions of Poverty in Canada : Some Preliminary Observations,* Meeting Poverty, Special Planning Secretariat, (Ottawa).
5. Johnson, Harry G., *The Canadian Quandary : Economic Problems and Policies* (Toronto : McGraw-Hill, 1963), p. 251.
6. *Rapport de la Commission Royale d'Enquête sur l'Enseignement dans la Province de Québec,* troisième partie, Tome IV (1966), p. 14.
7. Porter, John, *The Vertical Mosaic : An Analysis of Social Class and Power in Canada,* (Toronto : University of Toronto Press, 1965), pp. 165-198.
8. *Ibid.*
9. *Ibid.,* p. 182.
10. *Ibid.,* p. 190.
11. *Ibid.*
12. *Ibid.,* pp. 183-184.

13. 14. *Ibid.*, p. 93.
15. *Ibid.*, pp. 54 et 166.
16. *Rapport de la Commission Royale d'Enquête sur l'Enseignement dans la Province de Québec*, Tome I, (1964), p. 58.
17. *Ibid.*, p. 76.
18. Tremblay, Arthur, « Contribution à l'étude des problèmes et des besoins de l'enseignement dans la Province de Québec », Annexe 4 au *Rapport de la Commission Royale d'Enquête sur les problèmes constitutionnels*, (1965), Chapitre 6, p. 267.
19. 20. *Rapport de la Commission Royale d'Enquête sur l'Enseignement dans la Province de Québec*, Tome II, Chapitre I, pp. 13 et 15.
21. *Ibid.*, p. 10.
22. *Ibid.*
23. *Etudes démographiques : Prévisions de la population d'âge scolaire et des caractéristiques de la population globale pour 1966 et 1971.* Bureau des recherches démographiques, Service des Projets Scolaires, Commission des Ecoles Catholiques de Montréal, mai 1965.
24. « Territoire, limites et population des zones d'analyse, Réseau français, Opération 55-CECM », *Plan de développement scolaire : Rapport du Comité consultatif de la Commission des Ecoles Catholiques de Montréal*, pp. 41-48.
25. « Détermination des zones urbaines prioritaires », *Les zones urbaines prioritaires.*
26. Sexton, Patricia C., *Education and Income : Inequalities in Our Public Schools* (N.Y. : The Viking Press), 2nd Printing, August 1965.
27. 28. 29. *Grille intellectuelle par âge, type de cours et secteur de planification*, Bureau de l'Orientation, Commission des Ecoles Catholiques de Montréal, 1966.
30. Riessman, Frank, *The Culturally Deprived Child*, (Harper & Row Publishers, New York, Evanston and London), 8th Printing, 1962.
31. Sexton, *op. cit.*, p. 55.
32. *Relevé de l'inscription et des classes au 30 septembre 1965*, la Commission des Ecoles Catholiques de Montréal, Service des Projets Scolaires, Bureau de la Statistique.
33. Sexton, *op. cit.*, p. 55.
34. Voir ch. VI, La délinquance juvénile, p. 56 et sq.
35. Pâquin, Antonine, m.d., Surintendant de la division de l'Hygiène de l'enfance, Service de Santé, Ville de Montréal, *Bilan de santé des enfants de 1ère année d'une école dans un milieu défavorisé*, exposé prononcé devant la Canadian Public Health Conference, Québec (Qué.), juin 1966.
36. *Analyse des conditions de vie, Elèves de première année, Ecole Jean-Jacques Olier*, Projet d'Action Sociale & Scolaire, Montréal, Mars 1966.
37. Sexton, *op. cit.*
38. Clark, Kenneth B., « Educational Stimulation of Racially Disadvantaged Children », in Passow, A. Harry, *Education in Depressed Areas*, (N.Y. : Teachers College Press, 1963), p. 151.
39. Riessman, *op. cit.*, pp. 49-62.
40. Bloom, Benjamin S., & Davis, Allison & Hess, Robert, *Compensatory Education for Cultural Deprivation*, (N.Y. : Holt, Rinehart & Winston, Inc., 1965), p. 71.
41. *Ibid.*, p. 89.
42. Deutsch, Martin P., « The Disadvantaged Child and the Learning Process », in Passow, *op. cit.*, pp. 353-370.
43. Bloom, Davis & Hess, *op. cit.*, p. 101.
44. *Ibid.*, p. 103.
45. *Ibid.*, p. 73.
46. Riessman, *op. cit.*, pp. 63-76.
47. Harlem Youth Opportunities Unlimited, Inc., *Youth in the Ghetto*, 2nd Printing, (N.Y., 1964).
48. Bloom, Davis & Hess, *op. cit.*
49. Getzels, J. W., « Pre-School Education », *Contemporary Issues in American Education*, U.S. Department of Health, Education and Welfare, Office of Education, 1965, p. 111.

50. *The Montreal Star,* April 12, 1966.
51. Conant, James B., *Slums and Suburbs,* (Toronto : New American Library of Canada, 1961), p. 64.
52. Ferman, Louis A. & Kornbluh, Joyce L. & Haber, Alan, *Poverty in America* (Ann Arbor : University of Michigan Press, 1965), pp. 259-261.
53. Brimm, Orville G., Jr., *Sociology and the Field of Education* (N.Y. : Russel Sage Foundation, 1958), p. 69.
54. Bloom, Davis & Hess, *op. cit.,* pp. 110 et 174.
55. Riessman, *op. cit.,* p. 2.
56. Woodsworth, David E., *Urban Need in Canada,* Conseil Canadien du Bien-Etre, (Ottawa, 15 novembre 1965), p. 38.
57. Miller, S. M., « Poverty and Inequality in America : Implications for the Social Services », in F. Riessman, J. Cohen & A. Pearl, *Mental Health of the Poor,* (N.Y. : The Free Press, 1964), p. 15.
58. Lorner, Jeremy, « The New York School Crisis », in Ferman, Kornbluh & Haber, *op. cit.,* pp. 370-384.
59. Bloom, Davis & Hess, *op. cit.,* p. 8.
60. *Ibid.,* pp. 8-10; aussi : Lambs, Sylvia & Solomon, David N., *The Social Behavior Surrounding Children's Health Problems,* (Toronto, 1965, Conférence Canadienne de l'Enfance), pp. 5-34.
61. Office d'Information et de Publicité du Québec, « Amplification du programme d'hygiène scolaire dès septembre prochain », *Communiqué,* 22 août 1966.
62. Silberman, Charles E., *Crisis in Black and White,* (N.Y. : Random House, 1964), p. 265.
63. Bloom, Davis & Hess, *op. cit.,* p. 20.
64. Passow, *op. cit.,* p. 146.
65. Riessman, *op. cit.,* & Sexton, *op. cit.*
66. Passow, *op. cit.*
67. *Ibid.,* p. 157.
68. Une description de ce programme dans : U.S. Department of Health, Education and Welfare, « Programs for the Educationally Disadvantaged », *op. cit.,* p. 45.
69. Riessman, *op. cit.,* pp. 98-111.
70. Smilansky, Moshe, « Fighting Deprivation in the Promised Land », *Saturday Review,* October 15, 1966, p. 85.

Ce texte est extrait de : Opération : Rénovation sociale, *Conseil des Oeuvres de Montréal, maintenant connu sous le nom de Conseil de Développement social de Montréal), décembre 1966.*

L'ÉCOLE POLYVALENTE:
SES INCIDENCES SOCIALES

Pierre W. BÉLANGER

L'expression « L'Ecole pour tous » renvoie à deux phénomènes qui, tout en étant interdépendants, sont aussi distincts. Dans un premier sens, « L'Ecole pour tous » implique l'idée que tous doivent aller à l'école; que tous les citoyens, sauf quelques exceptions, ont des capacités intellectuelles qui, si elles sont adéquatement développées, leur permettront de s'épanouir et de jouer un rôle effectif dans la société moderne. Le problème majeur est le suivant : comment s'assurer que tous les citoyens reçoivent une éducation, aussi bien sur le plan quantitatif que qualitatif, conforme à leur talent inné et non pas tel qu'on le mesure.

Dans un deuxième sens, on entend que tous les enfants d'un certain groupe d'âge doivent fréquenter la même école, ou le même type d'école, et que celle-ci offre des chances égales à tous les individus de développer tous leurs talents. Le problème fondamental dans ce cas concerne le classement, ou groupement, des étudiants. Selon quel critère doivent-ils être classés de façon à respecter le principe d'égalité d'opportunité ? Quelle forme d'organisation scolaire répond le mieux aux exigences de ce principe ? Le classement au hasard ? Sur la base des capacités intellectuelles ? Sur la base des limites territoriales ? De l'âge ?

Les deux significations données à l'expression « L'Ecole pour tous » se retrouvent au niveau de l'idéologie d'égalité d'opportunité qui, elle aussi, peut s'entendre dans deux acceptions, l'une libérale, l'autre radicale.[1]

L'idéologie libérale revendique pour tous les individus d'intelligence égale telle que mesurée par des tests standards, des chances égales d'être pleinement éduqués, indépendamment de leur niveau de fortune, de leur origine sociale, de leur race, de leur religion. Cette conception de l'égalité assume que l'intelligence est dans une large mesure génétiquement déterminée, stable, et que ses mesures qu'on exprime ordinairement par un quotient intellectuel, traduisent le *potentiel* d'intelligence d'un individu, son intelligence innée. On est intelligent, ou on ne l'est pas. Et dans l'affirmative, on a droit à une éducation supérieure quelles que soient la fortune et la classe sociale de ses parents.

Des travaux scientifiques récents ont cependant démontré que les tests d'intelligence présentement en usage mesuraient non pas le potentiel intellectuel mais le développement de celui-ci au cours d'une certaine période. Le développement de l'intelligence, on le sait trop, est surtout fonction des expériences vécues, de l'environnement culturel, social et physique des premières années de l'existence. Ce que les tests mesurent, c'est le résultat d'un apprentissage. Ces découvertes, liées à l'idée de démocratie, sont à l'origine d'une nouvelle conception de l'égalité d'opportunité que l'on peut qualifier de radicale. Si l'intelligence telle qu'on la mesure est au fond la manifestation des expériences et des chances de développement, il devient possible de demander que chacun ait des chances égales de développer son intelligence, et non seulement, étant donné un certain niveau d'intelligence à un âge déterminé, que chacun ait l'occasion d'être éduqué en conséquence. La version radicale d'égalité d'opportunité se situe dans le prolongement logique de la version libérale, et en constitue à la fois la négation. L'idéologie libérale était fondée sur ce qu'on croyait être le potentiel d'intelligence tout comme la version radicale. Mais dans celle-ci, les résultats de tests n'en sont plus la mesure réelle. Il n'existe aucune évidence sérieuse à l'effet que l'intelligence innée varie considérablement selon la classe sociale ou le groupe ethnique, mais on sait trop bien que les milieux économiquement, socialement, et culturellement défavorisés présentent des obstacles au développement adéquat du potentiel intellectuel des enfants. L'idéologie radicale demande qu'on comble ces déficiences. Ici, elle rejoint une stricte notion d'égalité, en laissant tomber le qualificatif « d'opportunité ». Ses revendications se traduisent, au niveau de l'éducation, par une demande pour égaliser le niveau moyen effectif d'éducation des différentes classes sociales ou groupes ethniques, et non seulement par une demande pour égaliser les chances en face du système d'éducation.

Comme corrolaire, l'idéologie radicale fait une large place au droit de l'enfant à l'éducation; à son droit de développer son intelligence même (surtout ?) si son milieu familial n'est pas favorable à un tel développement. Les droits de l'individu sont supérieurs ici à ceux de la famille et impliquent des mesures d'action directe sur les parents lorsque les droits de l'enfant ne peuvent être respectés.

Les deux conceptions de l'égalité d'opportunité retrouvent donc leur pendant dans les significations que recouvre l'expression « L'Ecole pour tous ». De plus, chacune d'elle implique une forme d'organisation scolaire qui lui permette d'atteindre ses visées. L'école polyvalente telle que proposée par le rapport de la Commission Parent s'inspire de l'idéologie libérale. Chacune des classes sociales pourra jouir également des moyens mis à sa disposition pour éduquer ses enfants. Mais l'école polyvalente ne peut combler les déficiences d'ordre motivationnel qui influent fortement sur le rendement académique et la poursuite des études, même lorsque les obstacles d'ordre matériel sont surmontés.[2] Peut-être alors faut-il penser à un autre mode d'organisation scolaire pour répondre à ces besoins.

Dans ce chapitre, nous allons analyser successivement les incidences sociales de l'école polyvalente, et les implications de l'idéologie radicale d'égalité d'opportunité au niveau de l'organisation scolaire, en insistant cependant davantage sur les premières.

I — L'ÉCOLE POUR TOUS : L'ÉCOLE POLYVALENTE

Il existe une relation d'interdépendance entre les formes d'organisation que se donne une société et la structure sociale de celle-ci. La mise sur pied d'un type particulier d'organisation dépend de certaines conditions sociales, politiques, économiques et culturelles.

D'un autre côté, un type donné d'organisation ne reflète que plus ou moins la structure sociale dans laquelle il prend naissance. Il peut contribuer à son tour à maintenir et/ou changer celle-ci. Une organisation vise d'ordinaire un but spécifique; mais puisque les éléments d'une société sont interreliés, il existe toujours des conséquences latentes et dysfonctionnelles pour les autres éléments de la société et qu'il faut analyser.

Demandons-nous d'abord quelles sont les forces qui favorisent l'implantation d'écoles polyvalentes; par la suite nous analyserons les incidences de celles-ci.

Facteurs sociaux, culturels, politiques et économiques

En 1958, Floud et Halsey, dans leur étude sur l'état de la sociologie de l'éducation, soulignaient le besoin urgent de construire une typologie des systèmes d'éducation parallèle à une typologie des systèmes sociaux. Si l'on fait exception de quelques travaux, la sociologie de l'éducation n'a pas progressé beaucoup dans cette direction depuis. Yates notait récemment qu'on ignore à peu près tout des facteurs sociaux, politiques, économiques et culturels associés aux différentes formes de groupement des élèves. On peut cependant, à la condition de situer la discussion à un niveau très général, faire certains commentaires pertinents.

Nous avons déjà fait mention d'un de ceux-ci dans notre introduction : l'idéologie démocratique. Nous avons établi la distinction entre une conception libérale et radicale de l'égalité d'opportunité. Raffinons la distinction. On peut parler d'une conception libérale « faible » et « forte ». Dans le premier cas, on vise à donner à tous ceux qui ont des aptitudes égales, une éducation égale, mais ordinairement dans des institutions séparées. C'était la définition d'égalité dominante en Angleterre jusqu'à ces dernières années, et qui justifiait un système d'écoles secondaires parallèles, les « grammar schools », les « modern secondary schools », et les « technical schools ». C'est cette conception également qui était en vogue au Québec dans les années '50 lorsque les étudiants universitaires réclamaient du gouvernement la gratuité scolaire afin que soit respecté le principe de l'éducation selon les talents.

Dans un sens fort, la notion libérale d'égalité de chances réfère à l'égalité des étudiants en face des divers moyens que le système scolaire met à leur disposition pour développer leur potentiel d'intelligence. Le « comprehensive high school » américain a institutionnalisé cette conception d'égalité d'opportunité, tout comme l'école secondaire polyvalente le fait au Québec.

L'idéologie d'égalité d'opportunité, et sa traduction en termes de structures scolaires, sont conditionnées par le degré de rigidité des classes sociales et le niveau de conscience de celles-ci.[3] Dans le passé, l'enseignement secondaire, et plus particulièrement l'enseignement supérieur, ont été presqu'exclusivement au service des classes sociales privilégiées.[4] Lorsque l'université ne recevait que les fils d'une élite restreinte, il était logique, et il pouvait paraître normal, qu'il existât un système d'enseignement secondaire bipartite, dont un cours était centré sur la préparation des étudiants à des études supérieures, et l'autre, le cours « supérieur », terminal. Les privilèges acquis en ce domaine par l'élite, et qui assument le maintien de sa position sociale privilégiée, déterminent le degré de résistance qu'elle oppose à l'implantation de l'école secondaire polyvalente qui contribue au nivellement des classes sociales.

Un rapide tour d'horizon des pays du monde occidental nous permet de voir les liens entre la stratification sociale et l'organisation scolaire.[5] Plus la structure de classe est rigide, plus l'opposition à l'école polyvalente est grande, et plus grandes sont les chances qu'on trouve un système d'écoles séparées, ou de sections cloisonnées.[6] L'idée de l'école polyvalente a été d'abord acceptée dans les pays où la structure de classes est la moins rigide, où les lignes de démarcation entre les classes sont les plus floues. C'est le cas des Etats-Unis, et plus récemment de la Suède. Dans les pays où la séparation entre les classes sociales est plus nette et plus rigide, on a rencontré une forte opposition à l'idée de l'école polyvalente jusqu'à tout récemment. L'Angleterre et la France, aux traditions aristocratiques profondes, illustrent ce type de stratification sociale et de réactions vives à l'implantation de l'école polyvalente. Le reste des pays du monde occidental pourrait se classer entre ces deux extrêmes.

L'instauration de l'école polyvalente au Québec s'inscrit dans une réforme globale du système d'éducation, et donc de la société globale. Effectivement, les oppositions à cette transformation radicale ont été peu nombreuses, et parmi celles-ci les aspects de régionalisation et de confessionnalité ont sans doute pris la vedette. Des oppositions ou conflits de classe, presque aucun écho; ça frise le consensus. On s'étonne même de la faible résistance opposée au projet de déloger les collèges classiques privés de leur position privilégiée dans le système traditionnel. Et encore les adversaires du projet étaient-ils mus davantage par des intérêts autres que ceux de classe. De fait, ce sont surtout les responsables des institutions d'enseignement classique, (en majorité des clercs) plutôt que l'élite elle-même, qui ont manifesté la plus grande opposition.

On pourrait être tenté d'expliquer ce manque de résistance à conserver les privilèges acquis par la non-existence des élites ou en leur attribuant des buts hautement humanitaires; ou bien, leur opposition est-elle encore latente, ou dissimulée aux yeux du public. Nous soumettons plutôt l'hypothèse que les élites ont été soumises à des pressions contradictoires en face desquelles elles pouvaient difficilement prendre une position ferme.

La réforme de l'enseignement au Québec se fait sous le signe d'une idéologie nationale; elle s'inscrit dans une lutte pour redonner aux Québécois les instruments qui leur permettront d'être « maîtres chez eux ». Rehausser le niveau moyen d'éducation de la population et adapter le système scolaire aux exigences de la société moderne, constituent les principaux objectifs de la réforme. Celle-ci est une entreprise nationale qui requiert pour son succès la mobilisation de toutes les forces de la nation.

Dans de telles circonstances, s'opposer à la réforme de l'enseignement secondaire au nom d'intérêts de classe, c'était s'opposer à des intérêts nationaux (et à bien y penser, que Québec soit maître chez lui est en apparence à leur avantage). Les élites étaient ainsi prises entre deux feux; leurs intérêts de classe et ceux du Québec ne coïncidaient pas, d'où leur inaction.[7]

L'expansion et la transformation des systèmes d'éducation vers des structures plus égalitaires sont également une réponse aux demandes de plus en plus pressantes d'une économie qui se développe à un rythme accéléré. Les liens étroits entre l'économie et le système d'éducation sont la marque distinctive de l'avènement des sociétés industrialisées.

Au Québec, les collèges classiques ont pu prolonger jusque dans la seconde moitié du XXe siècle leur inadaptation aux conditions d'une société qui s'industrialisait rapidement.[8]

La direction de l'économie d'une société industrialisée ne peut pas être laissée à une petite élite de gens cultivés. Elle exige la participation d'hommes de sciences, de techniciens hautement spécialisés. La formation d'une main-d'oeuvre professionnelle nécessaire au développement d'une société industrielle requiert l'utilisation et le développement rationnel de tous les talents disponibles. Pour ce, le système scolaire doit offrir des chances égales à toute la population, de recevoir une éducation appropriée à ses talents. De plus, le changement rapide occasionné par le développement de la science et de la technique requiert la formation d'une main-d'oeuvre relativement polyvalente, besoin auquel la réforme scolaire veut répondre. Les demandes d'une économie moderne rejoignent donc celle de l'idéologie d'égalité d'opportunité, et elles se renforcent mutuellement.[9]

L'organisation scolaire est également influencée par des facteurs économiques à un autre niveau : celui des coûts. De telles considérations entrent souvent en ligne de compte dans la décision d'établir une école régionale qui peut dispenser un enseignement de haute qualité à la place de plusieurs petites écoles offrant un enseignement de qualité inférieure. Centralisation, uniformisation, relèvement des standards sont aussi souvent déterminés par des facteurs de coûts.

Les incidences sociales

a) Stratification sociale

Dans une société industrialisée, où la science et la technique ont tellement d'importance, l'éducation est devenue le principal agent de distribution des occupations et, par conséquent, du statut social des individus. Les autres voies d'accès au statut social deviennent sans cesse plus étroites; il est de moins en moins possible de réussir une carrière dans les affaires et le commerce aux Etats-Unis sans une bonne éducation.[10]

Les nombreuses études sociologiques portant sur les interrelations entre la stratification sociale et l'éducation témoignent de l'importance de celle-là sur les « chances de vie » et de celle-ci comme déterminant du statut social, et de la croissante subtilité de ces interinfluences.[11] Ce n'est pas l'objet de ce chapitre d'étudier ce problème dans toute sa complexité, mais plutôt d'analyser les incidences d'une nouvelle forme d'organisation scolaire dans notre milieu, l'école polyvalente, sur la stratification sociale. Cependant, afin de mieux saisir les effets de celle-ci, voyons d'abord les effets de la forme d'organisation actuellement prédominante dans notre milieu et qu'on veut remplacer par l'école polyvalente.

Afin de rendre notre analyse plus concrète et d'en limiter l'étendue, prenons pour point de départ de cette discussion une école secondaire publique hypothétique.[12] A leur entrée dans cette école, soit en 8e année, les élèves sont répartis, sur la base d'un test d'intelligence et du rendement scolaire, dans l'une des trois sections suivantes : classique, scientifique et générale. Celles-ci, aux yeux du milieu scolaire, personnel de l'école et élèves, jouissent d'un prestige différent, le classique étant au haut de l'échelle et le général au bas. De plus, à l'intérieur de chaque section les élèves sont répartis selon des rythmes d'apprentissage, A, B, C, . . .

Il existe bien d'autres critères de groupements des élèves : sexe, âge, origine ethnique, religion, langue, place de résidence, etc. Tous ces groupements ont évidemment des conséquences sociales importantes. Mais, puisque l'école polyvalente vise avant tout le décloisonnement des sections et laisse à peu près intacts les autres compartimentages (sauf le cloisonnement géographique, mais pour des raisons différentes), nous nous limiterons aux principaux facteurs sur lesquels se base la répartition des élèves en section.

Dans tous les milieux où le groupement par aptitude intellectuelle est pratiqué, il soulève des controverses animées. Au centre de la controverse se trouvent des raisons pédagogiques : les défenseurs d'un groupement homogène avancent que les enfants doués apprennent plus, et plus vite, qu'ils n'ont pas à attendre leurs camarades moins doués; que la tâche de l'enseignant est plus facile et qu'il donne un meilleur rendement pour le bien de tous les groupes; que les élèves moins doués n'ont pas à subir la compétition des plus forts, etc... Plusieurs auteurs ont montré que la preuve de ces arguments n'était pas faite.[13]

Le groupement des élèves par section sur la base de leurs aptitudes intellectuelles introduit, dès la 8e année, de la discrimination sociale. Pour qu'une telle façon de procéder respecte le principe de l'égalité d'opportunité, il nous faut faire plusieurs postulats sur la nature même de l'intelligence : qu'elle est relativement unitaire, déterminée en grande partie biologiquement, et statique : et sur la validité des instruments de mesure, cette conception de l'intelligence, comme on l'a vu dans l'introduction, ne tient pas compte des récents développements de la psychologie qui présentent l'intelligence comme un ensemble de talents, d'habiletés qui sont dans une large mesure développés par les premières expériences de la vie, mais aussi affectés par la qualité et la durée de l'éducation systématique reçue à l'école.[14] Cette conception de l'intelligence laisse une large place au milieu social dans la détermination du niveau des habiletés intellectuelles telles qu'on les mesure par des tests. Les enfants d'un milieu favorable au développement intellectuel i.e. de classe moyenne et supérieure, ont donc *en moyenne* ce que plusieurs enquêtes

ont montré un quotient intellectuel mesuré et un rendement académique supérieurs à ceux de leurs camarades issus de milieux culturellement défavorisés, où les parents sont fonctionnellement illet-
trés, où les livres sont peu valorisés, sinon méprisés, etc. Il est impossible de savoir avec précision quelle est la part du génétique
et du socio-culturel dans les mesures actuelles de l'intelligence.

Le groupement d'élèves sur la base exclusive de leurs aptitudes intellectuelles est en grande partie à l'image d'un groupement
sur la base des classes sociales. Les résultats d'une petite enquête
menée sous ma direction par un groupe d'étudiants à un séminaire
de sociologie de l'éducation soutiennent cette relation. On peut
voir par les marginales verticales (tableau I) que l'école régionale

TABLEAU I

POURCENTAGE D'ÉLÈVES DANS LES SECTIONS CLASSIQUE,
SCIENTIFIQUE ET GÉNÉRALE, SELON L'OCCUPATION DU PÈRE

(École régionale des garçons, 10e et 11e années).

Occupation du père	Section			
	Classique	*Scientifique*	*Générale*	*Total*
Professionnels, semi-professionnels et haute administration	38	25	21	29
Petite administration et employés de bureau	40	34	34	37
Ouvriers	18	33	40	28
Cultivateurs	1	4	3	3
Inconnus	2	4	3	3
	100	100	100	100
	(215)	(267)	(73)	(555)

qui a fait l'objet de l'étude dessert un milieu où dominent les classes moyennes. Comme plusieurs collèges classiques privés sont facilement accessibles dans la région, on peut avancer sans craindre de se tromper que plusieurs enfants de ce milieu fréquentent ces institutions encore plus prestigieuses que la section classique des écoles publiques. Ainsi la relation positive entre la classe sociale et le prestige de la section en est donc une minimale.

Les effets d'un tel système sont nombreux et particulièrement au désavantage des classes sociales défavorisées. Tout d'abord les élèves sont classés dans des sections pour toute la durée du cours secondaire pour la très grande majorité d'entre eux, et cela surtout sur la base de leurs aptitudes intellectuelles qui, à l'âge où la sélection est faite, peuvent encore varier sensiblement. Dans une communication à l'Association des Psychologues Canadiens, un psychologue de l'Université McGill, le docteur Stephanie Dudek, a déclaré que, dans les trois premières années d'école, le quotient intellectuel d'un enfant pouvait changer assez pour affecter ses chances de fréquenter l'Université ou de se trouver un emploi. Son étude révèle des différences allant jusqu'à 15 points dans le Q.I. d'un enfant entre la maternelle et la deuxième année. Elle ajoute que le Q.I. est très variable jusqu'à l'âge de 13 ou 14 ans.[15] D'autres auteurs fixent cet âge entre 15 et 16 ans. Plusieurs études anglaises soutiennent ce point de vue. Vernon, par exemple, a soumis un groupe de 800 garçons à une batterie de tests à l'âge de 11 ans puis à 14 ans; ses résultats indiquèrent que ceux qui avaient fréquenté le « *grammar school* » avaient amélioré en moyenne leur Q.I. de 7 points de plus que ceux qui étaient inscrits à des écoles non-sélectives.[16] Non seulement les élèves classés dans les sections et dans les rythmes inférieurs ont-ils moins de chances de développer leur potentiel intellectuel, mais semble-t-il, ils se trouvent placés dans une situation déprimante qui contribue à faire baisser leur habileté intellectuelle. Selon l'enquête Douglas menée en Angleterre, cette situation produirait des effets régressifs plus marqués chez ceux qui sont issus de famille ouvrière. Elder montre que les effets négatifs pour les classes défavorisées d'un système stratifié au niveau secondaire s'étendent à bien d'autres aspects du principe d'égalité d'opportunité, outre les aptitudes intellectuelles et le rendement académique. Le groupement par section affecterait également la persévérance scolaire, la confiance en soi, les aspirations et les valeurs occupationnelles, le statut occupationnel et les attitudes vis-à-vis la société.[17] Tous ces effets contribuent à réduire les « chances de vie » des enfants des classes défavorisées.

Le groupement des élèves par section tel qu'on le pratique au Québec crée des conditions objectives qui rendent possibles ce que nous appelions plus haut les « *self-fulfilling prophecies* ». Les élèves des sections les plus prestigieuses ont le meilleur équipement scolaire, les meilleurs professeurs, les meilleurs compagnons, proviennent de familles qui peuvent offrir un climat favorable au développement des aptitudes intellectuelles, etc. . . . Dans un tel système, les classes sociales tendent non seulement à se perpétuer, mais à élargir le fossé qui les sépare.

L'organisation scolaire elle-même qui est un reflet de la structure de classe, comme nous l'avons montré plus haut pour les pays du monde occidental, peut en être également la cause. A l'école, les étudiants passent la majorité de leur temps avec leurs camarades de classe ou de section. L'organisation pédagogique ne permet la rencontre d'étudiants de sections différentes que durant les périodes de loisirs. Mais on peut concevoir que l'amitié liée dans la classe, les intérêts communs, le sentiment d'appartenir à des sections dont les chances de vie sont différentes de même que leur composition sociale, tous ces facteurs militent peu en faveur d'une rencontre entre les étudiants de sections différentes. Bien au contraire, on a l'impression que tout est mis en oeuvre pour que les groupes d'étudiants se considèrent comme différents, et destinés à des positions sociales distinctes et séparées dans la vie. Une des raisons fondamentales d'un tel groupement c'est justement qu'un nombre restreint d'individus seulement sont suffisamment doués pour recevoir une éducation d'élite[18] et que pour développer pleinement leur talent on doit les isoler de l'influence néfaste des moins bien doués qui retarderaient leur développement. Or ces moins doués, dans le cercle vicieux des relations entre les classes sociales et l'intelligence, on les retrouve dans les classes inférieures. Par la division en sections, les modes de vie particuliers aux classes sociales sont pour ainsi dire encadrés et ne sont pas confrontés entre eux. Les élèves comprennent très rapidement la signification sociale attachée aux différentes sections de l'école secondaire publique et se comportent en conséquence.

Tout enfant, dans sa famille, le voisinage ou son groupe d'amis, prend un jour ou l'autre vaguement conscience de l'existence des classes sociales, des différences de comportements et de culture entre certains groupes sociaux. Les enfants d'un « mon oncle » s'habillent différemment, leurs jouets sont plus dispendieux; le deuxième voisin ne veut pas que ses enfants jouent avec lui, un camarade du voisinage fréquente une école privée, l'aide familiale (euphémisme pour *bonne)* ne se mêle pas aux invités. Cet apprentissage de la signification des classes sociales est indéniable, mais il se fait de façon informelle. L'école, par son organisation en sections cloisonnées, institutionnalise en son sein une hiérarchie sociale, la formation d'une structure de classe. C'est probablement à l'école que, pour la première fois, l'enfant est systématiquement, bien que subtilement, socialisé dans un des paliers de cette hiérarchie. De ce processus, les professeurs, peut-être bien à leur insu, sont les agents principaux.[19]   A chaque section est attaché, *grosso modo,* un certain groupe d'occupations qu'on juge convenables pour les étudiants d'un certain niveau d'intelligence.   Par anticipation, les élèves sont encouragés à jouer le rôle qu'ils rempliront plus tard dans la vie.[20]   Les professeurs considèrent les étudiants de la section supérieure comme de futurs étudiants d'université et de futurs médecins, avocats, etc... Ils font en sorte que les étudiants soient socialisés dans un genre de vie qui conviendra à leur profession. Ils leur accordent respect, liberté, responsabilité, etc... Dans la section inférieure, le professeur doit apprendre à l'étudiant à se contenter de son sort; il sait que les futurs étudiants universitaires ne se recrutent pas dans cette section, et il agit en conséquence en accordant peu d'attention à ces étudiants.

L'école polyvalente proposée par le Rapport Parent, et dont les modalités d'application sont présentées dans le document numéro 2 du ministère de l'Education, vise par sa structure interne à réduire la dépendance du système scolaire de la structure de la classe.[21]   Deux mécanismes sont spécialement prévus à cet effet. D'abord, toute sélection ou groupement des étudiants est reporté à la troisième année du cours secondaire.   Cette mesure aura pour effet de donner plus de chances aux enfants venant de milieux sociaux défavorisés de développer leurs talents à l'école, lesquels ne pouvaient se manifester dans leur milieu familial d'origine.   Plus on retarde le classement des élèves, plus il y a de chances que les différences dans les aptitudes intellectuelles et le rendement académique des élèves dues aux différents milieux sociaux d'origine soient nivelées et que l'influence uniformisante de l'école soit plus grande.   Cette tendance à retarder l'âge auquel les étudiants sont classés semble généralisée dans les pays occidentaux tout au moins[22] et correspond à l'idéologie libérale, au sens fort, de l'égalité d'opportunité : celle-ci est fondée en partie sur une notion dynamique de l'intelligence selon laquelle cette dernière est largement le produit d'un développement lui-même dépendant de la richesse culturelle et sociale du milieu dans lequel les enfants sont éduqués.

Un deuxième mécanisme qui dans ses effets produira une société plus égalitaire consiste à décloisonner le classement des élèves dans les trois dernières années du cours secondaire.   Un tronc commun est préservé pendant toute la durée du cours et les options se font non pas sur la base de sections mais sur la base de matières. Cette structure reconnaît que l'intelligence n'est pas un concept unitaire mais est composée d'une diversité de talents.   Les effets d'une association qui existe entre le développement de certains talents privilégiés et une classe sociale spécifique sont ainsi réduits.   Un troisième mécanisme joue dans la même direction que les deux premiers.   La document no 2 n'encourage pas l'utilisation exclusive du critère des aptitudes intellectuelles dans la répartition des élèves par option. La diversité des critères de sélection et de répartition, de même que la flexibilité dans l'application, pourront également réduire les effets de la relation positive entre l'intelligence mesurée et la stratification sociale.

L'école polyvalente, dans sa structure même, vise donc à épurer la notion d'intelligence des effets discriminatoires de la stratification sociale. Mais, même dans l'hypothèse où le fonctionnement de cette organisation serait parfait, on comprend qu'elle ne pourrait pas annuler complètement ces effets, comme on le verra dans la deuxième partie. Pour l'instant, analysons quelques conditions sociales qui font obstacle à la réalisation des objectifs mêmes de l'école polyvalente.

Jusqu'ici dans notre discussion, nous avons assumé que la population desservie par une école polyvalente était en gros représentative de toute la population totale d'une société. Lorsque nous affirmions par exemple que la division par sections reflétait en grande partie la division de la société en classes sociales, nous assumions que toutes les classes sociales étaient représentées dans la population desservie par l'école. On sait très bien que dans la mesure où les grandes agglomérations urbaines deviennent le lieu de résidence de la majorité de la population, cette prétention ne tient plus. Les gens d'une même classe sociale ont tendance à élire domicile dans une même section de la ville. Puisqu'une seule école polyvalente ne peut pas servir toute la population, il y a des chances qu'on retrouve dans les grandes villes plusieurs écoles secondaires dont la composition sociale des étudiants sera relativement homogène. On peut imaginer que dans certaines écoles il y aura tellement d'étudiants à suivre les cours d'enrichissement que ceux-ci deviendront partie intégrante du cours régulier, et ceux qui ne les suivront pas seront considérés comme marginaux. Le cas contraire pourrait également se produire. Seule une distribution au hasard des étudiants dans les différentes écoles d'une ville abolirait les effets de la ségrégation domiciliaire.

Comme environ 40% de la population du Québec vit dans les zones métropolitaines de Montréal et de Québec, les effets bénéfiques sur la stratification sociale que nous attribuions à l'école polyvalente se trouvent sensiblement diminués.

Une autre caractéristique de l'école polyvalente peut également compromettre en partie ses buts. Celle-ci, dans sa conception, fait large place au rôle des enseignants, orienteurs professionnels, travailleurs sociaux auprès des étudiants pour le choix des cours, leur orientation, la solution de leurs difficultés académiques et disciplinaires. Dans l'école hypothétique que nous avons décrite plus haut, les tests étaient les principaux « agents » objectifs par lesquels s'infiltraient les classes sociales dans l'école. Les nouveaux agents seront-ils plus, ou moins objectifs ? Ne seront-ils pas plus influencés par l'origine sociale des étudiants que les tests ne l'étaient ? Par les pressions qu'exerceront les parents qui désirent que leurs enfants prennent le cours d'enrichissement ? Seules des études empiriques sur le rôle des enseignants, des conseillers en orientation, des travailleurs sociaux, des tuteurs, nous permettront de répondre à ces questions.[23]

Au niveau secondaire, c'est la seule forme d'organisation qui sera acceptée par le ministère de l'Education. On peut se demander si c'est le type d'école qui est le mieux adapté pour le développement d'une part, des élèves très doués, et, d'autre part, des élèves d'humble origine qui constituent la majorité de la population étudiante de cet âge. Il semble bien que les plus doués perdent peu à être éduqués avec leurs camarades moins doués.[24] Mais qu'advient-il des enfants provenant des couches sociales inférieures ? Est-ce que l'école polyvalente est la forme d'organisation scolaire la mieux adaptée à leur plein développement ? Dans ce type d'organisation, la culture des classes moyennes va être la culture dominante, celle qui va donner le ton. Est-ce que ce ne sera pas un handicap pour les moins fortunés pour qui cette culture est quelque peu étrangère ? C'est le paradoxe de l'éducation des classes défavorisées. Il y a injustice si on ne leur procure pas les mêmes facilités qu'aux autres. D'un autre côté, vouloir les assimiler, peut provoquer un phénomène d'aliénation et les amener à rejeter plus radicalement la culture des classes moyennes.

Une autre question. La structure officielle de l'école polyvalente est telle qu'il n'y a pas possibilité que les mêmes étudiants se retrouvent tous dans les mêmes cours, ce qui nous ramènerait à l'école secondaire par section. Dans cette dernière, ce sont les sections qui opèrent la division sociale. Mais dans la nouvelle école, des significations sociales vont naître qui seront attachées à certains cours, à certains profils, par les étudiants. Il faudra éviter une systématisation de ces significations.

b) Mobilité sociale

Jusqu'ici, nous nous sommes limités à l'analyse des incidences socio-culturelles de l'école polyvalente sur la stratification sociale. Examinons maintenant ses effets sur d'autres caractéristiques importantes d'une société moderne et qui, directement ou indirectement, sont liées à la structure des classes sociales.[25]

La première de ces caractéristiques, c'est la mobilité sociale. Les occupations prestigieuses sont de plus en plus basées sur une connaissance systématique d'un domaine du savoir, et leur importance dans la structure des occupations s'accroît avec le développement de la science. De plus, le plus grand stock de talents en nombre absolu se trouve actuellement dans les classes inférieures.[26] L'épuration du concept d'intelligence de certaines influences de la stratification sociale donnera aux jeunes d'origine ordinaire plus de chances de s'affirmer sur le plan intellectuel et accroîtra ainsi leur mobilité sociale ascendante.[27] On peut s'attendre également que, toutes choses étant égales, les étudiants des classes supérieures auront plus de chances d'être mobiles vers le bas de l'échelle. Objectivement, il y aura vraisemblablement plus de mobilité sociale, et en particulier plus de mobilité sociale ascendante.[28]

Dans leur relation avec la mobilité sociale, l'école secondaire traditionnelle et l'école polyvalente se distinguent probablement quant au taux de mobilité que chacune engendre; mais elles se distinguent aussi quant au type de mobilité sociale que chacune promeut. En référence au système d'éducation, Ralph Turner identifie deux types de mobilité sociale ascendante, l'une de compétition *(contest mobility),* l'autre de patronage *(sponsored mobility)*.[29] La mobilité de compétition ressemble à un événement sportif dans lequel plusieurs luttent pour quelques prix. Les règles du jeu sont les mêmes pour tous les concurrents. Le vainqueur est le plus méritant et non nécessairement le plus compétent. C'est le résultat final qui compte. Tant que la partie n'est pas finie, tous les concurrents ont des chances de gagner. La mobilité de patronage, par contre, se définit par un « processus de sélection contrôlé ». Dans ce système, c'est l'élite ou ses agents qui choisissent pour les postes de choix les candidats qu'ils jugent avoir les qualités appropriées. On entre dans l'élite un peu comme on devient membre d'un club sélect, sous la recommandation d'un patron.

Le système britannique d'éducation secondaire avec son système d'examens de sélection qui fait le partage, dès l'âge de 11 ans, des élèves qui fréquenteront les « *grammar schools* » de ceux qui devront se contenter de l'école secondaire moderne s'inspire, selon Turner,[30] de la norme de mobilité de patronage. Et l'on pourrait ajouter qu'il en est de même de la France. La mobilité de compétition caractérise davantage le système scolaire américain. Jusqu'à tout récemment, nos collèges classiques privés avaient institutionnalisé une mobilité de patronage. Les clercs étaient alors les agents de l'élite qui distribuaient les lettres de créance pour l'admission dans le club sélect. Comme l'affirme Turner, le recrutement du clergé suit probablement d'une façon très stricte un « *pattern* » de patronage, et nos collèges classiques ont été fondés, en partie du moins, à cette fin.[31]

Turner semble avoir raison d'affirmer que dans une société où la norme de mobilité de patronage existe, il y a tendance, à l'occasion de réorganisations du système scolaire, d'opérer des modifications selon des lignes qui respectent toujours cette norme.[32] L'introduction du cours classique dans les écoles secondaires publiques représentait un effort de démocratisation de l'enseignement secondaire classique en le rendant accessible à un plus grand nombre, mais l'idée fondamentale des collèges classiques de choisir à un âge très jeune (afin de mieux contrôler la formation des élites) ceux qui sont destinés à faire partie de l'élite, y restait inscrite. Mais la réforme de l'enseignement secondaire proposée par le Rapport Parent, à notre avis, apporte un changement radical en ce qu'elle ne s'inspire plus du modèle culturel de « patronage » mais de celui de la compétition. L'école polyvalente abolit les sections, retarde à un âge plus avancé le choix des options, rejette l'idée d'une séparation systématique des élèves doués et des moins doués, permet beaucoup de mouvement des élèves d'un cours à l'autre, d'un rythme à l'autre, laisse beaucoup de responsabilité à l'élève lui-même dans son succès ou son insuccès (et non plus à l'élite), fait une large place à la motivation de l'élève lui-même, introduit la compétition au niveau de chacune des matières. Les générations futures seront donc socialisées à des nouvelles valeurs de mobilité sociale par le fonctionnement même de l'école polyvalente, valeurs qui prônent l'initiative personnelle et qui individualisent le succès, tout comme l'échec.[33]

Un des obstacles à la mobilité sociale ascendante est souvent la loyauté envers des groupes primaires (famille) qui nous rattachent à une certaine strate sociale.

Dans l'école polyvalente, à cause de sa dimension même et du fait que les élèves se retrouveront avec des compagnons souvent différents d'un cours à l'autre, il y aura plus de chances que les groupes sociaux se constituent à partir de certaines tâches à accomplir, d'intérêts communs, plutôt que d'origine familiale. Les amitiés se lieront et se délieront au rythme des changements de cours, de matière, etc... Les élèves ne seront pas sans cesse en présence du même groupe de camarades, comme c'était le cas dans les sections, et leur loyauté n'ira pas toujours aux mêmes individus.

Jusqu'à quel point l'introduction d'une nouvelle norme de mobilité sociale dans le système scolaire aura-t-elle des répercussions sur d'autres éléments de la structure sociale qui s'inspirent de la norme de « patronage » ? ou encore dans quelle mesure ces éléments, de concert avec l'ancienne norme, introduiront-ils des distorsions dans l'application des principes de l'école polyvalente, sont des questions qui pour le moment sont sans réponse. Il y a place ici pour de nombreux travaux de recherche.

Logiquement tout au moins, une mobilité de patronage va de pair avec l'existence d'une seule élite ou d'une seule hiérarchie d'élite. « Lorsqu'il y a concurrence entre plusieurs élites, le processus de mobilité tend à épouser le modèle de compétition puisqu'aucun groupe ne peut contrôler le recrutement ». Cette remarque de Turner nous amène à l'étude d'une autre caractéristique de la société moderne en relation avec l'école polyvalente, le pluralisme.[34]

c) Pluralisme

Dans l'école secondaire d'avant le Rapport Parent, les sections sont la plupart du temps ordonnées selon une seule hiérarchie de prestige, le classique occupant le sommet de la pyramide. Cette hiérarchie unique correspondait à une conception unidimensionnelle de l'intelligence qui servait de critère de classement. Les étudiants étaient mis ainsi en contact avec une seule hiérarchie des valeurs, ce que l'école polyvalente vise à abolir. Cette intention est formulée clairement dans le document numéro 2 du ministère de l'Education : « Le système à options graduées détruit le mythe du *cours meilleur en soi* et restitue à chaque matière sa valeur unique ».[35] Les élèves de la nouvelle école secondaire feront donc l'expérience de la pluralité des valeurs. La promotion par matière rend possible qu'un étudiant soit classé dans un rythme avancé pour certaines matières et dans un rythme lent pour d'autres. Il apprendra ainsi à considérer chaque matière dans sa valeur propre, et il saura que chacune requiert le développement de talents particuliers.

La structure pédagogique de l'école polyvalente reconnaît la pluralité des compétences, et donc la nécessité de la spécialisation. Chaque champ d'étude a un statut égal aux autres : arts, sciences, lettres, mathématiques; sciences pures et sciences appliquées; peinture et musique; sciences naturelles et sciences humaines. La compétence dans une matière n'est plus dépendante de la compétence dans une autre, et doit être reconnue comme telle. Une telle structure pédagogique appelle logiquement, par les significations sociales qui y sont attachées, une pluralité des hiérarchies dans la société. Et vraisemblablement, l'étudiant fera l'apprentissage de ces significations sociales à l'école.[36]

d) Accomplissement

Le monde des occupations dans la société moderne repose de plus en plus sur des normes de compétence et de productivité. La famille par contre devient le lieu privilégié des relations intimes, personnelles, affectives. L'école polyvalente, par nécessité pédagogique autant qu'économique, devra accueillir une population nombreuse, et son personnel enseignant sera formé surtout de spécialistes. Dans ce contexte, les élèves seront considérés surtout en fonction de leur rendement, tout comme dans le monde du travail. Les relations entre l'administration et les élèves, et même entre le personnel enseignant et les étudiants auront tendance à être plus impersonnelles. Les étudiants pourront se sentir menacés dans leur sécurité émotionnelle. Ils éprouveront des difficultés à développer un sentiment d'appartenance à l'école. Ces dangers, il faut l'admettre, sont réels. Il faut également admettre que dans la société moderne un certain nombre de rapports sociaux sont par nécessité impersonnels. Il n'est pas nécessaire que toutes les relations sociales soient personnelles pour assurer un sentiment de sécurité, d'identité, le sentiment d'être homme. Il suffit plutôt que dans certaines sphères d'activités l'homme puisse se retrouver comme homme. La solution aux dangers que nous mentionnons plus haut repose dans la création de mécanismes, de formes d'organisation, de formes d'activités qui favoriseront les relations personnelles.

Dans l'école polyvalente, l'étudiant fera l'apprentissage des relations impersonnelles et développera ses propres façons de lutter contre l'aliénation. Il sera soumis à des normes d'évaluation identiques à celles du monde du travail. A son entrée au secondaire, il pénètre dans un milieu social plus large que sa propre famille et son voisinage immédiat. C'est une étape de transition vers une ouverture sur la société adulte. Dans ce passage, l'école polyvalente comme agent de socialisation, a un rôle positif à jouer.

II — L'ÉCOLE POUR TOUS OU TOUS À L'ÉCOLE

Dans la première partie de cet essai, nous nous sommes surtout attaché à montrer que l'école polyvalente, par sa structure même, institutionalisait la notion libérale, au sens fort, d'égalité d'opportunité, et que dans son fonctionnement elle socialisait les étudiants à l'idée d'égalité sociale, ou dans les termes de Yates « *The more communication and co-operation there is among students of diverse background and talent, the more likely are the students to learn to regard all other students as having equal rights of participation.* »[37]

Même si dans son fonctionnement, l'école polyvalente était parfaite, on comprend qu'elle ne pourrait annuler tous les effets de la stratification sociale. Elle n'offre aucune garantie que tous les jeunes vont terminer au moins le cours secondaire; que tous ceux qui sont issus de milieux culturellement pauvres ont autant de chances de succès que leurs camarades plus favorisés sous cet aspect, etc... Les inégalités produites par la stratification sociale subsistent donc nombreuses, même dans l'école polyvalente. Pour les anéantir toutes, il faudrait étendre les fonctions de l'école, de la naissance jusqu'à l'âge adulte et il serait nécessaire que l'école se substitue presque totalement à la famille et au milieu social. Ceci impliquerait une transformation radicale de toute la société.

Si les inégalités qui subsistent ne peuvent être attribuées à l'intelligence innée, on est en droit de demander qu'elles soient nivelées.

Il est bien clair que la réforme de l'enseignement au Québec ne va pas aussi loin que l'exige l'idéologie radicale d'égalité avec sa demande pour une égalité de résultats.

L'idéologie radicale d'égalité reconnaît que les facteurs motivationnels déterminent dans une grande mesure le rendement scolaire et la poursuite des études, et que ceux-ci ont leur source dans le milieu social d'origine. Elle reconnaît également que le décalage entre le potentiel d'intelligence (intelligence innée) et le développement de celui-ci est beaucoup plus grand dans les classes inférieures que dans les classes moyennes, ce décalage étant attribué surtout aux déficiences verbales des couches sociales défavorisées.

L'éducation n'est pas également valorisée par les différentes classes sociales. Dans une enquête menée auprès des parents des étudiants de 7e année en 1958-1959, on demandait aux parents de tous ceux qui avaient été promus en juin 1959, « jusqu'où avez-vous l'intention de lui faire poursuivre ses études ? » Soixante-et-huit pour cent (68%) des familles de professionnels avaient l'intention d'envoyer leur enfant au collège contre 37% des familles de journaliers.[38] On sait qu'en général les attitudes des enfants vis-à-vis de l'éducation suivent celles de leurs parents.

On peut invoquer différentes raisons pour expliquer l'absence de motivation aux études des enfants des classes défavorisées : climat familial peu favorable à l'étude; absence de modèles dont le succès pourrait être attribué à leur éducation; défaitisme en face de la discrimination ou du chômage; aliénation vis-à-vis de la culture qu'on transmet à l'école, etc.[39] Nous ne pousserons pas plus loin l'explication de ce manque de motivation aux études, si ce n'est en considérant le rôle du professeur dans l'affaiblissement ou le renforcement de cette motivation.

L'importance du rôle des enseignants dans l'enseignement les rend vulnérables vis-à-vis de l'attribution de l'insuccès des élèves autant que de leur succès. Selon les études faites par l'UNESCO sur le succès des différentes formes de classement des élèves, il semble que l'attitude des enseignants en face de ces diverses méthodes détermine en grande partie le succès de celles-ci. Ainsi, si les enseignants croient qu'un classement homogène des étudiants permet de développer davantage les talents des étudiants ils agiront de façon à prouver leur thèse.[40] Si au contraire un autre groupe d'enseignants croient qu'un classement hétérogène est plus efficace, ils démontreront également la supériorité de leur point de vue. Dans tous les cas, on peut observer qu'il existe une prophétie créatrice.

Une recherche très récente fait ressortir davantage le rôle des attitudes des enseignants dans le succès ou l'insuccès des élèves. Cette étude veut montrer que dans la pratique « *The teacher gets what he expects* ».[41] Robert Rosenthal, de l'Université Harvard a mis sur pied une expérience pour démontrer la validité de cette thèse. Il prévint quelques professeurs que certains de leurs étudiants étaient exceptionnels et qu'ils pouvaient espérer qu'ils donneraient un rendement hors pair alors qu'en réalité ces élèves n'étaient pas réellement exceptionnels. Lorsque les professeurs étaient convaincus que ces étudiants pouvaient donner des résultats exceptionnels, effectivement leur rendement académique était supérieur à celui de leurs camarades de niveau intellectuel égal et même supérieur. Ces constatations signifient que si les enseignants sont d'accord avec la réforme telle que proposée dans le rapport Parent, ils vont la mener à bonne fin.

L'attitude des enseignants en face de ces élèves est au centre même du processus d'éducation et elle est particulièrement importante pour les élèves qui proviennent d'un milieu culturellement pauvre. Malheureusement, c'est dans ces milieux que les attentes des professeurs pour leurs élèves sont les plus négatives. Tout d'abord, les écoles dans ces zones défavorisées n'attirent pas les meilleurs professeurs et les plus expérimentés.[42] Il est bien plus facile et gratifiant d'enseigner à des enfants de classe moyenne dont les parents, par le climat intellectuel qu'ils créent à la maison, les motivations et les aspirations qu'ils inculquent à leurs enfants, assurent une bonne partie de l'éducation. Comme on le dit souvent, il existe un « hidden curriculum » dans les familles de classe moyenne.

Dans ce contexte, les professeurs recherchent 'normalement' les écoles qui desservent une population de classe moyenne. De plus, les parents 'bien' suivent d'ordinaire de très près l'éducation de leurs enfants et exercent des pressions auprès de la commission scolaire pour l'obtention des meilleurs professeurs.

Il existe chez les enseignants des stéréotypes à l'endroit des capacités intellectuelles des enfants de milieu culturellement pauvre. On prend pour acquis qu'ils sont peu ou pas éducables, qu'ils ne sont pas intéressés à étudier, qu'ils n'ont pas l'intelligence pour le faire, qu'il ne faut pas trop attendre d'eux, etc... En conséquence, on n'attache pas trop d'importance à ces enfants, on ne se soucie pas outre mesure de leur rendement académique, on adoucit les standards académiques; on n'essaie pas trop de piquer leur curiosité intellectuelle qu'on estime bien faible, etc...

Ces attitudes des enseignants vis-à-vis des enfants de milieu culturellement pauvre se transmettent de façon bien subtile. Il n'est pas nécessaire que les enseignants énoncent verbalement ces attitudes aux élèves, bien que certains vont jusqu'à le faire. Les étudiants saisissent ces attitudes dans la façon dont le professeur les réprimande ou les loue, le langage qu'ils utilisent, etc ... Comme le dit Patricia Sexton, les enfants ne sont pas assez intelligents pour qu'on s'occupe attentivement d'eux, mais ils sont assez intelligents pour comprendre qu'on ne s'intéresse pas à eux. Et là, la « self-fulfilling prophecy » se réalise : les élèves, par suite des attitudes mêmes des professeurs, ne sont pas trop motivés à travailler fort et leur rendement académique est faible, et ils quittent l'école pour un monde dans lequel ils recevront plus de considération. (On peut prévoir que l'utilisation des machines dans la transmission des connaissances abolira ce biais attribuable aux attitudes des enseignants, et peut-être en créera-t-elle un en faveur des enfants de milieu défavorisé.)

Ces stéréotypes ne sont pas sans fondement avec la réalité. Les professeurs acquièrent leurs attitudes par leur expérience avec les enfants des zones défavorisées. Mais il existe d'autres facteurs qui façonnent ainsi leurs attitudes. Un certain nombre de professeurs proviennent de classe moyenne et n'ont aucune expérience de la culture des classes inférieures. D'autres, très nombreux, proviennent d'un milieu rural qui les a rarement mis en contact avec la réalité des quartiers urbains pauvres. Ils peuvent difficilement comprendre les attitudes et les comportements des étudiants de ces milieux.[43]

De plus, ils sont rarement préparés par leur formation professionnelle à enseigner dans ces milieux. Les programmes d'études sont d'ordinaire faits pour les étudiants « normaux », i.e. de classe moyenne. Les images, les symboles, les exemples, reflètent la culture des classes moyennes. Le rythme d'apprentissage est prévu pour des élèves qui sont motivés et soutenus dans leurs efforts intellectuels par leurs parents. Durant leur formation dans des écoles normales ou à l'université les futurs professeurs ne sont pas préparés à l'enseignement dans les milieux pauvres, mais dans les milieux « normaux », et à des enfants « normaux ». Dans une étude conduite aux Etats-Unis auprès de professeurs enseignant dans des « slums », 62% des enseignants de race blanche suggéraient une réforme de programmes de formation professionnelle de façon à rendre celle-ci beaucoup plus « réaliste ».[44]

Il existe donc un cercle vicieux dans l'enseignement aux classes défavorisées qui fait que celles-ci ont moins de chances de recevoir une bonne éducation, parce qu'on croit qu'ils ne pourront pas recevoir une bonne éducation. Briser ce cercle vicieux suppose une action à plusieurs niveaux : intérêts des parents, motivation des étudiants, préparation des enseignants, organisation scolaire.

Parmi les facteurs objectifs qui conditionnent le rendement académique et la motivation des enfants de milieux culturellement pauvres, il en est un sur lequel il convient de s'arrêter parce qu'il peut avoir des implications non seulement pour les milieux défavorisés du Québec, mais possiblement pour l'ensemble de la population. Il s'agit du langage.

On sait que les habiletés verbales sont un facteur important dans la plupart des tests d'intelligence et dans le succès scolaire. Basil Berstein a poursuivi des études sur les formes de langage utilisées par la classe ouvrière et la classe moyenne en Angleterre, en relation avec le développement linguistique des enfants.[45] Il a trouvé que dans chacun de ces milieux on faisait usage de formes de langage bien distinctes. Un langage public prédomine dans le milieu ouvrier alors qu'un langage « formel » caractérise les communications dans la classe moyenne. Le langage public est caractérisé par la rigidité de sa syntaxe et l'usage limité des possibilités d'organisation verbale. C'est une forme de langage condensé qui véhicule des significations cachées sans les rendre jamais explicites. Par contre, le langage formel fait un usage plus raffiné des possibilités d'organisation des phrases pour clarifier les significations et les rendre explicites. C'est un langage utilisé pour l'expression des individualités et comme instrument de connaissance.

Ce résumé par trop sommaire des caractéristiques de ces deux types de langage est cependant suffisant pour nous laisser soupçonner que le succès académique est surtout basé sur l'usage d'un langage formel. Au niveau secondaire, l'étudiant, pour progresser dans son développement intellectuel, doit être capable de manipuler des concepts abstraits et d'établir des relations logiques entre eux. Mais le langage public se limite surtout aux opérations concrètes et permet difficilement d'atteindre le stade des opérations formelles, pour utiliser le langage de Piaget, sur lesquelles l'enseignement secondaire est en grande partie fondé.[46]

Pour Berstein, la source profonde des différences de formes de langage qu'utilisent les deux classes sociales qu'il a étudiées réside dans le type de relations sociales spécifiques à ces classes. En d'autres termes, la forme de langage reflète la structure sociale caractéristique à chaque classe sociale. Les enfants apprennent ces formes de langage au cours du processus de socialisation. On peut illustrer la relation de la mère avec son enfant dans les deux classes sociales par l'exemple qu'utilise Berstein à cette fin. A un enfant qui fait beaucoup de bruit, la mère d'un milieu ouvrier lancera : « Ferme-la » *(shut up)* alors que celle d'une classe moyenne fera une demande : « Est-ce que tu ferais un peu moins de bruit, chéri ? » Les communications verbales dans les milieux ouvriers sont beaucoup moins importantes, plus courtes, catégoriques et simples.

Le développement du langage est fonction des exigences linguistiques qu'impose le type de relations sociales dans lequel on s'engage. Ainsi le professeur d'université ne tient pas le même langage dans une salle de cours et dans une conversation avec son épouse. L'expérience commune qu'il partage avec son épouse, les liens intimes qui les unissent, la compréhension qu'ils ont l'un de l'autre, rendent inutile l'utilisation d'une forme de langage très élaboré. Les sous-entendus, l'utilisation de gestes à la place des mots, l'absence de certains liens logiques, n'entravent pas l'efficacité de la communication. On pourrait dire la même chose d'un gang d'adolescents, d'une réunion de famille.

Tout se passe comme si dans les milieux peu fortunés, les conditions sociales de vie étaient telles que, seule était nécessaire l'utilisation d'un langage public, pour établir des relations sociales. Ce langage présuppose, pour sa compréhension, une expérience commune et renforce le consensus à l'intérieur du groupe. Il n'invite pas à l'élaboration de formes complexes de langage, à la création, à l'individualisation des expériences. Le système social des classes inférieures est relativement indifférencié et limite le développement du langage à une forme dans laquelle l'élaboration verbale est rendue inutile par l'intimité des relations sociales et l'expérience commune qu'elles présupposent.[47]

Des phrases courtes, directes, simples, coupées d'interjections (et entrecoupées de sacres !) répétitives, où les liens logiques sont sous-entendus et le sens implicite, sont suffisantes pour maintenir des relations sociales. Mais cette forme de langage, en plus de constituer une barrière à la conceptualisation abstraite, à l'effort qu'implique la recherche de nouvelles relations et la création, à la perception des relations de causes et effets entre les phénomènes, est un obstacle à l'établissement de nouvelles relations sociales qui pourraient alors modifier la structure du langage.

Ainsi, les enfants des classes sociales défavorisées se trouvent-ils dans une situation qui les empêche de profiter pleinement de l'opportunité qui leur est offerte de réussir des études secondaires et même de s'engager sur la voie de l'enseignement supérieur.

« *Although it appears very similar, the backwardness presented by the public language pupil is different in its dynamic form from that of the pupil whose backwardness is the result of psychological factors.* »[48] Le traitement doit également être différent. Il faut, comme le maintient Strodtbeck[49], créer à l'école une structure sociale qui favorise le développement d'un langage formel. Ceci pourrait être réalisé en donnant le plus de problèmes à solutionner de sorte que les élèves soient forcés de développer un langage complexe qui leur permette de remplir leur rôle, de maintenir leur position de pouvoir. Ces suggestions sont formulées par référence à la structure sociale de la famille de classe moyenne où le jeu du pouvoir, le travail et les loisirs motivent l'enfant à développer un langage complexe. Il reste à montrer quelles sont les formes d'organisation scolaire et les méthodes pédagogiques qui permettraient le mieux d'atteindre cet objectif.[50]   On peut se demander si l'utilisation massive des moyens audio-visuels n'accroîtrait pas le rendement scolaire de ceux dont le langage est déficitaire.

D'autre part, si la motivation des élèves à l'étude et leurs aspirations sont dépendantes des valeurs de leurs parents, des attitudes des enseignants, des valeurs mêmes que l'école transmet, de la nature des récompenses que distribue l'école, de la disponibilité des emplois à la sortie de l'école,[51] il faut miser sur tous ces aspects, et non seulement sur les aspects strictement pédagogiques et organisationnels, pour changer la situation, et ainsi procurer aux différentes couches sociales, non seulement une égalité d'opportunité, mais une égalité d'éducation.

Les études concernant l'éducabilité des jeunes dans les zones défavorisées ont été pour la plupart menées aux Etats-Unis.   Une étude récente d'une ville de la banlieue de Québec nous laisse entrevoir que la situation n'est pas tellement différente dans notre milieu.[52]   Les auteurs nous montrent que Québec-Ouest, comparativement à Sainte-Foy, par exemple, est une zone socialement, culturellement et économiquement défavorisée, puis ils étudient son système scolaire.   Ils constatent que dès la quatrième année les élèves commencent à éprouver des « troubles scolaires » : doublages nombreux, rendement académique faible, etc....   Il semble qu'à mesure que l'enseignement devient plus formel, les élèves éprouvent plus de difficulté à réussir.   L'équipement matériel est déficient. Tant qu'au corps enseignant, l'étude fournit également des indications, moins sûres cependant, que sa qualité est faible.

Conclusion

La réforme de l'enseignement amorcée au Québec vise, avons-nous dit, à donner à la population les instruments de « libération » de ses potentialités.   Elle se fait au nom de l'intérêt national et de la démocratisation, et recueille à son appui un relatif consensus. Mais les mesures visant à généraliser l'enseignement secondaire et à accroître les effectifs de l'enseignement supérieur élargissent indirectement le fossé entre les minorités culturellement et socialement défavorisées et les classes moyennes.   Dans un contexte où l'éducation est très valorisée et où ses liens avec le monde des occupations sont très étroits, ceux qui ne peuvent, pour toutes les raisons que nous avons discutées plus haut, compléter des études secondaires paient un prix très élevé pour leur non-éducation en termes de statut social, prestige, autonomie, chômage, pauvreté, dépendance sociale et économique.   Dans ce domaine comme ailleurs, il y a un accroissement du coût de la « non-éducation » proportionnel aux bénéfices que procure l'éducation.

L'école polyvalente offre à toute la population les privilèges, et bien plus encore, qui autrefois étaient réservés à une classe favorisée. Mais tous ne peuvent en profiter autant que les classes supérieures et moyennes. Il y aura un nivellement effectif des chances dans la partie supérieure de la stratification sociale, mais le décalage entre celle-ci et les classes défavorisées ira s'accentuant. Les Etats-Unis sont aux prises présentement avec le problème très aigu d'éduquer les enfants des milieux défavorisés. D'une façon absolue, ces enfants sont en moyenne mieux éduqués qu'avant, mais relativement au reste de la population, le fossé s'est élargi. L'éducation des adultes accentue le problème, puisque ce sont ceux qui ont le plus d'éducation qui en profitent le plus.[53] En dépit d'une longue tradition du « *comprehensive high school* », le fossé entre le rendement des enfants provenant de milieux défavorisés et celui de leurs camarades plus fortunés, s'élargit de la première année à la fin du secondaire.

Dans la deuxième partie de notre essai, nous avons insisté sur les problèmes auxquels l'école polyvalente n'apportait pas de solution, sans toutefois en proposer. Plusieurs expériences sont tentées chez nos voisins; contentons-nous d'en souligner une qui relève du système scolaire. Pendant des siècles nous avons eu un système inégal d'éducation pour les classes sociales supérieures, système incarné dans les collèges classiques privés. Si l'on veut éviter d'élargir le fossé entre les minorités défavorisées et les classes moyennes, il nous faut peut-être songer à mettre sur pied un système scolaire inégal, et séparé pour celles-là. C'est la recommandation formulée par un groupe de chercheurs ayant à leur tête A. Harry Passow du *Columbia Teachers College* après une étude intensive du problème de l'intégration des écoles de la ville de Washington, D.C.[54]

L'école polyvalente est conforme à une politique d'égalité d'opportunité, et elle constitue un pas de géant vers l'égalité sociale dans notre milieu, mais, à elle seule, elle est insuffisante pour assurer une égalité dans les chances de profiter de cette opportunité de s'éduquer. Elle offre des chances égales face à l'éducation, mais non des chances égales face à la vie, ce que revendique l'idéologie radicale d'égalité.

RÉFÉRENCES

1. Plusieurs auteurs soulignent cette distinction. Voir A.H. Halsey, *The Sociology of Education*, in Neil J. Smelser (ed.) *Sociology : An Introduction*, New York, London, Sydney : John Wiley and Sons, 1967, pp. 414-418 : Glen H. Elder, Jr., « Life Opportunity and Personality : Some Consequences of Stratified Secondary Education in Great Britain », *Sociology of Education*, 38, 3 (printemps, 1965), p. 174. Le meilleur développement de cette idée se retrouve dans Martin Trow, *Two Problems in American Public Education*, Xeroxed, Berkeley, sans date. Pour une vue quelque peu différente, voir : Nathalie Rogoff, « *American Public Schools and Equality of Opportunity* », in A.H. Halsey, Jean Floud, and C.A. Anderson, (eds.) *Education, Economy, and Society*, Glencoe : The Free Press, 195, pp. 140-147.

2. Voir par exemple, l'étude de P. Bourdieu et J. C. Passeron sur l'enseignement supérieur en France et les classes sociales : *Les Héritiers : les étudiants et la culture*, Paris, Editions de Minuit, 1964.

3. On pourrait également dire que l'aspect plus ou moins radical de l'idéologie est fonction de la structure de classes.

4. A.H. Halsey, « *The Sociology of Education* » in Neil J. Smelser (ed), *op. cit.*, p. 407.

5. Cette partie de notre article s'inspire de l'excellent ouvrage publié sous le patronage de l'UNESCO et édité par Alfred Yates, *Grouping in Education*, New York, London, Sydney : John Wilsey and Sons, and Stockholm : Almavist and Wiksell, 1966. Voir en particulier pp. 78 ssq. Ce volume comprend les résumés de quelque cinquante ouvrages ou articles sur le groupement des élèves.

6. Les divisions entre groupes raciaux peuvent produire le même phénomène, comme en témoignent les Etats-Unis et plusieurs pays d'Afrique.

7. Cette interprétation s'inspire des travaux de B.R. Berelson, P.F. Lazarsfeld et W.N. McPhee, sur le comportement des voteurs soumis à des pressions contradictoires. Voir leur *Voting*, Chicago : University of Chicago Press, 1954. Parsons a appliqué cette théorie pour expliquer l'absence de motivation à l'étude chez les élèves doués mais d'humble provenance sociale. T. Parsons, « *The School Class as a Social System : Some of Its Functions in American Society* », in Halsey, Floud et Anderson, *op. cit.*, p. 447.

8. Rémi Savard, et al. *Les orientations des finissants des collèges classiques du Québec, de 1924-1956*, (miméo.) Québec, 1965.

9. John Porter, *The Vertical Mosaic*, Toronto : University of Toronto Press, 1965, pp. 164-167.

10. W. Lloyd Warner and James C. Abegglen, *Occupational Mobility in American Business and Industry, 1928-52*, Minneapolis : University of Minnesota Press, 1955.

11. Le lecteur trouvera un très bon échantillon de ces études dans Halsey, Floud et Anderson, *op. cit.*, parties II, III et IV.

12. Bien que nous traitions cette école comme hypothétique, nous avons raison de croire qu'elle ne s'éloigne pas sensiblement de la réalité. Nous ne toucherons ici que les écoles publiques où le groupement par section est en usage. Mais notre discussion s'applique *a fortiori* dans les cas où non seulement les élèves sont répartis en sections dans une même école, mais dans des écoles différentes, comme, par exemple, nos collèges classiques privés.

13. La plupart des expériences conduites à l'appui des groupements homogènes produisent un « effet Hawthorne », ou contiennent des prophéties qui se réalisent d'elles-mêmes, « self-fulfilling prophecies ».

14. *Ibid.*, p. 86.

15. Tel que rapporté dans une dépêche de la Presse Canadienne parue dans *Le Soleil* du 5 juin 1967.

16. Rapporté dans Glen Elder, *op. cit.*, p. 186.

17. Elder a analysé le système d'éducation de l'Angleterre qui comporte non pas des secteurs mais des écoles parallèles. Cependant nous croyons, comme lui-même l'affirme, (p. 187) que les effets sont comparables.

18. Cette conception est liée, on l'aura vu, à une conception exclusivement génétique de l'intelligence, dont les postulats sont remis en question aujourd'hui. Comme le mentionne Dael Wolfle (dans A.H. Halsey (éd.) *op. cit.*, p. 27) si un pays peut réussir à donner une éducation supérieure à 12% des jeunes, on ne voit pas très bien comment un autre peut maintenir que seulement 2% des jeunes sont doués pour une éducation supérieure. Il y a sans doute des limites génétiques au potentiel intellectuel d'une population mais il serait absurde d'établir ces limites *a priori*, alors qu'aucune nation n'a encore réussi à exploiter tout le potentiel de talent de ses membres.

19. Ce système a également des conséquences sur les relations entre professeurs. Dans les écoles desservant une grande population, il ne serait pas étonnant de retrouver chez le corps professoral des diverses sections la même stratification qu'on observe pour les élèves.

20. Sur le processus de socialisation par anticipation, voir : Robert K. Merton, *Social Theory and Social Structure*, Glencoe : The Free Press, 1957, pp. 265, ssq.

21. *L'école coopérative, Polyvalente et progrès continu, Commentaires sur le règlement no 1 du ministère de l'Education*, Documents d'Education no 2, Québec : Ministère de l'Education, septembre 1966.

22. Yates, *op. cit.*, p. 77.

23. Nous étudierons plus loin les effets des attitudes des enseignants à l'endroit de leurs élèves sur le rendement de ces derniers. Sur le rôle des orienteurs et travailleurs sociaux dans un high school américain, voir l'intéressante étude de Aaron V. Cicourel et John I. Kituse, *The Educational Decision - Makers*, New York : Bobbs-Merrill Co., 1963.

24. A. Harry Passow « *The Mase of the Research on Ability Grouping* », dans Yates, *op. cit.*, pp. 161-169 : James S. Coleman, *Equality of Educational Opportunity*, Washington, D.C. : Office of Education, 1966.

25. Les propos qui suivront tiennent plus du domaine des hypothèses que des propositions démontrées. Les liens que nous établirons entre l'école polyvalente et certaines caractéristiques de la société impliqueront dans bien des cas la réalisation de plusieurs autres conditions que nous n'analyserons pas ici. Des études plus poussées seront requises pour établir ou rejeter le bien-fondé de nos propos.

26. En 1954, la répartition des « aptes » à s'inscrire au cours classique était la suivante : propriétaires, administrateurs et professionnels, *1,600;* employés de bureau, commerce et finance, *800;* ouvriers spécialisés, *3,300;* ouvriers non spécialisés, *640;* et cultivateurs *7,540* dans la province. *L'organisation et les besoins de l'enseignement classique au Québec, op. cit.*, p. 183.

27. L'éducation n'est pas le seul facteur, bien entendu, de la mobilité sociale, mais c'en est probablement le plus important. *Cf.* Duncan O.D. and Hodge, R.W. *Education and Occupational Mobility : A Regression Analysis*, American Journal of Sociology, LXVIII, 629-44. Pour une vue différente, voir C.A. Anderson, *A Skeptical Note on Education and Mobility*, dans Floud, Halsey et Anderson, *op. cit.*, pp. 164-179.

28. On pense à la mobilité sociale en termes positifs, et on en oublie les effets négatifs. Sur ce sujet, voir : M.M. Tumin, *Some Unapplauded Consequences of Social Mobility in a Mass Society*. Social Forces, 36 (1957) pp. 32-37.

29. Ralph Turner, *Modes of Social Ascent through Education : Sponsored and Contest Mobility*, dans Floud, Halsey and Anderson, *op. cit.*, pp. 121-139.

30. Il existe bien sûr beaucoup de mobilité de compétition en Angleterre à côté de la mobilité de patronage. Turner parle de mobilité de patronage comme une norme, *i.e.* comme un principe, un idéal vers lequel tend la mobilité.

31. *Cf.* Turner, *op. cit.,* p. 136. Notre système de collèges classiques privés s'éloigne probablement plus de la norme de patronage que le système britannique d'enseignement secondaire.

32. *Ibid.,* p. 129.

33. La norme de patronage invite en effet dans le cas de non sélection pour l'élite, à diriger l'agressivité vers les autorités responsables des critères de sélection. Dans l'autre cas, l'individualisation de l'échec produit plutôt des « beatniks », des « délinquants », mais n'est pas favorable à la formation d'une conscience de classe. Voir l'intéressante discussion de Turner sur ce sujet, *op. cit.,* p. 126.

34. Turner, *op. cit.,* pp. 124-5.

35. *Op. cit.,* p. 73.

36. La relation entre le pluralisme de la société et l'organisation scolaire est, il va de soi, bilatérale. Pour les fins de cet essai, nous avons considéré que les principes de l'école polyvalente seraient intégralement traduits en formes concrètes d'organisation d'égale valeur. Mais nous avons de sérieux doutes à ce sujet. Il se peut fort bien que la concentration des meilleurs professeurs et/ou du meilleur équipement dans certaines matières donne à celles-ci un prestige supérieur. Il est probable également que ceux qui seront chargés de conseiller les étudiants, orientent le choix des plus doués systématiquement dans quelques matières privilégiées. De plus la société récompense davantage (argent, prestige, pouvoir) la compétence dans certaines matières que dans d'autres. Tous ces facteurs, et particulièrement le dernier, introduiront des pressions à l'encontre d'une égalité de statut des matières.

37. *Op. cit.,* p. 93.

38. Pierre W. Bélanger, *La persévérance scolaire dans la Province de Québec,* Association d'Education du Québec, 1961, p. A-38.

39. Voir Nathaniel Hickerson, *Education for Alienation,* Englewood Cliffs, Prentice-Hall Inc., 1966; Glen H. Elder, Jr, *op. cit.;* Martin Trow, *Recruitment to College Teaching,* in Halsey, Floud, Anderson, *op. cit.,* pp. 602-620.

40. Yates, *op. cit.,* p. 133.

41. *The New York Times,* Dimanche, 13 août 1967, Section « Review of the Week ».

42. Howard S. Becker, *The career of the Chicago Public School-Teacher* dans The American Journal of Sociology, 57, 5 (mars 1950), pp. 470-77.

43. Sur ce sujet, voir Burton Clark, *op. cit.,* pp. 96-99. La situation est analogue à celle où un professeur de race blanche enseigne à des enfants de race noire. Dans une étude auprès de 53 professeurs blancs et 36 professeurs noirs enseignant à des noirs dans un milieu pauvre, Gottlieb a trouvé que les professeurs blancs attribuaient leur insatisfaction au travail en grande partie au manque d'intérêt des parents et à l'indiscipline des enfants, alors que seulement 25% des professeurs noirs enseignant dans le même milieu invoquaient ces raisons. De plus, les professeurs noirs ont des attitudes plus positives à l'endroit des étudiants. Gottlieb conclut ainsi : « *It would appear that the Negro teachers are less critical and less pessimistic in their evaluations of these students than the white, probably because many of them have themselves come from backgrounds similar to that of their students...* » David Gottlieb, *Teaching and Students: The views of Negro and White Teachers,* Sociology of Education, 37, 4 (summer 1964), p. 353.

44. *Ibid.,* p. 349.

45. Basil Bernstein, *Social Class and Linguistic Development: A Theory of Social Learning.* In Halsey, Floud et Anderson (eds.) *op. cit.,* pp. 288-314; Basil Bernstein, *Social Structure, Language, and Learning,* in A.

Harry Passow, Miriam Goldberg, and Abraham J. Tannenbaum, *Education of the Disadvantaged,* Holt, Rinehart, and Winston, Inc., 1967, pp. 225-244.

46. Basil Berstein, *Social Structure, Language, and Learning,* op. cit., p. 228.

47. *Ibid.,* p. 231.

48. *Ibid.,* p. 239.

49. Fred L. Strodbeck, *The Hidden Curriculum of the Middle-Class Home;* In Passow, Goldberg, and Tannenbaum, (eds.) *op. cit.,* pp. 244-260.

50. Voir l'excellent ouvrage publié sous la direction de A. Harry Passow, *Education in Depressed Areas,* New York : Teachers College, Columbia University, 1963.

51. Robert A. Dentler et Mary Warshauer, *Big City Dropouts,* New York : Center for Urban Education, 1965.

52. Suzanne B. Grenier et Jean-Charles Guindon, *Etude d'un milieu social : Québec-Ouest,* réalisé par les élèves de service social, 1re année lors du laboratoire de recherche, Québec, mai 1966 (miméo.).

53. John W.C. Johnstone and Ramon J. Rivera, *Volunteers for Learning,* Chicago : Aldine Publishing Co., 1965.

54. *The New York Times,* dimanche, 10 septembre 1967.

Ce texte est extrait de : l'Ecole pour tous, Etudes critiques de la réforme scolaire, *Québec, Faculté des Sciences de l'éducation, Université Laval, 1968, pp. 101-140.*

LANGUE ET RÉSULTATS
SCOLAIRES

Rapport LAURENDEAU - DUNTON

Les données recueillies dans l'enquête Carnegie[1] (Carnegie Study of Identification and Utilization of Talent in High School) nous permettent de faire une étude comparative des résultats obtenus au cours secondaire par des élèves provenant de foyers où l'on parle le français, l'anglais, ou d'autres langues. Commencée en 1959, l'enquête Carnegie portait sur tous les élèves qui se trouvaient en neuvième, cette année-là, dans les écoles publiques, privées et séparées de la province. Les élèves ont été suivis pendant toute la durée de leurs études secondaires, jusqu'à leur certificat ou jusqu'à leur abandon en cours de route. A notre demande, l'Ontario Institute for Studies in Education a analysé les données recueillies, par rapport à la langue couramment employée au foyer (anglais, français ou autre langue). Certains résultats sont proprement étonnants. En moyenne, sur 100 élèves de familles anglophones, 13 ont terminé leur treizième après cinq ans d'études, et sur le même nombre d'élèves issus des foyers où ni l'anglais ni le français ne sont la langue usuelle, 17 ont obtenu le même résultat. Sur la même base, seulement trois francophones ont réussi à se rendre jusqu'au bout en cinq ans. La diminution du groupe francophone n'a pas attendu la treizième pour être alarmante. Deux ans après le début de l'enquête Carnegie, 52% des élèves anglophones avaient atteint la onzième année et 60% des élèves d'autres langues que l'anglais et le français en avaient fait autant, alors qu'on n'y trouvait que 38% des francophones[2]. Est-il possible que forcés de doubler la neuvième ou la dixième, les francophones aient quand même été toujours à l'école, avec de bonnes chances de terminer leur cours secondaire? Les statistiques ne confirment pas cette hypothèse. En 1961, 76% des élèves de chacun des deux autres groupes fréquentaient toujours l'école, contre 57% seulement des francophones. Trois ans plus tard, c'est-à-dire cinq ans après le début de l'enquête, ces pourcentages étaient respectivement de 47 pour les anglophones, de 48 pour les élèves d'autres langues que l'anglais et le français et de 23 pour les francophones. Nous avons analysé les données de toutes les façons avec sans cesse les mêmes résultats : le taux d'abandon des études chez les francophones atteint des proportions alarmantes, en regard des autres groupes. Il est tragique d'avoir à constater que moins de la moitié des francophones admis en neuvième en 1959 sont restés plus de trois ans à l'école secondaire et que ceux qui se sont rendus en onzième font également moins de la moitié[3].

Comment expliquer cette situation ? Faut-il en attribuer la cause à des facteurs d'ordre socio-économique ? On constate par exemple que le taux d'abandon des études est plus élevé dans les régions rurales et dans les petites localités. Or, plus de 32% des élèves francophones vivaient dans des villes de moins de 6 000 habitants, alors que les pourcentages correspondants n'étaient que de 25 pour les anglophones et 15 pour l'autre groupe[4]. On sait également que les enfants de parents peu instruits ont tendance à abandonner l'école avant les autres. Les statistiques indiquent que 68% des pères et 65% des mères de familles francophones n'ont pas fait d'études secondaires, comparativement à 39% et 32% dans les familles anglophones et à 57% et 60% dans les foyers du troisième groupe[5]. Si le père de famille exerce un métier peu coté dans l'échelle des professions, les enfants seront plus exposés à quitter l'école prématurément. Or, les pères francophones exercent, plus souvent que les autres, des métiers agricoles et se retrouvent proportionnellement moins nombreux que les autres dans les professions libérales ou parmi les administrateurs[6]. En dernier lieu, il faut dire que les enfants de familles nombreuses ont plus fortement tendance à abandonner leurs études avant terme. Plus de 50% des élèves francophones venaient de familles de cinq enfants et plus, mais 25% seulement pour les élèves des deux autres groupes[7]. Il n'y a pas relation de cause à effet entre la langue parlée au foyer et l'existence de ces traits socio-économiques mais ils se retrouvent beaucoup plus souvent, et ils sont plus prononcés chez les francophones. Les résultats de l'enquête Carnegie, en indiquant que la grande majorité des élèves francophones se situent dans les catégories socio-économiques inférieures, expliquent en partie seulement leur dossier scolaire moins reluisant[8]. Ainsi, 58% des francophones, en neuvième, étaient issus de familles de cinq enfants et plus, en regard de 26% chez les anglophones et 23% chez les élèves du troisième groupe[9]. Cinq ans plus tard, en treizième, alors qu'un grand nombre de francophones avaient abandonné l'école, 49% de ceux qui continuaient venaient de foyers comptant au moins cinq enfants[10]. Il aurait fallu que ce pourcentage fût beaucoup moindre pour que le nombre d'enfants des foyers francophones puisse être un facteur explicatif important du taux élevé d'abandon des études.

On ne peut non plus prétendre, d'après les données recueillies, que l'attitude des élèves ou de leurs parents à l'égard de l'instruction rende compte de la médiocrité du dossier scolaire des francophones.

TABLEAU I

Elèves des écoles secondaires de l'Ontario qui, inscrits en neuvième en 1959, y ont poursuivi leurs études selon la progression normale jusqu'en 1963. Répartition en nombre et en pourcentage, selon la langue du foyer et le sexe.

Langue parlée au foyer	Sexe	Neuvième (1959)		Dixième (1960)		Onzième (1961)		Douzième (1962)		Treizième (1963)		Diplômés	
		Nombre	%	Nombre	%	Nombre	%	Nombre	%	Nombre	%	Nombre	%
Total	M	42 634	100	29 725	69,7	20 822	48,8	16 386	38,4	9 914	23,3	4 996	11,7
	F	39 866	100	29 757	74,6	21 887	54,9	17 664	44,3	9 272	23,3	5 611	14,1
	T	82 500	100	59 482	72,1	42 709	51,8	34 050	41,3	19 186	23,3	10 607	12,9
Anglais	M	37 195	100	26 017	69,9	18 175	48,9	14 300	38,4	8 679	23,3	4 394	11,8
	F	34 624	100	25 942	74,9	19 186	55,4	15 524	44,8	8 338	24,1	5 071	14,6
	T	71 819	100	51 959	72,3	37 361	52,0	29 824	41,5	17 017	23,7	9 465	13,2
Français	M	2 435	100	1 391	57,1	805	33,1	532	21,8	226	9,3	77	3,2
	F	2 415	100	1 589	65,8	1 046	43,3	749	31,0	203	8,4	78	3,2
	T	4 850	100	2 980	61,4	1 851	38,2	1 281	26,4	429	8,8	155	3,2
Autre langue	M	3 004	100	2 317	77,1	1 842	61,3	1 554	51,7	1 009	33,6	525	17,5
	F	2 827	100	2 226	78,7	1 655	58,5	1 391	48,2	731	25,9	462	16,3
	T	5 831	100	4 543	77,9	3 497	60,0	2 945	50,5	1 740	29,8	987	16,9

Source : A. J. C. King et C. E. Angi, Language and Secondary School Success, tableau no II.

Il est bien certain que l'importance que les uns et les autres attachent à l'instruction influe sur le succès de l'élève et sur sa décision de poursuivre ou d'abandonner ses études, et que leur condition socio-économique — le degré d'instruction des parents, par exemple, — affecte leur attitude. Mais d'autres éléments aussi contribuent à la modeler. L'enquête a démontré qu'en neuvième, trois élèves sur quatre (la proportion était la même chez tous les groupes[11]) prévoyaient terminer leurs études secondaires. L'optimisme des parents n'est peut-être pas aussi marqué mais, d'un groupe à l'autre, il n'y a pas de différence d'attitude notable. Les francophones, parents et élèves, se distinguent quelque peu des deux autres groupes face aux projets d'avenir, une fois le secondaire terminé : une plus forte proportion d'entre eux opte pour l'enseignement professionnel ou la recherche immédiate d'un emploi plutôt que pour les études universitaires.

Il nous faut donc considérer de plus près les causes proprement scolaires. Nous avons déjà vu qu'en neuvième les francophones se sont classés loin derrière les deux autres groupes aussi bien aux tests d'aptitude scolaire qu'aux épreuves d'anglais et de mathématiques. Quelle que soit l'explication que l'on donne de ces résultats, il est permis de penser que les francophones font face à des difficultés dont les causes sont proprement scolaires et que ces difficultés se perpétueront tout au long de leurs études secondaires. L'analyse des données de l'enquête confirme notre hypothèse. Chez les élèves des deux autres groupes qui ont obtenu des résultats semblables dans les tests, le taux d'abandon en cours d'études est également fort élevé. Dans la mesure où les résultats de ces tests en neuvième expliquent le dossier scolaire des francophones tout au long du secondaire, il nous faut revenir à la question suivante : pourquoi n'ont-ils pas fait mieux lors de ces tests ? Deux facteurs paraissent particulièrement importants : l'enseignement dispensé par l'école séparée « bilingue », et la difficulté d'adaptation à l'école secondaire publique. Mais cette explication reste insuffisante, car le classement des francophones établi d'après les résultats des tests ne serait pas sensiblement modifié par les résultats obtenus tout au long des cinq années d'études secondaires. On ne peut donc nier qu'il existe une relation entre ces épreuves et les résultats scolaires subséquents, mais il ne faudrait pas non plus y voir l'explication définitive de la médiocrité du dossier scolaire des francophones.

Nous avons parlé jusqu'ici des antécédents, de l'attitude et du rendement scolaire des élèves. Voyons maintenant, d'après l'enquête Carnegie, l'évaluation que les maîtres faisaient de leurs élèves. Leurs commentaires portaient sur les points suivants : constance au travail, esprit de coopération, application, endurance physique, énergie et chances de terminer la treizième. Dans chaque cas, les francophones se sont invariablement classés après les anglophones, lesquels venaient derrière les élèves de langues autres que l'anglais et le français. Il

TABLEAU II

Projets d'avenir des élèves inscrits en neuvième dans les écoles de l'Ontario en 1959. Répartition en nombre et en pourcentage, selon le sexe et la langue du foyer.

Projets d'avenir	Sexe	Français Nombre	%	Anglais Nombre	%	Autre langue Nombre	%	Total Nombre	%
Terminer le secondaire et entrer à l'université	M	722	30,3	14 837	40,7	1 269	43,1	16 828	40,3
	F	299	12,6	5 939	17,5	535	19,3	6 773	17,3
	T	1 021	21,5	20 776	29,5	1 804	31,5	23 601	29,2
entrer à l'école normale	M	125	5,2	1 310	3,6	101	3,4	1 536	3,7
	F	487	20,4	5 665	16,6	448	16,1	6 600	16,9
	T	612	12,9	6 975	9,9	549	9,6	8 136	10,1
entrer à l'école des sciences infirmières	M	11	0,5	114	0,3	9	0,4	134	0,3
	F	442	18,7	6 016	17,7	305	11,0	6 763	17,3
	T	453	9,5	6 130	8,7	314	5,5	6 897	8,5
entrer à l'institut de technologie	M	565	23,7	6 945	19,1	676	23,0	8 186	19,6
	F	169	7,1	2 249	6,6	207	7,5	2 625	6,7
	T	734	15,4	9 194	13,1	883	15,5	10 811	13,4
trouver un emploi	M	363	15,2	4 807	13,2	295	10,0	5 465	13,1
	F	451	19,1	6 954	20,5	657	23,7	8 062	20,6
	T	814	17,2	11 761	16,7	952	16,6	15 527	16,7

Abandonner le secondaire et entrer à l'école de métiers	M	104	4,4	1 470	4,0	88	3,0	1 662	4,0
	F	63	2,7	1 005	3,0	81	2,9	1 149	2,9
	T	167	3,5	2 475	3,5	169	3,0	2 811	3,5
trouver un emploi	M	89	3,7	935	2,6	53	1,8	1 077	2,6
	F	101	4,4	949	2,8	73	2,6	1 123	2,9
	T	190	4,0	1 884	2,7	126	2,2	2 200	2,7
Divers et indéterminés	M	405	17,0	6 014	16,5	450	15,3	6 869	16,4
	F	355	15,0	5 211	15,3	468	16,9	6 034	15,4
	T	760	16,0	11 225	15,9	918	16,1	12 903	15,9
Total	M	2 384	100,0	36 432	100,0	2 941	100,0	41 757	100,0
	F	2 367	100,0	33 988	100,0	2 774	100,0	39 129	100,0
	T	4 751	100,0	70 420	100,0	5 715	100,0	80 886	100,0
N'ont pas répondu	M	51	2,0	763	2,0	63	2,1	877	2,1
	F	48	2,0	636	1,8	53	1,9	737	1,8
	T	99	2,0	1 399	1,9	116	2,0	1 614	2,0
Grand total	M	2 435		37 195		3 004		42 634	
	F	2 415		34 624		2 827		39 866	
	T	4 850		71 819		5 831		82 500	

Source : King et Angi, Language and Secondary School Success, tableau no X.

n'est pas facile d'évaluer avec justesse des jugements aussi subjectifs. Si l'on en croit l'appréciation des professeurs, les francophones seraient généralement dépourvus de certaines des qualités qui favorisent les bonnes études. N'y a-t-il pas lieu cependant de se demander si, compte tenu des traits culturels particuliers des francophones, les professeurs les ont jugés à partir de normes justes et appropriées ? L'analyse des données indique que la question est pertinente. On voit par exemple que s'il y a, pour le groupe anglophone et les élèves du troisième groupe, une corrélation étroite entre ces appréciations et le taux de persévérance dans la poursuite des études secondaires, la corrélation est plus faible dans le cas des francophones.

La corrélation plus faible que nous venons de signaler touchant les francophones n'est qu'un exemple de ce qui se révèle une règle générale. Lorsque nous avons examiné la corrélation entre, d'une part, l'évolution de l'élève au cours de ses études secondaires et, d'autre part, les facteurs socio-économiques, les attitudes, et les résultats des tests d'aptitude et de rendement scolaire, nous avons constaté qu'elle n'était jamais aussi étroite chez les francophones que dans les deux autres groupes[12]. Même lorsque nous avons comparé les résultats des tests d'anglais et de mathématiques subis en neuvième, aux notes obtenues dans ces matières ou encore aux résultats des mêmes tests en dixième ou en onzième, la corrélation était beaucoup plus faible chez les élèves francophones. Une conclusion se dégage donc de toutes ces analyses : les facteurs généralement associés au succès des élèves du second degré n'ont pas la même valeur d'indication pour les francophones que pour les élèves des deux autres groupes linguistiques.

Nous avons eu confirmation de cette conclusion en comparant par l'analyse à plusieurs variables discriminantes, les trois groupes entre eux, afin de déterminer quels éléments les différencient. En comparant par exemple les francophones aux anglophones, nous avons découvert que, tout au long des cinq ans, les facteurs qui les distinguaient le plus les uns des autres, et cela de façon constante, étaient : la cote d'endurance physique et d'énergie attribuée par les maîtres, l'âge, leurs idées sur les projets d'études faits pour eux par leurs parents, et leurs résultats à l'un des tests de mathématiques (CMAT III). En comparant d'autre part les francophones aux élèves du troisième groupe, nous avons constaté que les facteurs de différenciation les plus constants étaient : l'esprit de coopération, l'endurance physique et l'énergie, la profession du père, les projets d'études que les parents font pour leurs enfants. Comme nous retrouvons tout au long de ces cinq ans les mêmes écarts, à propos des mêmes facteurs, il est permis de croire que les différences entre ces groupes sont demeurées à peu près constantes durant toute cette période. Si l'on observe en outre que les départs n'ont pas modifié les rapports entre les trois groupes, il faut bien conclure qu'aucun des facteurs mentionnés n'explique qu'on trouve chez les francophones le taux d'abandon le plus élevé.

D'autres hypothèses s'offrent à l'esprit, qui expliqueraient peut-être le comportement en apparence peu conséquent du groupe francophone; mais l'enquête Carnegie ne nous fournit aucune donnée sur quoi les appuyer. Par exemple, il se peut qu'il y ait un lien entre l'appartenance religieuse de l'élève et ses résultats scolaires. On peut supposer, sans risque d'erreur, que les anglophones appartiennent à différentes confessions religieuses et que les francophones sont, en très grande majorité, catholiques. Mais il est également vraisemblable qu'une proportion importante des élèves du troisième groupe sont catholiques[13]. Il est donc peu plausible que l'appartenance religieuse des francophones puisse expliquer leur taux élevé d'abandon des études. Il est regrettable que l'enquête ne se soit pas préoccupée de savoir si l'élève venait d'une école élémentaire « bilingue » ou anglophone, séparée ou publique. On peut évidemment présumer que la majorité des francophones sortaient d'une école « bilingue » séparée; mais il y aurait eu grand profit à comparer le dossier scolaire des élèves des écoles « bilingues » à celui des enfants des écoles séparées de langue anglaise, pour ensuite comparer ceux-ci aux jeunes qui viennent de l'élémentaire public. Reste l'hypothèse selon laquelle l'apparente impossibilité de prévoir le rendement scolaire des francophones serait à rattacher de quelque façon à leurs études dans les écoles séparées « bilingues ».

On doit également se demander si le patrimoine culturel des francophones n'est pas à la source des écarts constatés puisque ni la religion ni la langue n'en rendent compte, comme en témoigne le succès remarquable des élèves du troisième groupe, celui de langue autre que l'anglais et le français. Le fait que la minorité francophone soit la seule à avoir ainsi préservé son identité culturelle est certainement révélateur. Depuis des générations, elle a survécu comme groupe distinct, non seulement par sa langue et sa foi, mais parce qu'elle forme une société dont les institutions et les associations contribuent à nourrir et renforcent une conception de la vie qui lui est propre. D'autres groupes minoritaires ontariens s'efforcent aussi de conserver leur héritage culturel, mais on reconnaît que nuls mieux que les Franco-Ontariens n'ont réussi à créer un milieu culturel aussi nettement caractérisé. C'est là, à n'en pas douter, qu'il faut chercher la cause profonde de la singularité des francophones, telle qu'elle ressort de l'enquête Carnegie.

On ne peut sérieusement douter que les Franco-Ontariens aient des sentiments partagés à l'endroit du système scolaire de leur province. L'enquête Carnegie nous a appris que, tout autant que ceux des deux autres groupes, parents et élèves francophones jugent qu'une instruction secondaire est souhaitable; mais ce sentiment ne doit pas nous empêcher de percevoir la sourde méfiance que nombre d'entre eux entretiennent à l'égard de l'école publique, dans son état actuel. Pour les anglophones, l'école de langue anglaise ne contredit aucune de leurs valeurs, pas plus qu'elle ne le fait, sans doute, pour les parents du troisième groupe, pour qui l'anglais est la langue de l'Ontario. Les catholiques de langue anglaise, s'ils sont acquis à l'idée que l'éducation est importante, ont peut-être certaines craintes à l'égard de la neutralité religieuse de l'école publique; mais seuls les Franco-Ontariens ont à craindre sur le double plan religieux et linguistique. L'école publique de langue anglaise est le lieu où s'affrontent irréconciliablement l'instruction qu'ils doivent acquérir et l'identité culturelle qu'il leur faut préserver. A tort ou à raison, ils voient dans l'école publique une menace pour cette identité.

Leur ambivalence sera probablement renforcée par certaines de leurs expériences à l'école secondaire. Notre analyse de l'enquête Carnegie nous porte à croire que les normes implicitement admises dans ces écoles ne conviennent aucunement aux francophones. Nous avons déjà mentionné la cote d'appréciation que les maîtres ont attribuée aux francophones : elle est nettement inférieure quant à la constance au travail, l'application et l'endurance physique. Nous avons également souligné que la corrélation entre ces évaluations et les résultats scolaires est moins étroite dans le cas des francophones. On peut se demander, pour les mêmes raisons, si les tests d'aptitude et de rendement ne sont pas eux aussi conçus selon des normes qui ne s'appliquent pas aux élèves francophones. N'est-il pas révélateur, du reste, que ces épreuves aient été rédigées en anglais et qu'on ait cru, sans y réfléchir davantage, qu'elles convenaient aussi bien aux élèves formés dans les écoles « bilingues » qu'aux enfants des écoles anglaises. On peut croire que le problème est culturel aussi bien que linguistique. Comparer entre eux différents groupes culturels pose un problème fort complexe, car l'acquis intellectuel de chacun se colore de sa culture et de ses institutions. Même si les tests sont traduits avec soin, les résultats ne sont pas nécessairement comparables. C'est ainsi qu'en Afrique du Sud, par exemple, on soumet les élèves qui parlent l'afrikaans et ceux de langue anglaise à des tests différents, même aux épreuves non verbales. Faut-il conclure à la supériorité d'un groupe parce qu'il a obtenu une meilleure moyenne ? ou que les questions étaient plus faciles parce qu'elles correspondaient davantage à la spécificité de sa culture ? Les spécialistes ne s'accordent pas sur l'interprétation des résultats. Il faut surtout retenir de cet exemple l'ambiguïté des résultats de tests qui portent sur les aptitudes et le rendement d'élèves de milieux culturels différents[14]. On ne peut évidemment attribuer les piètres résultats du groupe francophone, lors de l'enquête Carnegie, à des phénomènes d'ordre culturel; par contre, ils peuvent nous aider à comprendre pourquoi on ne peut, à partir des résultats de ces tests, prévoir avec certitude le rendement scolaire des francophones. Cette analyse nous amène à conclure que les normes en vigueur dans le système scolaire de l'Ontario conviennent moins bien aux élèves franco-ontariens qu'aux autres.

RÉFÉRENCES

1. Voir l'étude de A.J. King et C. Angi, *Language and Secondary School Success,* effectuée pour la Commission après entente avec l'Ontario Institute for Studies in Education.
2. Voir le tableau no 1.
3. Voir le tableau no 2.
4. King et Angi, *Language and Secondary School Success,* tableau no v.
5. *Ibid.,* tableaux nos VI et VII.
6. *Ibid.,* tableau no IV.
7. *Ibid.,* tableau no IX.
8. *Ibid.,* tableaux nos IV à IX, et XLVIII à XCV.
9. *Ibid.,* tableau no IX.
10. *Ibid.,* tableau no XCV.
11. Voir le tableau no 2.
12. La corrélation entre le nombre d'années passées à l'école secondaire et le résultat obtenu dans chacun des tests d'aptitude aussi bien que de rendement, est beaucoup plus étroite chez les anglophones et chez ceux qui parlent une langue autre que l'anglais et le français, que chez les francophones. On n'a relevé que deux cas où cette affirmation ne se vérifiait pas. En calculant la corrélation entre le nombre d'années passées à l'école secondaire, d'une part, et l'âge au moment de la première année d'école, ou l'âge à l'époque de l'enquête Carnegie, d'autre part, on a constaté que les élèves plus âgés avaient tendance à abandonner l'école plus tôt. C'est le fait des anglophones plus que des francophones, mais la corrélation est plus marquée pour ces deux groupes que pour le troisième. Le rapport entre l'âge de l'élève et son succès scolaire s'explique probablement par le fait que l'élève plus âgé que ses compagnons est davantage porté à quitter l'école; cette tendance est plus marquée si l'élève a doublé une classe à l'élémentaire. Pour une raison ou une autre, ceci se vérifie moins chez les élèves du troisième groupe. A cette exception près, les corrélations touchant les francophones sont plus faibles.
13. D. G. MacEachern, *Twenty Questions : A Quick Look at 90 000 People,* (Carnegie Study of Identification and Utilization of Talent in High School and College, Bulletin no 1) Toronto, Ontario College of Education, 1960. Les langues parlées par les membres du troisième groupe étaient, dans l'ordre, l'allemand, l'ukrainien, le polonais, le hongrois, le yiddish et le slovaque. Tous ces groupes, sauf le yiddish, comprennent probablement une proportion importante de familles catholiques; certains sont presque entièrement catholiques.
14. Voir H. P. Langenhoven, *Intergroup Comparison in Psychological Measurement,* Pretoria (Afrique du Sud), Department of Education, Arts and Science (National Council of Social Research), 1963. L'auteur y décrit les expériences qui ont été faites en Afrique du Sud à l'aide de ces tests. Il soutient que l'écart entre les normes est imputable aux caractéristiques culturelles des deux groupes, car le rendement scolaire des uns et des autres ne reflète aucunement cette différence. Ses adversaires répliquent que le rendement scolaire n'est pas un indice valable.

Ce texte est extrait de : Rapport de la Commission Royale d'Enquête sur le bilinguisme et le biculturalisme, Livre II, Education; *Ottawa, Imprimeur de la Reine, 1968.*

CLASSES SOCIALES
ET PROJETS D'ÉTUDES

Raymond BRETON

On s'attend si fortement à ce qu'il existe une relation entre le milieu socio-économique et les intentions vis-à-vis des études, attente si bien fondée d'ailleurs sur la documentation accumulée par la recherche, qu'une étude qui ne confirmerait pas une telle relation serait considérée presque *à priori* comme déficiente du point de vue méthodologique. Une corrélation entre ces deux variables a fait l'objet d'observations constantes avec des échantillons de grandeurs différentes, pris dans des populations de cultures différentes, à l'aide de diverses *méthodes* de mesurer le milieu socio-économique et une formulation variée des questions concernant les projets d'études. Le présent travail ne fait pas exception à la règle générale : environ 14% plus d'élèves de condition socio-économique élevée que d'élèves de condition inférieure ont l'intention de terminer le cours secondaire. En outre, parmi ceux qui ont l'intention de terminer le cours secondaire, environ 12% plus de ceux qui viennent de familles de statut élevé que de ceux de condition inférieure projettent de poursuivre des études postsecondaires (tableau II-3.4). [1]

TABLEAU II-3.4 : Projets d'études, selon le statut professionnel du père

Statut professionnel du père	Pourcentage de ceux qui projettent de terminer leurs études secondaires		Pourcentage de ceux qui projettent des études postsecondaires	
	Garçons	Filles	Garçons	Filles
Elevé	86 (1,386)	88 (1,189)	73 (1,194)	69 (1,049)
Moyen	81 (2,338)	83 (2,004)	66 (1,899)	61 (1,658)
Bas	73 (1,294)	74 (1,320)	60 (940)	59 (973)

Les divergences entre les études faites sur ce sujet concernent l'ampleur des corrélations d'ordre zéro ou des ordres plus élevés. Par exemple, Sewell et Shah (165) ont trouvé une différence de 51.5% entre les garçons de statut socio-économique élevé et ceux de situation inférieure par rapport à leurs projets d'aller au collège. D'autre part, Bennett et Gist (16) n'ont obtenu qu'une différence de 17% entre les élèves situés au sommet de l'échelle socio-économique et ceux qui sont au bas par rapport à leurs projets de poursuivre des études au-delà du cours secondaire.

Plusieurs des divergences dans ces études peuvent s'expliquer par la situation géographique de l'échantillon et sa composition. Les échantillons proviennent de différentes parties du pays et en certains cas comprennent des garçons et des filles, tandis que d'autres ne comprennent que l'un des deux sexes ; quelques-uns comprennent des élèves de toutes les années du cours secondaire, tandis que d'autres se limitent aux élèves de première et de dernière année du cours secondaire. Certaines études comprennent seulement des élèves de race blanche, tandis que d'autres comprennent des élèves d'origines raciales différentes. Dans la présente étude, toute une variété d'agglomérations et de régions est représentée dans l'échantillonnage. De plus, l'échantillon comprend des garçons et des filles des quatre années du cours secondaire, et appartenant à différentes collectivités linguistiques, ethniques et religieuses. Le degré de corrélation entre le milieu socio-économique et les projets d'études n'est pas le même dans tous ces sous-groupes de la population. Par exemple, le tableau A-46 * montre que si l'étude avait été faite seulement dans certaines des provinces, l'effet du milieu socio-économique sur les projets d'études aurait été différent de celui qui a été constaté pour le pays dans son ensemble. L'effet du milieu socio-économique sur les plans d'études secondaires chez les garçons varie entre 8% et 21% selon la province, et l'effet sur les projets d'études postsecondaires varie entre 9% et 26%. Les variations correspondantes de l'effet de l'origine socio-économique chez les filles se situent entre 3% et 24% pour les projets d'études postsecondaires.

L'estimation de l'effet du statut professionnel du père varie aussi selon l'année du cours secondaire. Le premier tableau du chapitre II-5 montre que l'effet du milieu socio-économique sur les projets d'études n'est pas le même dans la première année du cours secondaire que dans la quatrième année. Ceci résulte probablement d'un processus de sélection par lequel des élèves de certaines catégories ont été éliminés ou se sont retirés de l'école avant d'avoir terminé leurs études secondaires.

---

* Les tableaux A-46 à A-50 auxquels renvoie l'auteur sont reproduits en annexe dans son volume mais n'apparaissent pas dans cet extrait. (P.W. et G.R.).

D'autres variations dans les divers travaux sur la question viennent des différences dans les façons de mesurer les projets d'études. Sewell et Shah, par exemple, étudient les projets de « s'inscrire dans un collège ou une université qui décerne des diplômes (ou dont les crédits sont reconnus, en vue des études plus avancées, par l'Université du Wisconsin) » (15, p. 8). De nombreuses études aux Etats-Unis et au Canada ont aussi, de fait, défini les projets d'études postsecondaires en fonction des conditions d'admission à un collège ou à une université qui excluraient ainsi (dans le sens de ne pas « ouvrir la voie à ») d'autres genres d'études postsecondaires (3, 11, 13, 15). Il semble logiquement que le fait de restreindre une telle enquête aux projets visant le collège aurait tendance à exagérer l'effet du milieu socio-économique. Il ne s'agit pas de laisser entendre qu'une telle méthode n'est pas légitime, mais plutôt qu'il faut tenir compte de toutes ces coordonnées dans l'interprétation des résultats. La critique de Keller-Zavalloni (10) semblerait pertinente encore dans ce contexte. Vraiment, le fait qu'un garçon de classe sociale moyenne veuille aller au collège manifeste-t-il une aspiration plus haute que celle d'un garçon de classe ouvrière qui veut suivre un cours technique postsecondaire, ou celle d'un garçon de milieu agricole qui veut aller à un institut d'agriculture ?

Comme il est dit au chapitre d'introduction, si nous avions pris le fait « d'aller au collège » comme mesure des projets d'études, l'écart entre les aspirations des élèves de classes sociales inférieures et supérieures pourrait être fort différent.

Rang quant à la capacité mentale

Le tableau II-3.5 présente la relation entre le milieu socio-économique et les projets d'études, si on contrôle la distribution des aptitudes intellectuelles. On peut observer que les deux variables aptitudes intellectuelles et le milieu socio-économique ont un effet sur les projets d'études. Toutefois, l'effet des aptitudes intellectuelles sur les projets d'études, en particulier sur les projets d'études postsecondaires, est plus fort que celui du contexte socio-économique. Les paramètres des effets sont les suivants :

	Niveau de capacité mentale	Statut professionnel du père
Projets d'études secondaires		
Garçons	17%	12%
Filles	21	9
Projets d'études postsecondaires		
Garçons	25 (19)	12 (13)
Filles	27 (23)	6 (15)

Il est intéressant de noter que Pavalko et Bishop ont obtenu des résultats semblables (13, tableau 6). Les paramètres d'effets calculés d'après leurs données figurent entre parenthèses dans le tableau ci-dessus : leurs données montrent que le rang quant à la capacité mentale a plus d'influence sur les projets visant le collège que l'origine socio-économique. Toutefois, la différence entre les paramètres pour le niveau de capacité mentale et le statut professionnel du père dans les données de Pavalko, quoique allant dans la même direction, n'est pas aussi considérable que celle qui a été constatée dans la présente étude.

TABLEAU II-3.5 : Projets d'études, selon le statut professionnel du père et le niveau de capacité mentale

Niveau de capacité mentale	Pourcentage de ceux qui projettent de terminer leurs études secondaires			Pourcentage de ceux qui projettent des études postsecondaires		
	Statut professionnel du père			Statut professionnel du père		
	Elevé	Moyen	Bas	Elevé	Moyen	Bas
Garçons						
Elevé	93.1	88.3	81.8	85.1	79.9	70.6
	(29,776)	(34,882)	(14,792)	(27,724)	(30,811)	(12,104)
Moyen	85.5	79.8	72.1	72.7	63.3	60.0
	(27,480)	(47,712)	(26,694)	(23,502)	(38,078)	(19,243)
Bas	76.2	71.0	64.7	59.1	51.9	50.9
	(14,504)	(28,397)	(20,103)	(11,049)	(20,163)	(13,007)
Filles						
Elevé	94.8	91.1	88.2	82.1	77.4	72.9
	(21,619)	(26,015)	(13,434)	(20,487)	(23,701)	(11,847)
Moyen	87.9	83.3	74.9	65.5	58.3	60.1
	(23,293)	(41,325)	(26,119)	(20,470)	(34,403)	(19,557)
Bas	73.9	69.4	66.9	55.5	44.4	52.3
	(13,592)	(30,405)	(24,235)	(10,043)	(21,105)	(16,217)

Toutefois, ces résultats dissimulent un intéressant effet d'inter-action quant aux projets d'études postsecondaires : la classe sociale exerce une influence *plus grande chez les plus intelligents* que chez les moins intelligents. Cette constatation s'applique aussi bien aux garçons qu'aux filles. Les élèves moins intelligents ne songeront vraisemblablement pas à suivre un cours postsecondaire quelle que soit leur classe sociale. Toutefois, si un garçon est intelligent, c'est pour lui un avantage certain d'appartenir à une famille d'une classe sociale élevée. Pavalko et Bishop ont aussi obtenu des résultats semblables dans leur étude sur les projets visant le collège, parmi les élèves du cours secondaire dans une petite ville du Canada.

Classe sociale et attitude à l'égard du travail et de l'avenir

Il y a plusieurs années, Hyman concluait son étude sur les échelles de valeurs des différentes classes sociales en faisant observer que « les données présentées montrent clairement que les classes sociales inférieures font moins d'efforts pour réussir, qu'elles sont conscientes de manquer d'occasions et qu'elles ne connaissent pas la valeur de l'instruction... » (6, p. 438). Son rapport fait également ressortir que ce que les gens de classe moyenne jugent important dans le choix d'une profession pour la durée de leur vie est « la convenance de la carrière à la personnalité, aux goûts et aux aptitudes de l'individu. Les gens de classes sociales inférieures, d'autre part, sont plus portés à faire attention aux aspects d'ordre économique, tels que sécurité, salaire ou rendements économiques supplémentaires... » (6, p. 432).

Quelques années plus tard, Inkeles a examiné des études faites en différents pays et il en est arrivé à une conclusion semblable sur la relation entre le statut global d'une profession et les qualités qu'y trouvent les gens de différents milieux socio-économiques (7, pp. 8 à 13). Par exemple, les travailleurs manuels en général se préoccupent beaucoup moins de l'intérêt qu'offre le travail et davantage de la sécurité. Il est à noter qu'aux Etats-Unis il existe peu de variation dans la valeur qu'attachent au salaire les différentes classes sociales tandis que la variation est considérable dans un échantillon pris chez des réfugiés soviétiques. Cette différence fut interprétée comme une indication « que le salaire n'était plus une question si désespérément problématique pour la classe ouvrière qu'elle l'était en beaucoup d'autres pays » (7, p. 9).

Mizruchi a obtenu des résultats semblables en rapport avec les symboles de la réussite : les classes sociales inférieures sont plus portées à attacher de la valeur aux « symboles d'ordre matériel-économique » de la réussite, tandis que les gens de classes sociales moyennes trouvent plus importants les symboles « d'ordre non-matériel-économique » (12). Toutefois, les constatations de Mizruchi ne portent pas sur ce qui est apprécié dans un emploi, mais plus généralement sur les critères de réussite dans la vie. Parmi ceux-ci figurent le fait d'avoir « de nombreux amis » et d'être « propriétaire de sa maison ». Son étude de l'échelle des valeurs des différentes classes sociales traite de l'importance de la profession et de l'instruction comme critères de réussite en rapport avec d'autres aspects de la vie.

Kahl a constaté que « la primauté de la profession » ou l'importance de la réussite professionnelle relativement à d'autres domaines d'entreprise avait un rapport de type curviligne avec le statut professionnel dans un échantillon du Massachusetts et un échantillon du Brésil (8) : la primauté de la profession a tendance à être moindre chez les gens dont le statut professionnel est, soit élevé soit inférieur, et à être importante chez ceux dont le statut est moyen. Katz, dans une étude sur les élèves australiens du cours secondaire a aussi constaté que « le statut professionnel ou le niveau d'instruction » est jugé plus important comme critère de réussite par les gens de classe moyenne que par les ouvriers spécialisés ou non spécialisés. Toutefois, il n'a pas observé de corrélation du type curviligne. (9).

Les classes sociales diffèrent aussi dans leur perception des occasions et dans leurs idées sur les moyens à prendre pour arriver à la réussite. Katz, par exemple, a constaté que les enfants des travailleurs manuels étaient plus portés à envisager la « chance » ou « l'influence » comme causes de réussite, que ne l'étaient les enfants de parents de classe sociale moyenne. Battle et Rotter (1) ont constaté que le sentiment de puissance personnelle chez les enfants est en corrélation avec la classe sociale à laquelle appartiennent leurs parents : les enfants de classe moyenne auront vraisemblablement ce sentiment de puissance plus que les enfants de classe inférieure.

Enfin, certaines études montrent qu'il existe une relation entre la classe sociale et le niveau des aspirations ou le motif des réalisations. Rosen, par exemple, a constaté qu'il existe une corrélation positive entre le niveau de la classe sociale et le besoin de réalisation, selon des mesures obtenues à la suite d'un test d'aperception thématique (14). Toutefois, comme on l'a fait remarquer précédemment, la critique de Keller et Zavalloni laisse entrevoir la possibilité que la corrélation entre la classe sociale et l'ambition soit en partie le résultat d'un certain «préjugé en faveur de la classe moyenne » qui a influencé la manière de mesurer l'ambition. Les études de Guest (15) et Chinoy (4), par exemple, laissent entendre que l'idée « d'avancer » a peut-être autant de valeur parmi les travailleurs que parmi les gens de classe sociale moyenne, mais que « l'avancement » ne signifie pas la même chose et ne s'obtient pas de la même manière chez des gens qui au départ se situent à différents niveaux dans la stratification sociale. Comme peu d'études ont réussi à mesurer l'ambition indépendamment d'objectifs particuliers, ou à tenir compte de façon compréhensive de la diversité des objectifs pouvant être visés, il est difficile de conclure que l'ambition se rattache au niveau de la classe sociale. Ce qui me semble bien établi, c'est que le niveau de la classe sociale est en corrélation avec des objectifs auxquels les citoyens de classe moyenne aux Etats-Unis aspirent et reconnaissent une certaine valeur (comme « fréquenter un collège », « un statut professionnel élevé »).

Les constatations de la présente étude au sujet de certaines de ces attitudes et de ces évaluations figurent aux tableaux II-3.6 et II-3.7. Comme on peut le voir, plusieurs des relations prévues dans l'optique des études antérieures se retrouvent dans celle-ci. Les divers facteurs sont classifiés en six groupes : appréciation de soi ; sens de la maîtrise des événements ; inquiétude quant à l'obtention d'un emploi ; évaluation des chances de succès dans l'avenir ; ambition de réussir et valeur accordée au travail et à la profession.

TABLEAU II-3.6 : Attitudes des élèves envers eux-mêmes et l'avenir, selon le statut professionnel du père

	Garçons			Filles		
	Statut professionnel du père			Statut professionnel du père		
	Elevé	Moyen	Bas	Elevé	Moyen	Bas
A. « Si je pouvais changer, j'aimerais être quelqu'un de différent »	27	27	27	27	28	28
B. J'estime que mon intelligence est au-dessus de la moyenne	48	43	33	38	33	28
C. « Même si elle a une bonne instruction, une personne comme moi aura de la difficulté à trouver l'emploi qu'elle désire »	25	26	29	17	20	24
D. Fort sentiment de maîtrise des événements	50	48	38	61	55	46
E. Grande inquiétude touchant l'obtention d'un emploi	16	20	22	19	22	29
F. Niveau élevé de compétence en vue du choix d'une profession	32	29	23	40	36	30
G. Chances de réussite dans des études postsecondaires au-dessus de la moyenne	32	33	28	26	24	25
H. Chances au-dessus de la moyenne de trouver un bon emploi	34	34	27	26	21	21
I. Désir intense de réussir	36	42	44	24	28	38
J. 12 heures ou plus consacrées aux études chaque semaine	34 (1,284- 1,376)*	31 (2,271- 2,334)	33 (1,243- 1,288)	51 (1,132- 1,182)	51 (1,946- 1,999)	51 (1,279- 1,318)

* Les chiffres des pourcentages dans la colonne varient entre les deux nombres inscrits entre parenthèses.

L'appartenance à une classe sociale est liée à plusieurs de ces attitudes, mais non à toutes. Par exemple, il n'existe pas de forte corrélation entre elle et l'appréciation de soi faite par l'élève. Il n'existe pas de différence entre les classes sociales par rapport à deux des trois aspects de l'appréciation de soi (partie A du tableau II-3.6). De plus, la différence par rapport au classement subjectif d'après les aptitudes mentales repose en partie sur le niveau réel d'aptitudes mentales plutôt que sur l'origine socio-économique. De fait, si nous contrôlons le rang quant à la capacité mentale, la différence de classe sociale par rapport aux aptitudes évaluées subjectivement diminue d'un tiers chez les garçons (de 15% à 10%) et d'environ les deux tiers chez les filles (de 11% à 4%).[2] Néanmoins, la différence de classe sociale se fait sentir par rapport à l'appréciation que font les élèves de leurs propres aptitudes mentales : ceux des classes sociales inférieures se croient moins intelligents que ceux qui viennent de familles plus à l'aise. Cette observation s'applique en particulier dans le cas des garçons.

En second lieu, comme on pouvait s'y attendre, les élèves appartenant à des familles de statut élevé sont plus portés que les autres à se sentir personnellement maîtres de leur avenir, ils tendent moins à s'inquiéter au sujet de l'obtention d'un emploi et ils se croient plus facilement préparés à décider de leur carrière. Les élèves venant de familles de cols blancs sont aussi un peu plus portés à dire que leurs chances d'obtenir un bon emploi sont au-dessus de la moyenne, quoique les différences ici ne soient pas très considérables (tableau II-3.6, parties D à G). L'effet de la classe sociale sur l'évaluation des chances de succès est en partie brouillé par le facteur langue : les élèves de langue française sont beaucoup *plus* portés à évaluer leurs chances comme étant au-dessus de la moyenne que les élèves de langue anglaise. Ce résultat quelque peu étonnant est étudié dans la section suivante de ce chapitre. Dans le présent contexte, ce résultat laisse entendre que nous devons contrôler la distribution de la variable langue. Si nous la maintenons constante, nous constatons que pour les élèves de langue anglaise la différence entre les classes sociales quant à la réussite au cours postsecondaire et à la facilité d'obtenir un emploi, est d'environ 10% chez les garçons et les filles. D'autre part, pour les élèves de langue française, il n'existe pas de différence entre les classes sociales, quant à l'évaluation des chances de réussite.

Les parties I et J du tableau II-3.6 présentent des données sur deux variables reliées au degré d'ambition. D'abord il y a la mesure du désir de réussir qui comprend des facteurs indépendants de tout objectif particulier visant l'instruction ou la profession. On disait au chapitre précédent que la mesure de l'ambition, utilisée ici, évitait jusqu'à un certain point le « préjugé en faveur des classes sociales moyennes » qui entre dans les mesures formulées en fonction d'objectifs particuliers. Les données montrent une corrélation entre

TABLEAU II-3.7 : Valeurs attribuées au travail, selon le statut professionnel du père

| | Garçons | | | Filles | | |
| | Statut professionnel du père | | | Statut professionnel du père | | |
	Elevé	Moyen	Bas	Elevé	Moyen	Bas
A. Degré élevé de primauté de la profession	24	28	33	15	20	27
B. L'intérêt du travail lui-même a plus d'attrait que les avantages pécuniaires d'un emploi	48	45	43	64	61	59
C. Le prestige d'un emploi a plus de valeur que ses avantages pécuniaires	25	24	28	50	47	48
D. Valeur attribuée aux possibilités d'avancement dans un emploi	63	63	63	41	46	47
E. Valeur attribuée à l'occasion d'aider les autres dans un emploi	49	51	54	65	66	72
F. Valeur attribuée à la liberté d'action dans un emploi	52	49	49	37	33	34
G. Valeur attribuée à la possibilité de faire des choses auxquelles on croit dans un emploi	86 (1,136-1,376)*	85 (1,948-2,331)	86 (1,096-1,287)	91 (1,019-1,179)	87 (1,699-2,000)	85 (1,157-1è318)

* Voir la note au bas du tableau II-3.6.

la classe et le degré d'ambition, mais dans une direction opposée à celle qu'on attendait : les élèves des classes sociales inférieures manifestent un désir plus vif de réussir que ceux dont les familles sont de statut plus élevé. Avant de s'aventurer dans l'interprétation de ce résultat inattendu, il convient d'introduire l'élément langue dans l'analyse. Cela est particulièrement important, étant donné que les élèves de langue française, qui ont plus souvent une origine socio-économique inférieure, manifestent un degré d'ambition beaucoup plus élevé que les élèves de langue anglaise, constatation qui est aussi étudiée dans la section suivante. Alors, si on contrôle la variable langue, l'effet de la classe sociale sur l'ambition devient à peu près négligeable : 4% chez les garçons et 3% chez les filles. Mais l'effet, bien que faible, demeure dans le même sens négatif.

Les constatations concernant l'autre mesure de l'ambition, — à savoir, le placement de temps dans le travail scolaire, montrent une tendance semblable (partie J du tableau II-3.6). Il n'y a pas de différence entre les élèves de différentes classes sociales quant au temps qu'ils passent à étudier chaque semaine. Un contrôle de la distribution de la variable langue ne modifie pas ce résultat.

Ces résultats renforcent quelque peu les intuitions de Keller et Zavalloni au sujet du rapport entre la classe sociale et l'ambition, — à savoir que le rapport entre la classe sociale et l'ambition constaté dans plusieurs études résulterait d'un caprice de mesure, en ce sens que l'ambition était mesurée en termes d'objectifs particuliers à certaines classes sociales. Les élèves de différentes classes sociales semblent avoir développé en eux, au même degré, l'objectif de la réussite dans la vie. Là où ils pourraient différer, serait dans le choix d'objectifs particuliers, ou dans les moyens utilisés pour atteindre ces objectifs.

Le tableau II-3.7 présente des données relatives à la réussite professionnelle comme objectif, et à l'appréciation des différents aspects d'un emploi. Il montre que les élèves des classes sociales inférieures, les garçons comme les filles, attachent plus d'importance à la réussite professionnelle (« primauté de la profession ») que ceux qui viennent de familles plus avantagées. Quant au travail même, les adolescents de familles de cols blancs ont tendance à rechercher davantage une activité intéressante que des bénéfices pécuniaires, mais la différence de classe est faible à ce point de vue. Il y a lieu de remarquer que les élèves qui ont omis de mentionner la profession de leur père sont moins portés que les élèves de classes sociales inférieures à apprécier un travail à cause de la satisfaction qui l'accompagne plutôt que de l'argent qu'il rapporte : la différence est de 7% chez les garçons et les filles. (Le tableau n'est pas reproduit ici).

Enfin, il n'y a pas de différences marquées entre les classes quant aux autres aspects du travail envisagés. Il y a une exception : les élèves de classes sociales inférieures semblent plus portés à rechercher dans un emploi une occasion d'aider les autres. Mais cette différence disparaît lorsque la langue est maintenue constante. [3]

Si nous contrôlons ces variables, du moins celles qui sont en corrélation avec le statut familial, nous constatons que l'effet du milieu socio-économique sur les projets d'études demeure à peu près le même. L'effet du milieu socio-économique sur les projets d'études, si nous contrôlons séparément chacune des cinq variables d'attitude, est le suivant :

	Projets d'études secondaires		Projets d'études postsecondaires	
	Garçons	*Filles*	*Garçons*	*Filles*
Statut professionnel du père	14%	12%	16%	11%
Evaluation subjective du rang quant à la capacité mentale	26	30	19	24
Statut professionnel du père	14	11	15	11
Chances de réussite au post-secondaire compte tenu des aptitudes	34	29	40	36
Statut professionnel du père	15	12	13	12
Chances d'emploi comparées à celles des camarades	32	38	17	33
Statut professionnel du père	12	13	11	8
Sentiment de maîtrise des événements	15	19	12	10
Statut professionnel du père	14	13	11	10
Inquiétudes au sujet de l'obtention d'un emploi	9	16	6	20
Statut professionnel du père : ordre zéro	13	14	13	10

Ces résultats montrent non seulement que le milieu socio-économique ainsi que les variables d'attitude exercent une influence sur les projets d'études, mais aussi que l'effet du statut professionnel du père n'est pas sensiblement diminué lorsque les attitudes font l'objet d'un contrôle. Autre résultat intéressant : les évaluations que l'étudiant fait de ses propres aptitudes et de ses chances de réussite, soit dans les études postsecondaires ou dans l'obtention d'un bon emploi, influent plus fortement sur les projets d'études que le milieu socio-économique, en particulier par rapport aux projets d'études secondaires.

En outre, le même résultat prévaut si nous introduisons dans l'analyse d'autres attitudes telles l'utilité du travail scolaire au statut futur, le désir de réussir ou un comportement, tel le temps consacré à l'étude ; ou des valeurs telles que la primauté de la profession, la satisfaction trouvée, ou non, dans le travail lui-même, l'évaluation d'un emploi soit d'après les chances qu'il offre d'avancer ou d'aider les autres, ou d'après le prestige qu'il donne plutôt que le salaire qu'il rapporte ; ou encore le sentiment que ses chances de réussite dans la vie seraient différentes si l'on était d'une autre classe sociale que la sienne. En d'autres termes, ce qu'indiquent ces résultats c'est que plusieurs des variables qui sont fréquemment utilisées pour expliquer la façon dont la classe sociale influe sur les aspirations des adolescents, — l'ambition, le sentiment que l'activité présente est utile pour le statut futur, et les valeurs attachées au travail —, ne semblent pas, d'après les présentes données, donner une explication satisfaisante de la corrélation constatée entre la classe sociale et les projets d'études. Ces variables exercent certainement une influence, mais leur effet n'est pas celui de nous révéler comment la classe sociale se rattache aux aspirations.

Le contrôle de la distribution d'un certain nombre de variables d'attitudes n'a pas réussi, ou si peu, à diminuer la corrélation d'abord établie entre l'origine socio-économique et les projets d'études. Toutefois, en certains cas, on peut observer des effets intéressants d'interaction. Le tableau A-47 montre la relation qui existe entre le milieu socio-économique et les projets d'études, si l'on contrôle le sentiment de maîtrise des événements. On peut voir que la courbe d'interaction est fort prononcée et aussi qu'elle a des effets opposés quant aux projets d'études secondaires d'autre part. Si un élève, garçon ou fille, a le vif sentiment qu'il peut être le maître de son avenir, et s'il a confiance dans les possibilités de se trouver un emploi, il est très susceptible d'avoir l'idée bien arrêtée de terminer le cours secondaire. Le fait de venir d'une famille dont le statut social est élevé plutôt qu'inférieur n'ajoute qu'une faible poussée dans le même sens. D'autre part, s'il est fataliste et inquiet au sujet de son avenir, son milieu familial produit un effet marqué. Dans ce cas, il est nettement avantageux d'appartenir à une famille de statut supérieur.

Pour ce qui est des projets d'études postsecondaires, toutefois, la situation est intervertie : le fatalisme a tendance à étouffer les aspirations, quelle que soit la classe sociale de l'individu. Mais lorsque le sentiment de maîtrise est fort, l'avantage supplémentaire de venir d'une famille de statut social élevé est considérable.

Des résultats semblables prévalent lorsque l'inquiétude de l'élève touchant l'obtention d'un emploi est introduite comme variable de contrôle : une forte inquiétude tend à comprimer les projets d'études postsecondaires, quelle que soit l'origine socio-économique. Mais si l'individu ne se préoccupe pas trop du problème de se trouver un emploi lorsqu'il aura terminé ses études, alors ses aspirations quant aux études s'élèvent, surtout s'il appartient à une famille de la catégorie la plus élevée. (Aucun tableau n'est présenté ici.)

La compétence en vue du choix d'une profession ou le degré de préparation à faire ce choix agit accessoirement quant à l'effet de la classe sociale, mais seulement chez les filles (tableau A-48). Si une fille se sent capable de décider de sa carrière, ses aspirations du côté des études tendent à être plus hautes, quel que soit son milieu socio-économique. Mais si elle ne se sent pas préparée à décider de sa carrière future, alors le niveau socio-économique de sa famille importe beaucoup plus : s'il s'agit d'une élève d'une classe inférieure, elle est beaucoup plus portée à l'indécision pour ce qui est de terminer le cours secondaire ou de fréquenter un établissement postsecondaire que si elle appartient à une famille de la catégorie des travailleurs de statut social élevé. Il est intéressant de noter que cet effet d'interaction se produit seulement chez les filles. Evidemment, la principale décision quant à la carrière pour une fille est de décider si elle se mariera, si elle prendra un emploi, ou si elle fera les deux. Comme la plupart projettent de se marier et d'avoir une famille, la décision de la jeune fille quant à sa carrière peut dépendre fortement de l'homme qu'elle épouse, du rang social de ce dernier et de son sens des valeurs. Il semble qu'un certain nombre de filles se sentent prêtes à régler leurs problèmes de carrière à leur propre satisfaction. Ces filles sont susceptibles de vouloir poursuivre leurs études, même si elles viennent d'un milieu social inférieur, quoique à un degré un peu moindre que si elles viennent d'une famille plus à l'aise. D'autres filles, toutefois, semblent accablées par l'idée de la décision qu'elles ont à prendre. Si ces filles appartiennent à des familles à l'aise, elles sont susceptibles de vouloir poursuivre leurs études quand même. Mais si elles viennent de familles de classe inférieure, leurs projets d'études viseront plus bas.

Nous avons vu ci-dessus que les élèves de différentes classes sociales ne diffèrent pas beaucoup entre eux quant à un certain nombre de valeurs accordées au travail. Toutefois, si un élève a opté pour certaines valeurs, son origine influera sur la décision qu'il prendra de s'engager, ou non, sur la voie des études pour atteindre son objectif. Toutefois, ce cas se rencontre presque exclusivement chez les garçons. Par exemple, si un garçon recherche la satisfaction du travail dans un emploi, la classe sociale à laquelle il appartient n'importe pas autant par rapport à ses projets d'études secondaires que s'il y recherche d'abord l'argent dans un emploi (tableau A-49). C'est-à-dire que si un élève attache beaucoup d'importance à l'argent que rapporte un emploi et s'il appartient à une famille de niveau inférieur, la probabilité qu'il veuille terminer le cours secondaire est de 23% inférieure à celle qu'on peut évaluer dans le cas des garçons des classes moyennes dont les valeurs sont semblables ; mais s'il attache de la valeur à un travail intéressant, la probabilité qu'il veuille finir ce cours n'est que de 12% moindre.

D'autres valeurs concernant le travail ne modifient pas beaucoup l'effet du milieu socio-économique sur les projets d'études secondaires, mais elles le font dans le cas des projets d'études postsecondaires (tableau A-50). Les garçons de différentes origines sociales montrent plus de divergence par rapport à leurs projets d'études postsecondaires, s'ils tiennent beaucoup à un travail intéressant, ou s'ils accordent une haute valeur aux avantages pécuniaires d'un emploi (plutôt que d'apprécier ces deux facteurs à peu près également). Ils diffèrent aussi davantage dans leurs projets d'études postsecondaires s'ils recherchent le prestige dans un emploi plutôt que l'argent, s'ils ne sont pas d'abord intéressés par l'occasion d'aider les autres et s'ils attachent de l'importance à un emploi qui leur donnera la liberté d'agir à leur guise. Les garçons de familles de statut social élevé seront plus vraisemblablement portés à vouloir poursuivre des études postsecondaires que les garçons de classe inférieure. Mais cela est encore plus vrai s'ils partagent les opinions décrites ci-dessus sur les valeurs à rechercher dans un emploi. Dans ce cas, il est encore plus vraisemblable que les garçons de cette catégorie, plus que ceux des classes inférieures, choisiront l'instruction comme voie conduisant à de futures carrières.

RÉFÉRENCES

1. BATTLE, E.S. et ROTTER, J.B., Children's Feelings of Personal Control as related to Social Class and Ethnic Group, *J. Personality*, 31 (1963), 482-490.

2. BENNETT, W.S. et GIST, N.P., Class and Family Influences on Student Aspirations, *Social Forces*, 43 (1964), 167-173.

3. BOYLE, R.P., The Effect of the High School on Students' Aspirations, *Am. J. Sociology*, 71 (1966), 628-639.

4. CHINOY, E., *Automobile Workers and the American Dream*, Garden City, N.Y., Doubleday & Co., 1955.

5. GUEST, R.H., Work Careers and Aspirations of Automobile Workers, *Am. Sociological Rev.*, 19 (1954), 155-163.

6. HYMAN, H.H., The Value of Systems of Different Classes : A Social Psychological Contribution to the Analysis of Stratification, pp. 426-442 dans R. Bendix and S.M. Lipset (ed.) : *Class, Status and Power*, 1953.

7. INKELES, A., Industrial Man : The Relation of Statut to Experience, Perception and Value, *Am. J. Sociology*, 66 (1960), 1-31.

8. KAHL, F.E., et MARTIN H.W., The Meaning of Success : Some Differences in Value Systems of Social Classes, *J. Social Psychology*, 62 (1964), 141-148.

9. KATZ, F.M., The Meaning of Success : Some Differences in Value Systems of Social Classes, *J. Social Psychology*, 62 (1964), 141-148.

10. KELLER, S. et ZAVALLONI, M., Ambition and Social Class : A Respecification, *Social Forces*, 43 (1964), 58-70.

11. McDILL, E.L., et al., Institutional Effects on the Academic Behavior of High School Students, *Sociology of Education*, 40 (1967), 181-199.

12. MIZRUCHI, E.H., *Success and Opportunity*, New York, Free Press, 1964.

13. PAVALKO, R.M. et BISHOP, David R., Socio-economic Status and College Plans : A Study of Canadian High School Students, *Sociology of Education*, 39 (1966), 288-298.

14. ROSEN, B.C., The Achievement Syndrome : A Psycho-Cultural Dimension of Social Stratification, *Am. Sociological Rev.*, 21 (1956), 203-211.

15. SEWEL, W.H. et SHAH, W.P., Socio economic Status, Intelligence and the Attainment of Higher Education, *Sociology of Education*, 40 (1967), 1-23.

NOTES

1. L'ampleur de l'association entre l'origine socio-économique et les projets d'études n'est probablement que peu affectée par le fait que peu de réponses ont été obtenues à la question concernant la profession du père. En fait, les projets d'études de ceux qui n'ont pas donné de réponse sont à peu près les mêmes que les intentions de ceux qui viennent d'un milieu social inférieur :

	Qui projettent de terminer leurs études secondaires		Qui projettent des études postsecondaires	
	Garçons	Filles	Garçons	Filles
Statut professionnel (du père) inférieur	73%	74%	60%	59%
Pas de réponse	73	76	63	57

2. Le tableau montrant le rapport entre l'origine socio-économique et l'estimation subjective du niveau d'aptitudes mentales, contrôlant le rang d'après le test des aptitudes mentales, n'est pas présent ici.

3. La section suivante de ce chapitre comprend une étude de ces valeurs en rapport avec la langue.

Ce texte est extrait de l'ouvrage de Raymond Breton, *Le rôle de l'école et de la société dans le choix d'une carrière chez la jeunesse canadienne,* Ottawa, Ministère de la main-d'oeuvre et de l'immigration, 1972, pp. 153-166.

L'ÉCOLE ÉLÉMENTAIRE
ET LE NIVEAU DE VIE
À L'ÂGE ADULTE *

Eigil PEDERSEN

T. Annette FAUCHER **

Introduction

En examinant les dossiers permanents d'une école élémentaire de quartier défavorisé où il avait enseigné dans les années 1950, l'auteur principal a constaté chez plusieurs élèves, quelque vingt ans après les avoir connus, des variations étonnantes du Q.I. sur une période de deux ou trois ans. Dans un premier temps, il a fait une analyse des dossiers permanents de 307 sujets qui avaient fréquenté cette école entre 1945 et 1955 [1]. Cette étude a révélé plusieurs traits intéressants, entre autres, une relation marquée entre le sens du changement de Q.I. et l'institutrice que les élèves avaient connue en première année. Afin de pousser l'étude davantage, on a interviewé un sous-groupe de 60 sujets, en 1971, ce qui a fourni des données sur le niveau et le genre de vie des élèves plusieurs années après leur sortie de l'école.

A l'examen des relations entre les variations de Q.I. et d'autres variables, il est apparu de plus en plus clairement que le Q.I. devait être compris comme indicatif d'autres caractéristiques de l'enfant, telles que l'effort et la confiance en soi. En un sens, le Q.I. peut être considéré comme indice du degré d'intégration de l'enfant à la culture de l'école [2] ; nous ne pouvions pas le considérer uniquement comme une mesure de l'intelligence, chez les enfants de milieu défavorisé ; cela nous a amenés à une deuxième étape.

Dans la seconde étude, dont nous exposons une partie ici, nous nous sommes intéressés plutôt à l'influence de l'institutrice de première année sur les caractéristiques personnelles de l'enfant (effort,

* Texte d'une communication présentée au congrès de la Société canadienne de sociologie et d'anthropologie, à Toronto, en août 1974.
** Les auteurs tiennent à remercier madame Mona Farrell de sa contribution à cette étude ; elle a participé à la réunion de données et aux premières étapes de l'analyse.

docilité, honnêteté, initiative et « leadership », que nous croyons être reliés à son image de soi), à l'effet des facteurs précédents sur le succès à l'école et enfin à l'effet du succès scolaire sur le niveau de vie à l'âge adulte. En somme, nous voulions savoir si le niveau de vie à l'âge adulte pouvait être rattaché à l'influence de l'institutrice de première année.

Nous donnerons d'abord quelques résultats de base de la première étude, et ensuite nous essaierons de montrer quelle relation existe entre l'expérience d'un enfant à l'école et son niveau de vie à l'âge adulte.

VARIATIONS DE Q.I.

Tous les dossiers permanents contiennent au moins deux Q.I. mesurés pour chaque élève à deux ou trois ans d'intervalle. Différents tests étaient administrés à cette fin, et parfois ils n'étaient pas identifiés dans le dossier, de sorte qu'il nous a été impossible de comparer exactement les deux ou trois Q.I. des sujets quant à leur validité. Toutefois, ces Q.I. demeurent intéressants comme indices du développement des enfants ; à notre avis, les Q.I. inscrits dans les dossiers peuvent influer sur l'attitude des maîtres envers les élèves [3]. Nous supposons donc que ces Q.I., qu'ils soient comparables ou non, qu'ils soient ou non des mesures constantes de l' « intelligence », ont un effet important sur l'avenir de l'enfant, par leur influence sur l'attitude des maîtres envers lui.

Dans les tableaux de contingence, les variations du quotient intellectuel constituent trois catégories : hausse du Q.I., Q.I. stable, baisse du Q.I. . Nous avons désigné arbitrairement, comme « baisse » ou « hausse » du Q.I. , une différence de six points ou plus entre deux Q.I. . La catégorie « Q.I. stable » comprend les élèves dont le Q.I. n'a pas varié de plus de cinq points.

Notre analyse a montré que le Q.I. variait différemment chez les garçons et chez les filles : chez les filles, il augmente généralement, tandis que chez les garçons, il a plutôt tendance à diminuer.

Cette tendance pourrait résulter de ce que les maîtres s'attendent à des comportements différents de la part des garçons et des filles et qu'ils les traitent différemment, ce qui détermine des images de soi, puis des résultats scolaires différents chez ces enfants. De telles différences dans l'attente et dans l'attitude des maîtres semblent exister aussi à propos de caractéristiques autres que le sexe. Rist [4] a décrit ce phénomène, dans une étude dont nous reparlerons plus loin. Et puisque les élèves d'une école d'un tel quartier avaient peu de chance d'avoir été à la maternelle, il nous a semblé que nous devrions considérer l'influence de l'institutrice de première année, comme première, dans le processus d'influence de l'école.

Nous savons que, dans cette école-là, les enfants étaient répartis au hasard dans les classes de première année, sauf que les maîtres devaient recevoir une proportion déterminée de garçons et de filles chaque année. De toutes les institutrices de première année qui avaient enseigné à nos élèves, seulement trois en avaient reçu un nombre assez grand pour que nous puissions les comparer dans des tableaux de contingence.

Le tableau I représente la relation entre les variations de Q.I. et l'institutrice de première année. Près de la moitié des élèves de Mlle B ne changent pas ; le Q.I. augmente chez la plus grande proportion des élèves de Mlle A ; et chez les élèves de Mlle C, il a tendance à baisser dans une proportion inquiétante : il a baissé dans 40 p. cent des cas, alors qu'il n'a augmenté que dans 12 p. cent des cas.

TABLEAU I

CHANGEMENT DE Q.I. SELON L'INSTITUTRICE DE PREMIÈRE ANNÉE

Institutrice de première année	Changement de Q.I.			N
	Baisse	Q.I. stable	Hausse	
Mlle A	33%	31%	36%	78
Mlle B	23%	46%	31%	69
Mlle C	40%	48%	12%	40
N total	58	75	54	187

X^2 : 10.7   4 d.l. $p < .05$

Afin de savoir si les variations de Q.I. sont associées, comme nous le supposons, à l'attitude du maître envers ses élèves, nous avons analysé séparément les variations du Q.I. chez les garçons et chez les filles, pour chacune des trois institutrices. Si une institutrice avait des attitudes différentes envers les garçons et envers les filles, les variations du Q.I. devraient être différentes chez les élèves selon le sexe. Cette analyse est résumée dans le tableau II.

Comme on le voit, chez les élèves de Mlle A et de Mlle C, les variations de Q.I. suivent sensiblement le même modèle pour les deux sexes. Par contre, Mlle B paraît avoir eu une forte influence favorable sur les filles, et une influence défavorable sur les garçons. La probabilité qu'une telle différence se produise par hasard est de .02. Il se peut que Mlle B ait eu une attitude favorable envers les filles et une attitude défavorable envers les garçons, ce qui aurait influencé la formation de leur image de soi par rapport au travail scolaire. Cela expliquerait la baisse subséquente du Q.I. chez les garçons, en comparaison des filles. Un ancien élève de Mlle B se rappelle, à ce sujet, que dans sa classe, les filles étaient placées à l'avant et les garçons à l'arrière.

TABLEAU II

CHANGEMENT DE Q.I. SELON L'INSTITUTRICE DE PREMIÈRE ANNÉE ET SELON LE SEXE DES ÉLÈVES

Institutrice Sexe	Changement de Q.I.			
	Q.I.			
	Baisse	Stable	Hausse	N
Mlle A *				
Garçons	38%	31%	31%	42
Filles	33%	28%	38%	39
Mlle B **				
Garçons	38%	43%	18%	28
Filles	13%	49%	39%	41
Mlle C ***				
Garçons	47%	41%	12%	17
Filles	35%	52%	13%	23
N total	61	75	54	190

* X^2 : 1.0   2 d.l. $p < .70$
** X^2 : 8.5   2 d.l. $p < .02$
*** X^2 : 10.5   2 d.l. $p < .80$

Les dossiers permanents comprennent une section destinée aux remarques des maîtres. Ces remarques donnent une idée de l'attitude des maîtres envers les élèves. Nous avons pu analyser l'existence de remarques favorables ou défavorables à la suite de l'inscription du deuxième Q.I. dans le dossier, ce qui rendait évident pour le maître dans quel sens le Q.I. avait changé, le cas échéant, et nous avons constaté qu'une proportion beaucoup plus grande des remarques défavorables se retrouvaient dans les cas de baisse que dans les cas de hausse du Q.I. (50 p. cent contre 21 p. cent). Par contre, les remarques favorables s'adressaient davantage aux cas de hausse qu'aux cas de baisse du Q.I. (60 p. cent contre 28 p. cent).

Pour interpréter ces données, nous voulons bien admettre la possibilité que les élèves soient devenus « plus brillants » ou « plus lents » en deux ou trois ans, et que les maîtres aient simplement reflété, dans leurs remarques, les mêmes phénomènes que les tests, c'est-à-dire qu'ils aient observé des faits et aient réagi de façon objective. Cela semble toutefois bien improbable. Ce qui est beaucoup plus probable c'est que, lorsqu'une institutrice — comme Mlle B — a des préjugés sur une certaine catégorie d'enfants, ces enfants se forment une piètre opinion de leur capacité de réussir à l'école ; en conséquence, ils font moins d'efforts, prennent peu d'initiatives, progressent peu en lecture et en arithmétique, obtiennent un résultat moindre aux tests d'intelligence, ce qui inspire des attitudes défavorables à leurs maîtres dans les classes subséquentes. Le renforcement de l'image de soi est donc à la fois cause et effet, dans un processus circulaire semblable à celui qu'a décrit MERTON dans son modèle de prophétie créatrice. La notion de prophétie créatrice se fonde surtout sur un processus au cours duquel une figure de référence (significant other) classifie, « étiquette » des sujets et les sujets acceptent leurs « étiquettes ».

On a constaté que l'image de soi est un facteur important du rendement subséquent des élèves[6]. Malheureusement, il ne se trouve aucune mesure directe de l'image de soi dans les dossiers permanents de nos sujets. Toutefois, chaque année, les maîtres devaient évaluer et noter le niveau d'effort, d'autorité, d'initiative, d'honnêteté et de docilité, de leurs élèves *. Nous avons estimé que la relation probable entre de telles variables et l'image de soi justifiait l'entreprise de pousser l'étude plus avant et d'interviewer une partie des sujets de notre échantillon de départ, maintenant adultes.

L'INSTITUTRICE DE PREMIÈRE ANNÉE

En 1971, nous avons réussi à joindre 60 de nos 307 sujets, pour les interviewer. Nous avons dû nous limiter à ce petit nombre en raison du temps nécessaire pour retracer et ensuite interviewer nos sujets.

Pour permettre une analyse statistique valable de cet échantillon réduit, nous l'avons composé de six groupes différents de sujets : 10 garçons et 10 filles dont le Q.I. avait beaucoup augmenté ; 10 garçons et 10 filles dont le Q.I. était demeuré à peu près le même ; 10 garçons et 10 filles dont le Q.I. avait baissé de beaucoup.

---

* La population étudiée est anglophone et les dossiers permanents sont en anglais. Les caractéristiques retenues pour la présente analyse sont « reliability » (honnêteté), « leadership » (autorité), « initiative » et « cooperation » (docilité). Notre traduction est subjective, comme d'ailleurs devait l'être le sens attribué par les maîtres à ces expressions.

TABLEAU III

RÉPARTITION DE L'ÉCHANTILLON SELON LE SEXE
ET LE CHANGEMENT DE Q.I.

	Garçons	Filles	N total
Hausse de Q.I. (augmentation moyenne de 14.2 points)	10	10	20
Q.I. stable (variation moyenne : 2.5 points en plus ou en moins)	10	10	20
Baisse du Q.I. (diminution moyenne de 14.4 points)	10	10	20
	30	30	60

Il importe de noter que même si les six groupes de sujets présentés dans le tableau III diffèrent quant au sens et à l'ampleur de la *variation* du Q.I. (c.à.d., quant au deuxième Q.I. inscrit à leur dossier), ils ne diffèrent pas sensiblement quant au premier Q.I. .

Comme nous l'avons dit plus haut, nous considérions le Q.I. comme un indice de l'image de soi. Et puisque nous voulions étudier la relation entre le niveau de vie à l'âge adulte et diverses variables associées à l'image de soi, nous avons pensé obtenir un échantillon propre à cette étude, en choisissant des sujets d'après l'ampleur du changement de Q.I. .

Parmi les données réunies au moyen des interviews, se trouvent plusieurs indices du niveau de vie actuel des sujets : l'occupation, la scolarité et l'apparence personnelle du sujet, le genre et l'état du logement (au jugement de l'intervieweur), et le loyer. Les intervieweurs ne connaissaient pas le dossier antérieur des sujets. Nous avons analysé séparément les indicateurs du niveau de vie et les avons regroupés en une échelle de neuf degrés que nous avons appelée « niveau de vie à l'âge adulte ». Dans le présent rapport, nous avons ramené l'échelle de neuf degrés à trois niveaux, pour faciliter les comparaisons *. L'échantillon de 60 sujets comprend

---

* Nous avons essayé de classifier les occupations des 60 sujets d'après l'échelle de Blishen. Toutefois, la gamme des occupations de notre échantillon était trop restreinte pour permettre une différenciation satisfaisante au moyen de l'échelle de Blishen. Nous avons donc inscrit les occupations séparément sur 60 fiches et avons demandé à deux personnes, dont la fonction comporte la classification du personnel dans une grande université, de répartir les fiches en cinq catégories. Leurs choix ont concordé dans 80% des cas ; dans les cas de désaccord, les occupations étaient classées dans des catégories voisines.

des enseignants, des personnes qui ont terminé des études collégiales, et même un sujet qui a obtenu une maîtrise. La catégorie inférieure se compose de manoeuvres et de personnes qui ont toujours été en chômage depuis leur sortie de l'école.

Avec cette échelle, nous pouvions donc étudier les relations qui existent entre les variables inscrites au dossier scolaire permanent des sujets et le niveau de vie qu'ils ont atteint à l'âge adulte. Nous avons essayé de répondre aux questions suivantes : Pour les enfants de milieu défavorisé, leur séjour à l'école élémentaire a-t-il un effet sur leur niveau de vie à l'âge adulte ? Plus précisément, peut-on se rendre compte si l'institutrice de première année a une influence sur le niveau de vie qu'atteindront ses élèves, et si tel est le cas, par quels moyens ?

L'institutrice de première année et le niveau de vie

Compte tenu de la récente étude de Rist[4], il nous apparaît intéressant d'examiner si l'influence de l'institutrice de première année s'exerce en fait par son rôle, comme figure de référence, dans la formation de l'image de soi chez l'élève. Au terme d'une analyse fondée sur le modèle de la prophétie créatrice de Merton, Rist montre que la première institutrice, dans l'école qu'il a étudiée, était influencée, dans son jugement sur les élèves, par diverses caractéristiques et, — déjà —, diverses « étiquettes » qu'ils portaient à leur arrivée. Ainsi, elle plaçait les enfants dans un des trois groupes d'« aptitudes » différentes, suivant des facteurs tels que la propreté, l'apparence générale, le nombre d'enfants dans la famille, le fait que la famille reçoive ou non de l'assistance sociale, peut-être même la couleur de la peau. Elle traitait ensuite ces trois groupes différemment et les enfants se comportaient exactement selon ce qu'elle attendait d'eux.

Rist observe, par exemple, que les enfants estimés « lents » étaient placés à la table 3, la plus éloignée du bureau de l'institutrice. En dépit du fait que parmi les critères employés par l'institutrice pour placer les enfants aux tables 1, 2, et 3, il n'y ait eu *aucun* critère d'aptitude scolaire, le groupement par « aptitudes » établi dès le début est demeuré le même dans les années subséquentes. Rist a montré que l'institutrice, qui avait des attentes différentes pour différents groupes d'élèves, passait beaucoup de temps à enseigner et à encourager le groupe des « brillants », mais adressait plutôt des réprimandes aux groupes plus « lents ».

Notre recherche se rapproche de celle de Rist en ce qu'elle porte surtout sur la première institutrice avec laquelle les enfants viennent en contact, mais au lieu d'examiner, comme Rist le fait, si la même institutrice traite différemment des enfants différents, nous nous demandons si des institutrices différentes exercent une influence sur des enfants à peu près semblables.

Pour répondre d'abord à notre question fondamentale : « peut-on observer l'influence de l'institutrice de première année sur le niveau de vie à l'âge adulte ? », nous mettons en relation le niveau de vie de nos sujets à l'âge adulte et l'institutrice qu'ils ont connue en première année.

Le tableau IV montre que les élèves de Mlle A ont atteint un niveau de vie élevé en plus grande proportion que ceux qui ont été dans les classes d'autres institutrices.

TABLEAU IV

NIVEAU DE VIE À L'ÂGE ADULTE DES ÉLÈVES
DE Mlle A ET D'AUTRES INSTITUTRICES

Institutrice de première année	Niveau de vie			$\overline{X}$	N
	Bas	Moyen	Elevé		
Mlle A	0%	33%	67%	7.0	15
Autres	38%	36%	27%	4.6	45
Total	28%	35%	37%	5.2	60
Signification	F : 8.08	1,56 d.l.	p < .006		

Il est à noter qu'aucun des anciens élèves de Mlle A ne se trouve dans la catégorie inférieure de niveau de vie. De fait, tous ont fait au moins onze ans d'études. De plus, 67 p. cent de ces personnes ont atteint un niveau de vie élevé, contre seulement 27 p. cent des anciens élèves des autres institutrices. Les différences entre les moyennes sont significatives, d'après le test F (p < .006).

L'institutrice de première année, les résultats scolaires et les caractéristiques personnelles

Pour expliquer ce qui précède, nous tenterons maintenant d'examiner ce qui se passe entre la première année à l'école et l'âge adulte. Nous recourrons à deux catégories de données contenues dans les dossiers scolaires permanents : le rendement scolaire et des caractéristiques personnelles telles que les maîtres les ont évaluées. Comme nous l'avons noté plus haut, il n'existe pas dans les dossiers de mesure directe de l'image de soi ; mais nous pensons que les caractéristiques personnelles reflètent l'image de soi. Pour l'information des parents, ces caractéristiques (autorité, initiative, honnêteté, docilité et effort) étaient évaluées quatre fois par année par tous les maîtres d'un élève, tout au long du cours élémentaire. A la fin de chaque année scolaire, on faisait la moyenne des notes inscrites au bulletin et on les portait au dossier permanent. Nous croyons légitime de faire l'hypothèse que lorsque sept maîtres différents ont jugé qu'un élève avait un niveau élevé, par exemple, d'autorité et d'initiative, cet élève a très probablement une bonne image de sa capacité de réussir à l'école. De même, des recherches ont montré que l'image de soi influence le degré d'effort dans les domaines où l'effort est un facteur important du succès [7].

Nous faisons l'hypothèse que le tout se déroulait de la façon suivante : Mlle A étant une figure de référence dans le domaine scolaire, inspirait confiance en eux-mêmes à ses élèves, par ses attentes optimistes et ses évaluations favorables. De plus, elle leur donnait un bon enseignement dans les matières de base, telles que la lecture et l'arithmétique. A leur tour, les élèves, qui avaient une bonne image de soi comme écoliers, travaillaient fort et réussissaient bien en première année. Par leur confiance en soi et grâce aux bonnes notes inscrites à leur dossier, ces élèves faisaient une bonne impression sur leurs maîtres subséquents.

En conséquence, ces maîtres attendaient aussi des résultats élevés, de la part de ces élèves ; les élèves continuaient donc de bien travailler et d'obtenir des résultats supérieurs, jusque dans leur vie d'adulte.

Résultats scolaires

Pour vérifier notre hypothèse, nous examinerons d'abord l'influence de l'institutrice de première année sur les résultats scolaires. Le tableau V présente la moyenne des résultats, pour chaque année du cours élémentaire, de deux groupes d'élèves : ceux qui ont été dans la classe de Mlle A en première année, et ceux qui ont fait leur première année dans les classes d'autres institutrices. Chaque maître devait, chaque année, calculer le « rendement général » de chaque élève, en faisant la moyenne des notes dans les différentes matières au programme. C'est ce « rendement général » qui est la variable dépendante dans l'analyse résumée au tableau V.

Celui-ci montre que, comme groupe, les élèves de Mlle A ont obtenu de meilleurs résultats en moyenne que les élèves des « autres », dans chacune des années du cours élémentaire. D'après le test binomial [8], la probabilité que les résultats moyens d'un groupe soient plus élevés dans toutes les années sans exception, est de .016 et nous jugeons donc que ce phénomène est statistiquement significatif. Le lecteur tirera ses propres conclusions quant à la signification des différences à chaque année, d'après les seuils de probabilité indiqués. Nous en concluons que le fait de commencer par de bons résultats en première année a des effets sur toute l'expérience scolaire de l'enfant, et que cela peut expliquer en partie le fait que les élèves de Mlle A aient en général atteint un niveau de vie plus élevé que les autres, une fois adultes.

TABLEAU V

RENDEMENT GÉNÉRAL MOYEN * DES ÉLÈVES DE Mlle A ET DES ÉLÈVES DES « AUTRES »

Institutrice de première année	Rendement général par année du cours						
	I	II	III	IV	V	VI	VII
Mlle A	6.5	6.6	6.0	5.8	5.7	5.0	5.0
Autres	4.8	4.8	4.9	4.8	4.6	4.2	3.9
Probabilité par année (d'après l'analyse de variance) **	.01	.01	.17	.16	.13	.20	.08
Probabilité pour l'ensemble des années	.016						

Notons que le rendement supérieur des élèves de Mlle A, tel qu'elle l'a évalué elle-même en première année, est confirmé dans les classes suivantes, par les autres maîtres. Comme ces évaluations sont jusqu'à un certain point subjectives, on pourrait objecter que les notes évaluées en première année résultent de l'indulgence de Mlle A. Toutefois, les institutrices de deuxième année constatent une différence encore plus grande, qui tient soit à un meilleur rendement réel, soit à ce que les institutrices de deuxième année s'attendaient à un meilleur rendement de la part des élèves de Mlle A et qu'elles ont été partiales dans leurs évaluations, à cause de cette attente. Nous montrerons plus loin que Mlle A avait une excellente réputation. L'attente des maîtres de deuxième année pourrait expliquer que la différence entre les deux groupes d'élèves, qui était grande en deuxième année, a diminué au cours des années suivan-

---

* Le rendement général était noté comme Excellent, Très bon, Bon, Passable, Insuffisant. Les moyennes, dans le tableau ci-dessus, ont été calculées d'après les valeurs suivantes : Excellent = 9 ; Très bien = 7 ; Bon = 5 ; Passable = 3 ; Insuffisant = 1.

** L'emploi de l'analyse de variance sur des données de ce genre est courant dans une recherche de cette nature, mais elle ne tient pas compte de certains présupposés mathématiques. Les valeurs ci-dessus sont présentées pour la commodité du lecteur. A notre avis, la question de savoir si tel résultat est statistiquement « significatif » devrait dépendre de l'usage que le lecteur veut en faire, plutôt que d'une norme arbitraire (.001, .01, .05, .10) que l'auteur voudrait imposer. Le lecteur peut tirer des conclusions différentes de celles des auteurs ou oublier complètement les tests de signification.

tes. L'école avait l'habitude de diviser chaque classe en deux à la fin de chaque année, pour reformer les deux classes de l'année suivante. Par conséquent, les institutrices de deuxième année devaient savoir clairement quels étaient ceux de leurs élèves qui venaient de la classe de Mlle A, mais celles de troisième année devaient déjà en avoir moins conscience, celles de quatrième, encore moins, et ainsi de suite. Ainsi, les notes plus élevées des élèves de Mlle A, en troisième année et ensuite, reflètent probablement, plus que celles de deuxième année, le rendement réel des enfants par opposition à la réputation de Mlle A. Ce modèle illustre la difficulté d'étudier le phénomène de la prophétie créatrice, puisque les attentes et les résultats s'influencent réciproquement et continuent de jouer pendant longtemps.

Nous avons fait l'hypothèse que les résultats scolaires dépendent de plusieurs facteurs, dont les aptitudes intellectuelles, l'image de soi, et l'effort.

Autorité et initiative

Nous croyons que l'autorité et l'initiative peuvent être pris comme indices de l'image de soi. On peut supposer que, toutes choses étant égales d'ailleurs, les élèves à qui leurs maîtres successifs ont reconnu plus d'autorité et d'initiative, ont également une image de soi plus favorable que les autres. Le tableau VI compare les élèves de Mlle A et ceux des autres, sur ce point.

Les élèves de Mlle A, comme groupe, sont perçus par leurs maîtres subséquents comme ayant plus d'autorité et d'initiative que ceux des autres institutrices de première année. Nous estimons que cet ensemble de moyennes est statistiquement significatif ($p < .016$) d'après le test binomial.

TABLEAU VI

NIVEAU MOYEN D'AUTORITÉ ET D'INITIATIVE * CHEZ LES ÉLÈVES DE Mlle A ET CHEZ LES ÉLÈVES DES « AUTRES »

Institutrice de première année	Autorité et initiative par année du cours						
	I	II	III	IV	V	VI	VII
Mlle A	5.4	6.2	6.5	5.8	6.2	6.5	6.9
Autres	4.5	5.3	5.1	5.1	5.7	5.8	5.9
Probabilité par année	.10	.12	.02	.22	.44	.23	.11
Probabilité pour l'ensemble des années	.016						

* Les moyennes ont été calculées pour cette variable de la même façon que pour le rendement général. Voir la note sous le tableau V.

Honnêteté et docilité

Les dossiers permanents contiennent aussi des notes sur l'honnêteté et la docilité. Ces qualités personnelles sont plus difficiles à interpréter que l'autorité et l'initiative, puisqu'elles peuvent être confondues, dans l'esprit des maîtres, avec le conformisme et la complaisance, qui seraient plutôt associés à une image médiocre de soi. L'enfant qui n'a pas grande confiance dans ses capacités risque de coopérer avec le maître, sans distinction, plus que l'enfant qui est sûr de soi. Néanmoins, nous présentons au tableau VII, la moyenne des évaluations par les maîtres, de l'honnêteté et de la docilité chez les élèves de Mlle A et ceux des autres institutrices de première année.

TABLEAU VII

NIVEAU MOYEN D'HONNÊTETÉ ET DE DOCILITÉ CHEZ
LES ÉLÈVES DE Mlle A ET CHEZ LES « AUTRES »

Institutrice de première année	Honnêteté et docilité par année du cours						
	I	II	III	IV	V	VI	VII
Mlle A	6.8	6.9	7.2	6.6	7.3	6.9	7.0
Autres	5.2	6.0	5.9	6.3	7.5	7.0	6.9
Probabilité par année	.02	.14	.04	.60	.89	.87	.89
Probabilité pour l'ensemble des années	.344						

L'ensemble des différences présentées dans le tableau VII ne paraît pas significatif. Les élèves de Mlle A ont des notes plus élevées dans les trois premières années mais en quatrième année, ces notes rejoignent celles des autres et sont même plus basses en cinquième et en sixième années. Voilà un exemple d' « étiquettes » apposées en première année et qui disparaissent avec le temps.

Effort

L'effort fourni dans le travail scolaire est peut-être le meilleur indicateur de l'image de soi quant au travail scolaire, dont nous disposions dans les dossiers permanents. L'effort a été à plusieurs reprises associé à l'image de soi, tant en théorie que dans les études expérimentales. Ceux qui se sentent capables d'accomplir du bon travail sont plus portés à fournir un effort soutenu que ceux qui craignent de ne pas réussir. Cette motivation à l'effort expliquerait, en grande partie, les résultats supérieurs de tels élèves. Le tableau

VIII contient les moyennes des notes attribuées par les maîtres de toutes les années, à l'effort des élèves de Mlle A, en comparaison de ceux des autres institutrices de première année.

TABLEAU VIII

NIVEAU MOYEN D'EFFORT CHEZ LES ÉLÈVES DE Mlle A ET CHEZ LES ÉLÈVES DES AUTRES

Institutrice de première année	Effort par année du cours						
	I	II	III	IV	V	VI	VII
Mlle A	7.9	7.3	7.0	7.1	6.7	6.8	7.0
Autres	5.2	6.1	5.8	6.2	6.6	6.2	6.2
Probabilité par année	.00001	.04	.09	.18	.91	.42	.25
Probabilité pour l'ensemble des années	.016						

On voit qu'à chaque année du cours élémentaire, la note moyenne de l'effort est plus élevée chez les élèves de Mlle A que chez les autres. Nous estimons que l'ensemble des moyennes est significatif (p < .016) et que les moyennes des élèves de Mlle A, en première et en deuxième années, sont supérieures à celles des autres de façon probablement significative. Nous croyons que le niveau supérieur d'effort chez les élèves de Mlle A est lié à une image de soi plus favorable chez eux.

Image de soi et résultats scolaires

Nos données nous permettent d'examiner l'idée que l'image de soi influence les résultats scolaires. Nous avons supposé que l'autorité, l'initiative, l'honnêteté, la docilité et l'effort sont en relation directe avec l'image de soi ; nous les mettons ici en relation avec les résultats scolaires. Le tableau IX présente les moyennes des résultats scolaires d'élèves à différents niveaux de ces caractéristiques.

Le rendement moyen est obtenu à partir de la moyenne des notes pour toutes les matières, attribuées par les différents maîtres, dans toutes les années du cours élémentaire ; les trois niveaux des caractéristiques personnelles sont fixés de la même manière ; le niveau « élevé » correspond aux notes « excellent » et « très bien », « moyen » correspond à « bien », et « bas », à « passable » et « insuffisant ». Les résultats appuient l'hypothèse que le rendement scolaire est associé de façon significative à l'autorité et à l'initiative, à l'honnêteté et à la docilité, et à l'effort. Les seuils de probabilité

TABLEAU IX

RENDEMENT GÉNÉRAL MOYEN SUIVANT DIFFÉRENTS NIVEAUX D'AUTORITÉ & INITIATIVE, D'HONNÊTETÉ & DOCILITÉ, ET D'EFFORT

Autorité & initiative	Rendement moyen	Honnêteté & Docilité	Rendement moyen	Effort	Rendement moyen
Elevé	7.1	Elevé	6.3	Elevé	6.3
Moyen	4.5	Moyen	4.0	Moyen	3.9
Bas	3.5	Bas	4.0	Bas	2.5
$p < .001$		$p < .001$		$p < .001$	

très bas de ces relations font penser qu'elles sont statistiquement significatives. Il n'est pourtant pas simple d'interpréter les résultats, puisqu'il se produit sans doute un effet de halo, du fait que les deux catégories de variables étaient évaluées par les mêmes maîtres. Il est certain que dans l'estimation des caractéristiques personnelles des élèves, les maîtres étaient influencés par les notes attribuées à ces mêmes élèves, pour les matières au programme. De cette façon, les résultats scolaires et les autres variables s'emmêlent inextricablement avec le temps. De fait, c'est là le point fondamental du modèle de prophétie créatrice. Toutefois, nous inclinons à considérer ces relations très fortes comme réelles et à en conclure que les résultats scolaires sont associés de façon significative à l'autorité et à l'initiative, à l'honnêteté et à la coopération, et à l'effort.

Il nous reste à montrer que les résultats à l'école élémentaire ont une portée directe sur le niveau de vie à l'âge adulte. Le tableau X illustre cette relation.

Il montre que plus le rendement est élevé, plus le niveau de vie est élevé, à l'âge adulte ; le niveau critique de rendement, par rapport au niveau de vie, paraît se situer entre les catégories « moyen » et « bas ».

TABLEAU X

RELATION ENTRE LE NIVEAU DE VIE À L'ÂGE ADULTE ET LE RENDEMENT GÉNÉRAL MOYEN POUR TOUT LE COURS ÉLÉMENTAIRE

Rendement général	Niveau de vie				
	Bas	Moyen	Elevé	$\overline{X}$	N
Elevé	14%	36%	50%	6.0	14
Moyen	14%	38%	48%	5.9	29
Bas	65%	29%	6%	3.2	17
Totaux	28%	35%	37%	5.2	60
Probabilité	F : 11.0	2,54 d.l.		$p < .0001$	
Interaction rendement-sexe	F : 4.9	1,54 d.l.		$p < .03$	

L'interaction rendement-sexe est intéressante : il semble que la relation entre le rendement scolaire et le niveau de vie soit plus importante pour les garçons que pour les filles. Cela tient sans doute à ce que la structure des occupations est différente pour les hommes et pour les femmes, dans notre société.

Nous en déduisons que si Mlle A a influé sur le niveau de vie de ses élèves, c'est au moins de deux façons : d'abord, en favorisant leur succès scolaire, par un enseignement efficace, ensuite, par l'effet qu'elle a eu, comme figure de référence sur leur confiance dans leur capacité de réussir.

FIGURE I

PROCESSUS DE DÉVELOPPEMENT, DE L'ÉCOLE ÉLÉMENTAIRE À L'ÂGE ADULTE

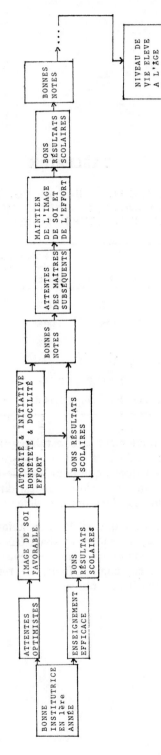

Considérées ensemble, les données des six derniers tableaux font penser qu'un bon départ à l'école, fait des premiers succès scolaires et d'un début de confiance en ses capacités de réussir, exprimées dans l'autorité, l'initiative, l'honnêteté, la docilité et l'effort, aura un effet d'entraînement tout au long des études, sur la réussite scolaire d'un élève. Cela explique en partie l'influence indiquée par les données étonnantes du tableau IV.

La figure I schématise le processus que nous avons postulé et qui nous paraît illustré par les données que nous venons de présenter.

La réputation de Mlle A

Nous tenons pour acquis l'influence de l'instituitrice de première année, en tant que figure de référence, sur l'image de soi et la réussite ultime de ses élèves. Nous définissons ici figure de référence comme quelqu'un dont l'opinion et les attentes sont considérées comme importantes par les sujets de cette opinion et de ces attentes. Nous pensons que Mlle A a non seulement influencé les élèves eux-mêmes, par ses attentes, mais qu'elle a aussi influencé les maîtres subséquents de ces enfants, par sa réputation.

Mlle A avait-elle vraiment une telle réputation, était-elle une figure de référence ? Les interviews de nos sujets adultes nous apportent des réponses à ces questions. Nous avons demandé à nos sujets de se rappeler leurs maîtres, d'évaluer leur compétence et leur effort, et de faire des remarques à leur sujet.

Tous les adultes qui ont été dans la classe de Mlle A, en première année, l'identifient correctement. Chez les autres, 55 p. cent seulement identifient leur première institutrice correctement et 10 p. cent nomment Mlle A, en pensant qu'ils ont été dans sa classe ! Leur mémoire semble être influencée par des souhaits rétrospectifs.

Sur la compétence de leur première institutrice, 73 p. cent des élèves de Mlle A la notent « très bien » ou « excellente » ; 20 p. cent ne peuvent pas l'évaluer, alors que 45 p. cent des autres ne peuvent évaluer leur institutrice et seulement 30 p. cent estiment qu'elle était « excellente » ou « très bien ».

Nous avons aussi demandé à nos sujets de noter l'effort de leur première institutrice par A, B ou C. Soixante-et-onze p. cent des élèves de Mlle A notent son effort par « A » ; parmi les élèves des autres institutrices, 26 p. cent les notent par « A » et la moitié ne peuvent pas répondre.

Dans leurs remarques, 71 p. cent des anciens de Mlle A ont un souvenir favorable : « elle avait 40 enfants et pourtant semblait enseigner à un seul à la fois » ; « elle semblait s'intéresser beaucoup à ses élèves ». Cinquante-huit p. cent des élèves des autres font des remarques neutres ou pas de remarques du tout.

Il est évident que pour ce groupe d'élèves, dans cette école, une institutrice avait une telle personnalité que la plupart des enfants la connaissaient et que des années après avoir quitté l'école, ils en gardent encore grande impression, même s'ils n'ont pas été dans sa classe. Les opinions et sentiments relatifs aux autres institutrices sont plus variés, depuis l'oubli, en passant par les souvenirs pénibles (« je ne pouvais la souffrir, elle criait tout le temps ») ou les sentiments mêlés (« elle enseignait bien, mais n'était pas juste »), jusqu'à l'admiration (« elle était merveilleuse avec les enfants »).

Études à poursuivre
Changements dans les relations

Nous avons observé, dans les tableaux IV et VIII, que les relations entre les notes attribuées par l'institutrice de première année et les notes attribuées par les maîtres des classes subséquentes semblent s'affaiblir après la deuxième année, jusqu'en sixième, et se rétablir en septième année.

Ce processus est difficile à interpréter mais le fait mérite d'être remarqué, étant donné l'association importante entre l'institutrice de première année et le niveau de vie à l'âge adulte. La constatation est intéressante aussi, si l'on pense aux observations faites à propos du programme Head Start, aux Etats-Unis, à savoir que l'avantage gagné grâce au programme diminue au bout de trois ou quatre ans. Nos données semblent prouver qu'un bon départ influe sur le niveau de vie ultérieur en partie au moyen de l'influence des maîtres sur l'image de soi des élèves. Cette influence perd de l'importance au milieu du cours élémentaire, mais elle semble s'affirmer de nouveau ensuite. Il se peut que les maîtres de septième année soient plus prudents dans leur évaluation, parce que certains de leurs élèves doivent passer à l'école secondaire. Quoi qu'il en soit, le rétablissement des relations en septième année, tel qu'on le voit dans les tableaux IV, VI et VIII, nous fait penser qu'il serait intéressant d'examiner les programmes comme Head Start, sur une période plus longue qu'il a été possible de le faire jusqu'ici. Il est important de mieux connaître les effets à long terme des programmes d'enseignement compensatoire ou correctif.

Différences entre les races

Toutes nos analyses ont été faites séparément pour les garçons et pour les filles, car nous pensions que le niveau de vie à l'âge adulte ne subit pas les mêmes influences chez les garçons que chez les filles, dans un monde où les occupations sont typiquement masculines ou féminines. La seule différence significative entre les sexes, relevée à la suite du tableau X, se trouve dans la relation plus forte chez les garçons que chez les filles entre le rendement général à l'école élémentaire et le niveau de vie à l'âge adulte.

Vers la fin de la présente étude, nous avons analysé les relations entre certaines variables, séparément pour les Noirs et pour les Blancs (notre échantillon compte 17 Noirs). Bien que cette analyse ne soit pas assez avancée pour que nous en tirions des conclusions, les données semblent indiquer que pour les Blancs, c'est le rendement scolaire qui importe en vue du niveau de vie à l'âge adulte, alors que pour les Noirs, c'est « l'honnêteté et la docilité ». De plus, alors que la corrélation entre l'autorité et l'initiative et le niveau de vie, est positive pour les Blancs, elle est négative pour les Noirs. Les mêmes tendances contraires existent dans la relation entre l'effort et le niveau de vie. Cela nous fait penser que tandis que l'autorité et l'initiative sont associées au succès scolaire et au niveau de vie, pour les Blancs, c'est la docilité qui favorise les Noirs, même dans la société canadienne, même à cette époque. Il semble qu'il n'y ait aucune raison, pour les Noirs, de faire preuve d'initiative, de travailler fort ou de réussir en classe, s'ils veulent « réussir » dans la vie.

Cette question mérite d'être étudiée de plus près. Bien d'autres études viennent à l'esprit, si l'on considère nos résultats. Il faudrait utiliser des mesures directes de l'image de soi, et des données qui permettent des analyses plus raffinées, telles que l'analyse de pistes causales. Il faudrait observer davantage le comportement des maîtres, comme dans la recherche de Rist, pour déterminer les effets de ce comportement sur l'image de soi et le rendement scolaire des enfants.

Notre étude porte sur des enfants de milieu ouvrier. Il faudrait étudier des populations plus diversifiées, pour évaluer le rôle du niveau socio-économique dans l'influence des maîtres sur les enfants. De telles recherches fourniraient des connaissances utiles pour le recrutement, la formation et l'affectation des maîtres. Des études semblables pourraient examiner l'intensité et la qualité de l'influence des maîtres avec des enfants de différents âges.

Pour que des résultats comme les nôtres trouvent quelque application pratique, il faut déterminer si la connaissance et la compréhension de ces résultats peuvent influencer le comportement des maîtres. Cela importe quant aux recherches futures et quant à la formation des maîtres. Peut-on élaborer des programmes de formation tels que les maîtres soient de meilleures figures de référence ?

Sans aucun doute, la façon dont une école est organisée conditionne la qualité et l'intensité des contacts entre maître et élèves. Il faudrait étudier l'effet que peuvent avoir sur l'image de soi et l'apprentissage des enfants les pratiques relatives à l'âge d'admission, au groupement des enfants, au transport des élèves par autobus, ou à l'établissement de districts scolaires, dans l'espoir de former des populations scolaires hétérogènes. De même, les programmes d'études, les manuels et les moyens audio-visuels d'enseignement, devraient être examinés sous l'angle du développement de l'image de soi.

On pourrait ajouter bien d'autres suggestions mais ce qui précède suffit à donner des exemples du genre de recherche qu'il serait utile de poursuivre.

SOMMAIRE

Nous avons montré que pour un groupe de sujets, répartis au hasard dans les classes de première année d'une école de quartier pauvre, la vie à l'école élémentaire et le niveau de vie à l'âge adulte sont en relation avec le titulaire de première année qui les a reçus. A l'école qui nous intéresse, Mlle A avait la réputation d'être une excellente institutrice. Les résultats exposés plus haut illustrent l'idée que, grâce à son enseignement et à ses encouragements, Mlle A a réussi à influencer le rendement scolaire et les qualités personnelles de ses élèves de telle sorte que leurs premiers succès les ont mis sur la voie de succès ultérieurs. Nous voyons là un exemple de prophétie créatrice et nous en concluons que, même si l'influence de la première institutrice semble s'atténuer après deux ou trois ans, il en reste un effet mesurable, à long terme. En conséquence, le comportement et les attitudes des jardinières et des institutrices de première année est d'une importance cruciale pour l'avenir des enfants.

RÉFÉRENCES

1. PEDERSEN, Eigil and Mona FARRELL, *Background and Personal Factors Associated with 10 Changes in an Inner-City School Population,* Montreal, McGill University, Faculty of Education, 1969.

2. BERNSTEIN, B., Social Structure, Language, and Learning, *Educational Research,* 1961, Vol. III, p. 163-176.
   DEUTSCH, M. and B. BROWN, The Relationship of Social Conditions to Intellectual and Language Development, *Journal of Social Issues,* 1964, XX, (April), p. 24-35.
   AUSUBEL, D.P., How Reversible Are the Cognitive and Motivational Effects of Cultural Deprivation ? *in* PASSOW, A.H., *et al. Education of the Disadvantaged,* New York, Holt, Rinehart & Winston, 1967.
   HESS, R.D. and D. SHIPMAN, The Early Blocks to Children's Language, *in* WEBSTER, E., *The Disadvantaged Learner,* San Francisco, Chandler Publishing Company, 1965.

3. SEXTON, Patricia, *Education and Income,* New York, The Viking Press, 1961.

4. RIST, Ray C., Student Social Class and Teacher Expectations : The Self-Fulfilling Prophecy in Ghetto Education, *Harvard Educational Review,* 1970, 40, 3, p. 411-451.

5. MERTON, R.K., *Social Theory and Social Structure,* Glencoe, Ill., The Free Press, 1957.

6. TROWBRIDGE, Norman, *et al.,* Self-Concept and Socio-Economic Status, *Child Study Journal,* 1972, *II* (3), p. 123-139.

7. BROOKOVER, W.B. and GOTTLIEB, David, *A Sociology of Education,* (Second Ed.), New York, American Book Co., 1969, p. 453-481.

8. SIEGEL, S., *Non-Parametric Statistics for the Behavioral Sciences,* New York, McGraw-Hill, 1956, p. 36-42.

Ce texte inédit a été préparé pour cet ouvrage. La première section de ce chapitre est tirée de l'étude non publiée, par E.D. Pedersen et Mona F. Farrell : *Background and Personal Factors Associated with I.Q. Change in an Inner-City School Population, Montréal,* Montréal, McGill University, Faculty of Education, 1969.

ÉDUCATION ET MOBILITÉ

Raymond BOUDON

Le problème des conséquences du développement considérable des taux de scolarisation, qui caractérise la plupart des pays depuis quelques décennies, est un des plus difficiles et des plus controversés qui soit. Chacun sait que les sociologues, comme les hommes politiques, virent pendant longtemps dans le développement de l'éducation l'instrument privilégié d'une politique d'égalité sociale. Les économistes de l'éducation restent encore souvent attachés à l'idée que le développement de l'éducation conduit à une réduction de l'inégalité des salaires. Naguère, les sociologues voyaient dans l'accroissement des taux de scolarisation un moyen d'augmenter la mobilité sociale.

Notre propos n'est pas de traiter du problème des conséquences de l'augmentation des taux de scolarisation dans son ensemble. En ce qui concerne l'influence de ce facteur sur la distribution des revenus, nous nous contenterons de renvoyer le lecteur aux récents travaux de Thurow[1]. Ils montrent que si on suppose la structure de l'emploi déterminée seulement dans une faible mesure par la modification dans le temps du stock d'éducation, l'allongement moyen du temps de scolarité conduit non pas à une réduction, mais à une augmentation des inégalités économiques. Plus précisément, si on se borne à la distinction entre les trois ordres classiques d'enseignement (primaire, secondaire, supérieur), on montre : 1) que *la variance* des salaires attachés à chacun de ces niveaux a tendance à décroître ; 2) que les moyennes des salaires attachés aux trois niveaux ont tendance à s'éloigner les unes des autres.

Répétons que ce résultat, qui contredit les propositions fréquemment avancées par les économistes de l'éducation, résulte de l'hypothèse, à première vue raisonnable, selon laquelle la structure de l'emploi (plus exactement la structure des salaires) se modifie plus lentement que ce que nous appellerons la structure scolaire, à savoir la distribution des individus en fonction de leur niveau scolaire[2].

Le bien-fondé de l'hypothèse de Thurow est démontré *a posteriori* par le fait que les conséquences qu'il en tire sont conformes à l'observation, pour le cas qui l'intéresse, celui des Etats-Unis. En effet, on observe dans ce pays, entre 1949 et 1969 :

1) *Une réduction des inégalités scolaires.* Pour la mesurer, Thurow utilise la procédure de Gini-Pareto : soit N le nombre total d'années d'éducation caractérisant une population à un moment donné et n_1, n_2, ..., n_{10} le nombre total d'années correspondant respectivement aux 10% de la population les moins scolarisés, puis aux 10% immédiatement supérieurs, et finalement aux 10% les plus scolarisés. On constate alors que la part du *stock* total d'éducation dont disposent les 10% les moins scolarisés croît entre 1949 et 1969, tandis que la part des 10% les plus scolarisés décroît ;

2) *Une augmentation des inégalités économiques.* En effet, entre 1949 et 1969, la proportion de la masse salariale qui revient aux 10% les moins favorisés a tendance à décroître, tandis que la part des 10% les plus favorisés augmente. Ainsi, le développement des taux de scolarisation *s'accompagne* à la fois d'une réduction des inégalités scolaires *et* d'une augmentation des inégalités économiques [3].

D'un autre côté, les statistiques américaines montrent que, conformément aux conséquences qui résultent de l'hypothèse de Thurow, on assiste bien, entre 1949 et 1969 : 1) à une réduction de la variance des salaires attachés à chacun des trois niveaux scolaires ; 2) à une divergence des moyennes des salaires correspondant aux trois niveaux.

I. EXPANSION DES TAUX DE SCOLARISATION ET MOBILITÉ

Nous nous intéresserons dans cet article au problème de l'influence de l'expansion des taux de scolarisation sur la mobilité. Si nous avons jugé utile de rappeler dans l'introduction les travaux de Thurow, c'est, en premier lieu, parce que le problème de l'incidence de l'expansion des taux de scolarisation sur la mobilité d'une part, et sur les inégalités économiques d'autre part, a donné et donne toujours lieu à des controverses analogues. C'est, en second lieu, parce qu'on aboutit dans les deux cas à des résultats beaucoup plus clairs en adoptant et en intégrant dans le raisonnement l'hypothèse de Thurow, selon laquelle la structure des salaires, de l'emploi, ou dans le cas qui nous occupe *la structure sociale* (distribution des statuts sociaux), *est largement indépendante de l'évolution de la structure scolaire.*

Ajoutons que les considérations qui suivent résument une partie de la théorie de la mobilité développée dans notre ouvrage sur *l'Inégalité des chances* [4]. Cet ouvrage était à peu près terminé lorsque mon attention a été attirée sur les travaux de Thurow [5]. J'utilise donc cet article pour rapprocher mon analyse et mes conclusions des siennes. La conclusion de Thurow est que le développement du système d'éducation ne s'accompagne pas nécessairement, bien au contraire, d'une atténuation des inégalités économiques ; la mienne est qu'il n'a aucune raison d'entraîner une augmentation de la mobilité, *même si on suppose une atténuation de l'inégalité des chances scolaires.*

Le fragment de phrase souligné appelle une mise au point. On admet parfois, dans la sociologie dite *critique,* que le système scolaire a pour effet non d'atténuer mais de renforcer les inégalités dues à la naissance et que, en conséquence, l'expansion des taux de scolarisation n'a aucune raison de s'accompagner d'une démocratisation de l'enseignement. Il est vrai qu'on peut produire certaines statistiques, relatives à certains pays et concernant de préférence des périodes très courtes, d'où il ressort que l'inégalité des chances devant l'enseignement ne manifeste pas de tendance à l'atténuation. Mais lorsqu'on considère des périodes de 20 ans, de 10 ans ou même moins, et qu'on s'efforce de prendre une vue d'ensemble de l'évolution des inégalités scolaires dans les sociétés industrielles, on observe une atténuation générale des inégalités scolaires qu'il est impossible de nier. Sur ce point, la démonstration de Thurow dans le cas des Etats-Unis peut être critiquée, dans la mesure où elle ne tient pas compte de l'évolution de la structure démographique de la population américaine entre les deux périodes qu'il considère. Mais l'impressionnante documentation statistique réunie par l'O. C. D. E. sur le problème ne laisse place à aucun doute : dans les sociétés industrielles et particulièrement dans les sociétés industrielles libérales, *les inégalités scolaires manifestent une tendance constante à l'atténuation* [6].

Le problème est alors de savoir dans quelle mesure l'expansion des taux de scolarisation d'une part, l'atténuation de l'inégalité des chances devant l'enseignement d'autre part, entraînent une atténuation de *l'inégalité des chances sociales,* ou, si on préfère un langage plus scolaire, une augmentation de la *mobilité sociale.*

II. LA NÉCESSITÉ D'UNE THÉORIE SYSTÉMIQUE DE LA MOBILITÉ SOCIALE

Pour répondre à cette question, il est indispensable de recourir à ce qu'on peut appeler une théorie systémique de la mobilité. Il est, en d'autres termes, essentiel de considérer l'ensemble des facteurs qui affectent la mobilité comme un système d'éléments interdépendants. Une théorie de ce type a été développée en détail dans *l'Inégalité des chances* [7]. Il ne m'est naturellement pas possible de

417

l'exposer ici en détail ; je me contenterai de présenter dans ses grandes lignes le modèle auquel elle conduit. Il m'est également impossible de produire les justifications empiriques de telle ou telle hypothèse ou de telle ou telle conséquence. Disons seulement que les axiomes du modèle, aussi bien que ses conséquences, apparaissent en accord avec l'ensemble des données relatives aux sociétés industrielles, qui se dégagent soit de la comptabilité scolaire, soit des enquêtes sociologiques. Le modèle se compose, *grosso modo,* de trois parties logiquement enchaînées, ou, si on préfère, de trois moments.

1) Dans un premier moment, on suppose que la distribution des individus d'une population par rapport à la réussite scolaire varie en fonction de la classe sociale d'origine. On admet par ailleurs qu'à chaque classe sociale est associé un champ de décision qui détermine les probabilités pour qu'un individu appartenant à une certaine classe sociale et ayant un niveau de réussite scolaire donné, un retard ou une avance scolaires donnés, etc., choisisse, à telle ou telle étape du *cursus* scolaire, une voie ou une autre (par exemple : entrée dans l'enseignement secondaire long par opposition à l'enseignement supérieur court, continuation des études par opposition à entrée dans la vie active, etc.). On suppose en outre que les étapes du *cursus* scolaire et, plus généralement, la structure des points de bifurcation qui jalonnent ce *cursus,* peuvent varier d'un système scolaire à l'autre et évoluer dans le temps. Ainsi, les statistiques allemandes montrent que la *mittlere Reife* (diplôme de fin d'études au niveau du premier cycle de l'enseignement secondaire) était, il y a dix ans, perçue comme un point de bifurcation important : elle était considérée comme un point terminal en quelque sorte « naturel », notamment par les familles de classes moyenne et basse. Une structure de ce type peut être traduite dans le modèle en supposant des probabilités basses de survie dans le système scolaire pour les individus moyens, du point de vue de la réussite scolaire, de l'âge et des autres dimensions de l'espace dans lequel sont définis les champs de décision.

Sans entrer dans les détails, disons que la formalisation des propositions qui viennent d'être brièvement présentées aboutit à un modèle qui permet de reconstituer le devenir scolaire d'une cohorte hypothétique. Ainsi, supposons trois classes sociales (supérieure, moyenne, inférieure) ; imaginons qu'une cohorte de 100 000 élèves arrive à la fin de l'enseignement élémentaire à un instant donné et supposons que, parmi ces élèves, 10 000 soient de classe supérieure, 30 000 de classe moyenne et 60 000 de classe inférieure. Une formalisation convenable des propositions précédentes et un choix approprié des paramètres permettent de déterminer le nombre d'individus qui, dans chaque classe sociale, atteignent chacun des niveaux déterminés par le système scolaire considéré.

Le tableau 1 donne le résultat de l'application du modèle dans un cas particulièrement simple : six niveaux scolaires ont été au total distingués. Les colonnes 1, 3 et 5 donnent les proportions d'individus qui, dans chaque classe sociale, atteignent chacun des niveaux d'enseignement. Les trois autres colonnes donnent les proportions cumulées du bas vers le haut.

TABLEAU 1

NIVEAUX D'ÉTUDES EN FONCTION DE LA CLASSE SOCIALE

| niveau scolaire | classe sociale | | | | | |
| | C_1 (supérieure) | | C_2 (moyenne) | | C_3 (inférieure) | |
	(1)	(2)	(3)	(4)	(5)	(6)
1. fin d'études supérieures	0,1967	1,0000	0,0340	0,9999	0,0053	1,0000
2. études supérieures	0,0905	0,8033	0,0397	0,9659	0,0104	0,9947
3. fin d'études secondaires	0,0618	0,7128	0,0357	0,9262	0,0118	0,9843
4. deuxième cycle secondaire	0,1735	0,6510	0,1396	0,8905	0,0653	0,9725
5. premier cycle secondaire	0,2775	0,4775	0,3609	0,7509	0,3072	0,9072
6. études primaires	0,2000	0,2000	0,3900	0,3900	0,6000	0,6000
total	1,0000		0,9999		1,0000	

On remarque que les résultats engendrés par le modèle sont structurellement conformes aux données fournies par la comptabilité scolaire : les inégalités devant l'enseignement secondaire, qui distinguent les trois classes sociales, sont considérables ; les inégalités devant l'enseignement supérieur sont encore plus marquées.

2) Le second *moment* dans la construction du modèle permet de passer de la statique à la dynamique. On suppose un changement des caractéristiques des champs de décision dans le temps. Dans le cas le plus simple, on admet que les probabilités de survie dans la voie scolaire qui conduit à l'enseignement supérieur augmentent. On suppose en outre que cette augmentation est d'autant plus rapide que la probabilité à laquelle elle s'applique est plus petite. Ainsi, imaginons que pour un niveau de réussite scolaire donné, un âge donné, etc., la probabilité de survie à un point de bifurcation donné soit, à une époque donnée, égale à p. On pourra supposer qu'elle est, à l'époque suivante, égale à $p + (1-p)a$, où a est un coefficient positif inférieur à 1. Nous donnons aux tableaux 2a, 2b et 2c les principaux résultats qu'on extrait du modèle, lorsqu'on utilise les hypothèses et paramètres qui conduisent au tableau

1 et qu'on introduit en outre l'hypothèse dynamique qui vient d'être énoncée. Les trois parties du tableau 2 correspondent aux distributions qu'on obtient à trois périodes successives. Ainsi, disons que le tableau 1 correspond à la période t_0 et les tableaux 2a, 2b et 2c respectivement aux périodes t_1, t_2 et t_3 [8].

TABLEAU 2

NIVEAUX D'ÉTUDES EN FONCTION DE LA CLASSE SOCIALE
À TROIS PÉRIODES SUCCESSIVES t_2, t_3 et t_4

niveau scolaire	classe sociale					
	C_1 (supérieure)		C_2 (moyenne)		C_3 (inférieure)	
a) $t = t_1$						
1. fin d'études supérieures	0,2319	1,0001	0,0491	0,9999	0,0092	1,0001
2. études supérieures	0,0947	0,7682	0,0490	0,9508	0,0153	0,9909
3. fin d'études secondaires	0,0629	0,6735	0,0418	0,9018	0,0164	0,9756
4. deuxième cycle secondaire	0,1707	0,6106	0,1526	0,8600	0,0832	0,9592
5. premier cycle secondaire	0,2599	0,4399	0,3564	0,7074	0,3360	0,8760
6. études primaires	0,1800	0,1800	0,3510	0,3510	0,5400	0,5400
total	1,0001		0,9999		1,0001	
b) $t = t_2$						
1. fin d'études supérieures	0,2689	1,0002	0,0680	1,0000	0,0151	1,0000
2. études supérieures	0,0977	0,7313	0,0584	0,9320	0,0215	0,9849
3. fin d'études secondaires	0,0631	0,6336	0,0474	0,8736	0,0217	0,0634
4. deuxième cycle secondaire	0,1662	0,5705	0,1629	0,8262	0,1018	0,9417
5. premier cycle secondaire	0,2423	0,4043	0,3474	0,6633	0,3539	0,8399
6. études primaires	0,1620	0,1620	0,3159	0,3159	0,4860	0,4860
total	1,0002		1,0000		1,0000	
c) $t = t_3$						
1. fin d'études supérieures	0,3069	1,0001	0,0904	1,0000	0,0233	1,0000
2. études supérieures	0,0993	0,6932	0,0676	0,9096	0,0288	0,9767
3. fin d'études secondaires	0,0626	0,5939	0,0524	0,8420	0,0277	0,9479
4. deuxième cycle secondaire	0,1604	0,5313	0,1703	0,7896	0,1197	0,9202
5. premier cycle secondaire	0,2250	0,3709	0,3350	0,6193	0,3629	0,8005
6. études primaires	0,1459	0,1459	0,2843	0,2843	0,4376	0,4376
total	1,0001		1,0000		1,0000	

Ces tableaux reproduisent les propriétés structurelles qu'on peut observer au niveau de la comptabilité scolaire, lorsque celle-ci permet d'obtenir des données diachroniques. On remarque notamment : 1) que, d'une période à l'autre, la probabilité d'atteindre les niveaux élevés du système scolaire est multipliée par un coefficient d'autant plus grand que l'origine sociale est plus basse : 2) mais que le nombre supplémentaire d'individus qui, d'une période à l'autre, atteignent par exemple l'enseignement supérieur pour mille individus, est beaucoup plus faible dans la classe inférieure que dans les autres classes. Ces deux résultats concordent avec les données de la comptabilité scolaire.

Nous n'insisterons pas davantage sur ces deux premiers moments du modèle. Ils ne concernent le problème traité dans le présent article que dans la mesure où ils permettent de déterminer : 1) l'évolution dans le temps des *effectifs* correspondant aux différents niveaux scolaires ; 2) l'évolution dans le temps de la *composition sociale des effectifs* correspondant à chaque niveau scolaire.

Ces deux points sont naturellement fondamentaux dans une analyse de la mobilité sociale puisque, dans les sociétés industrielles, le niveau d'instruction exerce une influence indiscutable sur le statut social qu'un individu peut espérer obtenir. C'est pourquoi il était nécessaire de présenter brièvement la partie du modèle concernant l'évolution dans le temps de l'inégalité des chances devant l'enseignement. En dehors de son intérêt pour l'analyse de la mobilité, cette partie du modèle permet de clarifier la théorie de l'inégalité des chances devant l'enseignement. Mais nous ignorerons ce point ici.

Notons seulement une dernière caractéristique structurelle intéressante des tableaux 1 et 2 : le taux de croissance des effectifs est d'autant plus important qu'on considère des niveaux scolaires plus élevés. Ce résultat est également conforme aux données de la comptabilité scolaire : dans la plupart des pays industriellement avancés à propos desquels l'O. C. D. E. a pu réunir des statistiques convenables, on constate par exemple que le taux de croissance de l'enseignement supérieur est plus important que celui de l'enseignement secondaire. Très généralement aussi, le taux de croissance des effectifs est plus important au niveau du second cycle de l'enseignement secondaire qu'au niveau du premier.

III. ÉDUCATION ET MOBILITÉ

Nous abordons maintenant le troisième moment du processus, qui concerne directement le problème qui nous intéresse : celui de l'influence sur la mobilité sociale du développement des taux de scolarisation et de la réduction des inégalités devant l'enseignement. Les deux premiers moments du modèle permettent d'établir les distributions caractérisant les cohortes successives du point de vue du niveau de l'instruction. Le troisième moment définit le mécanisme par lequel des individus dotés d'un niveau d'instruction reçoivent un statut social donné.

Quelles hypothèses peut-on introduire à cet égard ? Une première hypothèse s'impose d'elle-même, à savoir que les sociétés industrielles sont toutes, à un certain degré, *méritocratiques*. En d'autres termes, on supposera que, toutes choses étant égales d'ailleurs, ceux qui ont un niveau d'instruction plus élevé ont tendance à recevoir un statut social plus élevé. Nous verrons plus loin comment on peut donner une forme précise à cette proposition.

Une seconde hypothèse est que, toutes choses étant égales d'ailleurs, ceux dont l'origine sociale est plus élevée tendent à obtenir un statut social plus élevé. En particulier, on peut admettre, si on se réfère à de nombreux résultats d'enquête, que des individus possédant un même niveau d'instruction ont plus de chance d'atteindre un statut social élevé si leur origine sociale est plus élevée. Nous parlerons dans ce cas d'un effet de *dominance*.

Si notre objectif était d'établir une théorie exhaustive de la mobilité, d'autres facteurs devraient encore être introduits. Ainsi, on sait bien que, par des niveaux d'instruction égaux, les individus se dirigent vers des types de carrières associés à des espérances sociales plus ou moins élevés : ainsi, les jeunes gens d'origine sociale moyenne qui ont terminé avec succès leurs études secondaires se dirigent moins fréquemment vers les carrières prestigieuses de la médecine et du droit que leurs condisciples d'origine sociale supérieure.

D'autre part, il est clair que des facteurs de nature écologique affectent les processus de mobilité : deux personnes dont les caractéristiques individuelles sont semblables (même type d'origine sociale, même niveau d'instruction, même type de scolarité, etc.) ont toutes les chances d'obtenir un statut social différent selon qu'elles appartiennent à tel ou tel type d'environnement. Les statistiques réunies par l'O. C. D. E. démontrent l'existence d'importantes vaviations régionales dans les chances scolaires, même lorsque les caractères individuels sont contrôlés.

Dans ce qui suit, nous considérerons le cas le plus simple. Nous supposerons que la mobilité géographique est suffisamment importante pour que ces facteurs écologiques puissent être considérés comme négligeables. D'un autre côté, puisque la question posée dans cet article cherche à savoir dans quelle mesure la mobilité sociale est affectée par l'augmentation des taux de scolarisation et par l'atténuation des inégalités scolaires, nous pouvons négliger l'effet de dominance évoqué plus haut. Nous nous placerons donc dans l'hypothèse d'une *structure purement méritocratique*. Si le développement de l'instruction et l'atténuation de l'inégalité des chances scolaires doivent avoir un effet sur la mobilité sociale, c'est bien dans une société de ce type.

La question est alors de savoir comment nous pouvons formaliser l'hypothèse méritocratique de manière à l'introduire dans le modèle. Supposons, pour simplifier, qu'on distingue comme précédemment trois types de statuts sociaux hiérarchisés : C_1 (statut élevé), C_2 (statut moyen) et C_3 (statut bas). Supposons par ailleurs que la structure sociale soit relativement immobile dans le temps, c'est-à-dire que la distribution des individus par rapport aux trois types de statut soit à peu près constante. Dans la première et la seconde partie du modèle, on a supposé qu'une cohorte atteignant la fin des études élémentaires était distribuée de la manière suivante : 10 000 C_1, 30 000 C_2 et 60 000 C_3. On admettra pour simplifier que cette cohorte a à se partager un total de 100 000 positions sociales, dont 10 000 sont de niveau C_1, 30 000 de niveau C_2 et 60 000 de niveau C_3.

Naturellement, il n'est guère réaliste de supposer que des individus parvenus à la fin du cycle élémentaire au même moment vont également se trouver en compétition sur le marché de l'emploi : selon leur niveau d'instruction, ils vont en fait entrer sur le marché de l'emploi à des moments *différents*. Disons simplement qu'il serait aisé de compliquer le modèle, de telle manière que les individus qu'on suppose en situation de concurrence se présentent sur le marché de l'emploi de manière synchronisée. Mais cela ne modifierait pas les conclusions de l'analyse.

Pour traduire l'hypothèse méritocratique, il suffit alors de considérer que les individus vont recevoir leur statut social de destination selon un processus inégalitaire privilégiant ceux qui ont un niveau d'instruction plus élevé. Ainsi, au temps t_0, 10 000 places sont disponibles en C_1, tandis que (cf. tableau 1)

$$0,1967 \times 10\,000 + 0,0340 \times 30\,000 + 0,0053 \times 60\,000 = 3\,305$$

individus de la cohorte de départ atteignent le niveau scolaire le plus élevé. On supposera qu'une forte proportion de ces individus, par exemple 70%, reçoit des positions sociales de type élevé (C_1). Il restera donc 10 000 — 3 305 $\times$ 0,70 = 7 686 positions disponibles en C_1. On supposera ensuite que 70% de ces positions reviennent aux individus qui ont atteint le niveau scolaire juste inférieur au niveau le plus élevé. Si on se reporte au tableau 1, on voit qu'il s'agit d'individus qui n'ont pas terminé leurs études supérieures. On continuera ainsi à affecter les positions disponibles en C_1, en prélevant successivement les candidats à des niveaux d'instruction de plus en plus bas.

Cela fait, on pourvoira de la même façon les positions sociales disponibles au niveau C_2 (statuts sociaux de niveau moyen), en prenant successivement les candidats possédant le niveau scolaire le plus élevé, puis le niveau d'instruction immédiatement inférieur et ainsi de suite jusqu'au niveau le plus bas. Naturellement, il faudra tenir compte du fait que certains de ces candidats ont déjà été placés en C_1. De nouveau, on supposera que ce qu'on peut appeler le *paramètre méritocratique* est égal à 70%.

Le mécanisme de distribution est, comme on le voit, très simple et il est sans doute inutile de le présenter plus longuement. Notons toutefois que dans certains cas, il peut se faire que le nombre des positions disponibles à un niveau social donné soit inférieur à celui des candidats. Ainsi, il est facile de voir en se reportant au tableau 1 que, à la période t_0, le nombre des individus n'ayant pas dépassé le niveau du premier cycle de l'enseignement secondaire, soit

$$0{,}2775 \times 10\,000 + 0{,}3609 \times 30\,000 + 0{,}3072 \times 60\,000 = 32\,035$$

est supérieur au nombre des places disponibles en C_2 lorsque tous les individus ayant un meilleur niveau d'instruction ont été servis. Soit x ce nombre. On supposera dans ce cas, pour des raisons logiques que nous ne pouvons développer dans le cadre de cet article, que le paramètre méritocratique s'applique à x. Le nombre de positions de type C_1 qui reviendra aux individus n'ayant atteint que le premier cycle de l'enseignement secondaire sera donc égal à $0{,}70\,x$.

L'application de la démarche qui vient d'être décrite conduit aux résultats présentés au tableau 3. Ce tableau donne le nombre des individus qui, ayant un niveau d'instruction donné, atteignent chacun des trois types de statuts sociaux aux quatre périodes considérées. Le paramètre méritocratique a été uniformément supposé égal à 70%, aux quatre périodes. Le seul élément qui varie d'une période à l'autre est donc la *distribution des niveaux d'instruction* qui caractérise chacune des quatre cohortes.

Les conséquences de l'élévation générale des niveaux d'instruction sur la relation entre niveau scolaire et statut acquis sont relativement complexes. On observe en examinant le tableau 3 :

TABLEAU 3

EFFECTIFS ET PROPORTION D'INDIVIDUS ATTEIGNANT CHACUN
DES TROIS NIVEAUX SOCIAUX EN FONCTION DU
NIVEAU SCOLAIRE AUX QUATRE PÉRIODES t_0 à t_3

niveau scolaire		C_1		statut social C_2		C_3		total
t_0	S_1	2,213	(0,7000)	694	(0,2100)	298	(0,0900)	3 305
	S_2	1 904	(0,7000)	571	(0,2100)	245	(0,0900)	2 720
	S_3	1 678	(0,7000)	503	(2,2100)	216	(0,0900)	2 397
	S_4	2 874	(0,2920)	4 878	(0,4956)	2 090	(0,2124)	9 842
	S_5	862	(0,0269)	16 345	(0,5102)	14 828	(0,4629)	32 035
	S_6	369	(0,0074)	7 009	(0,1410)	42 323	(0,8516)	49 701
total		10 000		30 000		60 000		100 000
t_1	S_1	3 041	(0,7000)	912	(0,2100)	391	(0,0900)	4 344
	S_2	2 334	(0,7000)	701	(0,2100)	300	(0,0900)	3 335
	S_3	2 007	(0,7000)	602	(0,2100)	258	(0,0900)	2 867
	S_4	1 833	(0,1625)	6 611	(0,5862)	2 833	(0,2512)	11 277
	S_5	550	(0,0164)	14 822	(0,4431)	18 077	(0,5404)	33 449
	S_6	235	(0,0053)	6 352	(0,1420)	38 141	(0,8527)	44 728
total		10 000		30 000		60 000		100 000
t_2	S_1	3 944	(0,7000)	1 184	(0,2100)	507	(0,0900)	5 635
	S_2	2 813	(0,7000)	844	(0,2100)	362	(0,0900)	4 019
	S_3	2 348	(0,7000)	705	(0,2100)	302	(0,0900)	3 355
	S_4	627	(0,0495)	8 421	(0,6653)	3 609	(0,2851)	12 657
	S_5	188	(0,0055)	13 192	(0,3871)	20 698	(0,6074)	34 078
	S_6	80	(0,0020)	5 654	(0,1405)	34 522	(0,8576)	40 256
total		10 000		30 000		60 000		100 000
t_3	S_1	5 025	(0,7000)	1 438	(0,2100)	716	(0,0900)	7 179
	S_2	3 324	(0,7000)	998	(0,2100)	427	(0,0900)	4 749
	S_3	1 156	(0,2995)	1 893	(0,4904)	811	(0,2101)	3 860
	S_4	346	(0,0249)	9 484	(0,6825)	4 065	(0,2926)	13 895
	S_5	104	(0,0031)	11 331	(0,3325)	22 639	(0,6644)	34 074
	S_6	45	(0,0012)	4 856	(0,1340)	31,342	(0,8648)	36 243
total		10 000		30 000		60 000		100 000

1)   Que les niveaux scolaires supérieurs (S_1 : études supérieures terminées et S_2 : études supérieures non terminées) sont associés à une structure des chances qui demeure stable dans le temps ;

2)   Que la structure des chances associée au niveau scolaire S_3 (fin d'études secondaires) est d'abord constante et aussi favorable que celle qui caractérise les deux niveaux plus élevés. Toutefois, à la dernière période, cette structure devient brutalement plus défavorable : les individus qui ne dépassent pas ce niveau scolaire voient leurs chances d'atteindre le statut social le plus élevé considérable-

ment réduites, tandis que les chances d'atteindre le niveau social intermédiaire et le niveau inférieur sont par compensation accrues ;

3) Que la structure des chances associée aux niveaux inférieurs, soit S_4 (deuxième cycle de l'enseignement secondaire), S_5 (premier cycle de l'enseignement secondaire) et S_6 (études primaires) se dégrade de façon continue dans le temps. On remarque toutefois que cette dégradation est d'autant plus forte que le niveau d'instruction est relativement plus élevé. Ainsi, à la première période, le niveau d'instruction S_4 est associé à une probabilité non négligeable (0,2920) d'atteindre le niveau social supérieur C_1. A la quatrième période, cette probabilité est plus de dix fois plus petite (0,0249). En revanche, la dégradation de la structure des chances associée aux niveaux S_5 et surtout S_6 est plus lente.

Il serait naturellement possible d'obtenir ces résultats par une analyse abstraite. Nous avons préféré utiliser la méthode de la simulation (analyse arithmétique du modèle), afin de rendre l'exposé plus concret. On voit très bien, d'un point de vue intuitif, les raisons des phénomènes qui viennent d'être observés : la structure sociale (distribution des statuts sociaux disponibles) a été supposée stable dans le temps ; par ailleurs, la structure scolaire (distribution des individus en fonction du niveau scolaire) a tendance à se déformer vers le haut, la croissance des effectifs étant d'une période à l'autre d'autant plus forte que l'on considère des niveaux d'instruction plus élevés. Il en résulte que les positions disponibles au niveau social supérieur sont distribuées avec une fréquence rapidement croissante aux individus dont le niveau scolaire est le plus élevé. Cela entraîne après un certain temps une dégradation brutale de la structure des chances associée aux niveaux scolaires moyens, dégradation qui se répercute lentement aux niveaux inférieurs.

Il reste alors à examiner les conséquences du modèle, au point de vue de la mobilité sociale. Le tableau 2 donne, à chaque période, la proportion des individus qui, ayant une origine sociale donnée, parviennent à un niveau scolaire donné. Le tableau 3, de son côté, donne la proportion des individus qui, ayant un niveau scolaire donné, parviennent à chacun des trois types de statut social. Comme on a posé l'hypothèse que le statut de destination était déterminé exclusivement par le *mérite* et que les effets de *dominance* sont négligeables, il suffit, pour obtenir les matrices de mobilité intergénérationnelle correspondant à chacune des quatre périodes, de multiplier entre elles les matrices des tableaux 2 et 3 correspondant à chacune des quatre périodes. Le résultat est présenté au tableau 4. On peut faire à propos de ce tableau les remarques suivantes :

TABLEAU 4

TABLEAUX DE MOBILITÉ ENGENDRÉS PAR LE MODÈLE
AUX QUATRE PÉRIODES t_0 à t_3

catégorie sociale d'origine		catégorie sociale de destination			
		C_1	C_2	C_3	total
t_0	C_1	0,3039	0,3290	0,3670	0,9999
	C_2	0,1299	0,3313	0,5387	0,9999
	C_3	0,0510	0,2795	0,6697	1,0002
t_1	C_1	0,3056	0,3226	0,3719	1,0001
	C_2	0,1304	0,3266	0,5428	0,9998
	C_3	0,0505	0,2829	0,6666	1,0000
t_2	C_1	0,3107	0,3174	0,3722	1,0003
	C_2	0,1323	0,3237	0,5440	1,0000
	C_3	0,0488	0,2852	0,6660	1,0000
t_3	C_1	0,3080	0,3198	0,3723	1,0001
	C_2	0,1319	0,3246	0,5435	1,0000
	C_3	0,0494	0,2855	0,6650	0,9999

1) Tout d'abord, on observe, ainsi que nous l'avions annoncé, que la structure de la mobilité évolue très peu de t_0, la première période considérée, à t_3, la dernière période. Les probabilités contenues dans chacun des quatre tableaux sont presque identiques d'une période à l'autre. Ce résultat qui se justifie mathématiquement, a une apparence paradoxale. Rappelons en effet que les résultats du tableau 4 sont la conséquence d'un modèle qui suppose entre t_0 et t_3 à la fois : *a*) une forte croissance des effectifs scolarisés aux degrés les plus élevés de la hiérarchie des niveaux scolaires ; *b*) une atténuation non négligeable de l'inégalité des chances devant l'enseignement ; *c*) une modification importante dans le temps de la structure scolaire contrastant avec la fixité de la structure sociale.

Intuitivement, on est tenté de conclure que ces différents facteurs conduisent à des changements dans la structure de la mobilité. L'analyse montre cependant qu'il n'en est rien. Le modèle engendre simultanément des changements importants dans la structure scolaire et une atténuation non négligeable de l'inégalité des chances devant l'enseignement ; mais ces changements sont impuissants à modifier la structure de la mobilité.

2) Considérons maintenant les légers changements dans la structure de la mobilité qui surviennent entre t_0 et t_3. Entre t_0 et t_2, on observe une légère tendance à l'augmentation de l'autorecrutement au niveau de la classe C_1. Dans le même temps, la mobilité descendante de C_1 (classe supérieure) à C_3 (classe inférieure) augmente, elle aussi, légèrement. Par contre, entre t_2 et t_3, l'autorecru-

tement caractéristique de C_1 diminue. En parcourant ainsi les quatre tables, on constate que les changements dans la structure de la mobilité sont à la fois *de faible amplitude et d'apparence erratique.*

Pourquoi en est-il ainsi ? Sans aborder l'analyse mathématique de ce phénomène, on peut tenter d'en saisir les raisons d'un point de vue intuitif. Considérons par exemple les individus d'origine sociale élevée et examinons les effets sur leurs chances sociales des changements structurels postulés par le modèle entre t_0 et t_3. Entre les deux périodes extrêmes, les individus de cette catégorie atteignent en moyenne des niveaux scolaires plus élevés. Ainsi, en t_0, sur 10 000 jeunes d'origine sociale supérieure, 1,967 atteignent le niveau scolaire le plus élevé (études supérieures complètes) ; en t_3, ils sont 2 689 (tableaux 1 et 2). Cela entraîne évidemment que le nombre de ceux qui n'atteignent pas les niveaux d'études les plus élevés tend à *décroître.* Mais, en même temps, par l'effet de l'augmentation généralisée de la demande d'éducation, la structure des chances associée aux niveaux scolaires inférieurs et surtout moyens tend à se dégrader dans le temps. Or, le nombre des individus d'origine sociale supérieure qui atteignent seulement les niveaux scolaires moyens reste considérable entre t_0 et t_3. Il se produit donc une sorte *d'effet de compensation* qui engendre une stabilité dans le temps de la structure de la mobilité caractéristique des individus de classe sociale supérieure. Naturellement, on pourrait reproduire le même type d'analyse dans le cas des individus d'origine sociale moyenne ou inférieure. Dans tous les cas, la stabilité presque complète de la structure de la mobilité résulte de ce que l'augmentation généralisée de la demande d'éducation entraîne des effets de compensation complexes.

3) Revenons maintenant au tableau 3 (probabilités d'obtenir un niveau social C^i quand on a atteint un niveau scolaire C_j). Ce tableau montre que les structures des chances qui caractérisent les niveaux scolaires tendent à se différencier dans le temps. Ainsi, la structure des chances associée aux niveaux S_1 et S_2 reste stable ; en revanche, la structure associée aux niveaux S_5 et S_6 se dégrade. Ce résultat est conforme aux conclusions de Thurow : la relation entre espérances sociales et niveau scolaire tend à être de plus en plus marquée. Ce facteur est sans doute *pour partie* à l'origine de l'augmentation généralisée de la demande d'éducation qui caractérise les sociétés industrielles. Pourtant, les effets de compensation déclenchés par cette augmentation ont pour résultat que la structure de la mobilité reste pratiquement inchangée.

CONCLUSION

Il nous a été impossible dans cet article de développer en détail les conséquences et présupposés logiques du modèle qui vient d'être présenté. Disons seulement que l'ensemble des axiomes et des conséquences qui le définissent paraît être en accord avec les données empiriques dont nous disposons dans le cadre des sociétés industrielles.

La conclusion principale de cet article est qu'il n'y a aucune raison de s'attendre à ce que l'augmentation considérable de la demande d'éducation à laquelle on assiste dans les sociétés industrielles soit associée à une augmentation de la mobilité sociale, même lorsqu'elle s'accompagne, ce qui est incontestable, d'une réduction de l'inégalité des chances devant l'enseignement. Le modèle précédent montre au contraire que, *sous des conditions extrêmement générales,* les bouleversements qui caractérisent la structure scolaire sont normalement associés à une stabilité élevée de la structure de la mobilité. Pour que cette conclusion soit infirmée, il faudrait introduire des propositions peu réalistes : admettre, par exemple, que la réduction des inégalités devant l'enseignement est beaucoup plus rapide qu'elle ne l'est en réalité ; ou supposer que les changements dans la structure sociale, dus notamment à l'évolution technologique, sont extrêmement rapides (de même rythme que ceux qui caractérisent l'évolution de la structure scolaire).

Notons à propos de ce dernier point que dans la présentation du modèle, nous avons supposé que la structure sociale était fixe dans le temps. Cette hypothèse est manifestement excessive. L'évolution technologique est évidemment capable d'entraîner des modifications dans la structure socio-professionnelle, en réduisant par exemple la proportion des emplois manuels à caractère répétitif. Mais l'important est que les conclusions du modèle précédent restent vraies, même si on suppose une modification dans le temps de la structure sociale. Ainsi, on peut introduire l'hypothèse que, d'une période à l'autre, le nombre des positions disponibles au niveau social supérieur (C_1) augmente, tandis que le nombre des positions de niveau inférieur (C_3) décroît. Mais, sauf si on suppose que les changements de la structure sociale sont aussi rapides que les changements de la structure scolaire, on aboutit bien à la conclusion que la structure de la mobilité doit rester pratiquement stable dans le temps.

En résumé : sous des conditions extrêmement générales, le développement de l'éducation n'entraîne pas la réduction de cette forme à la fois particulière et essentielle d'inégalité qu'est l'inégalité des chances sociales (dépendance du statut social du fils par rapport au statut social du père), même lorsqu'il s'accompagne d'une réduction de l'inégalité des chances scolaires. Peut-être ce résultat

429

contribue-t-il à expliquer la conclusion, elle aussi inattendue, des célèbres travaux de Lipset et Bendix sur la mobilité sociale : lorsque ces auteurs entreprirent, à la fin des années 50, de comparer la mobilité dans les différentes sociétés industrielles, ils conclurent à la similarité des taux de mobilité dans des nations pourtant fortement contrastées par bien des aspects, dont les systèmes de stratification sont différents et où l'éducation est très inégalement développée [9]. Plus de dix ans après, dans un récent article de *Public Interest,* Lipset confirmait ce résultat [10].

Je ne peux, pour terminer, que faire mienne la conclusion de Thurow : « *In any case, I would argue that our reliance on education as the ultimate public policy for curing all problems, economic and social, is unwarranted at best and in all probability ineffective* ». Peu efficace, si on en croit l'analyse de Thurow, du point de vue de la réduction des inégalités économiques, l'expansion de l'éducation ne l'est probablement pas davantage du point de vue de la réduction de l'immobilité sociale. A cet égard, l'effet principal de l'augmentation de la demande d'éducation paraît être d'exiger de l'individu une scolarité de longueur sans cesse croissante en contrepartie d'espérances sociales qui, elles, restent inchangées.

RÉFÉRENCES

1. THUROW, Lester C., « Education and Economic Equality », *The Public Interest,* été 1972, pp. 66-81.

2. Il est impossible de donner ici une bibliographie des travaux relevant de l'économie de l'éducation. On pourra consulter à cet égard la très utile collection de textes réunis par l'U.N.E.S.C.O. : *Textes choisis sur l'économie de l'éducation,* Paris, U.N.E.S.C.O., 1968.

3. Thurow montre qu'il n'y a pas seulement corrélation entre ces phénomènes, mais relation de cause à effet. Nous renvoyons à son texte pour cette démonstration.

4. A paraître, Paris, Armand Collin, « U », 1973.

5. Par Bernard Cazes, que je tiens à remercier chaleureusement ici.

6. *Conférence sur les politiques de développement de l'enseignement,* Paris, O.C.D.E.

7. *Conférence sur les politiques de développement de l'enseignement,* Paris, O.C.D.E.

8. Le modèle s'appliquant à un type idéal plutôt qu'à une société industrielle particulière, il est difficile de synchroniser le temps du modèle avec le temps réel. Pour mieux comprendre, on peut admettre que l'intervalle de temps séparant deux périodes successives du modèle est à peu près égal à 5 ans. On dérive alors du modèle un ensemble de courbes d'évolution proches de celles qu'on observe au niveau de la comptabilité scolaire.

9. LIPSET, S.M. et BENDIX, R., *Social Mobility in Industrial Societies,* Berkeley, University of California Press, 1958.

10. LIPSET S.M., « Social Mobility and Educational Opportunity », *The Public Interest,* no 29, automne 1972, pp. 90-108.

Ce texte est extrait de *Sociologie et sociétés,* Volume 5, no 1, mai 1973, pp. 111-124, Presses de l'Université de Montréal.

LA CONFESSIONNALITÉ OU LA LAÏCITÉ DU SYSTÈME SCOLAIRE PUBLIC QUÉBÉCOIS

Patrice GARANT *

Le problème de la confessionnalité ou de la laïcité juridique des services publics en est un d'une complexité remarquable dans les systèmes juridiques qui, comme le nôtre, tentent de sauvegarder la liberté des consciences d'une part et les exigences normales de la majorité en démocratie d'autre part.

Le principe constitutionnel de la séparation de l'Eglise et de l'Etat et la règle fondamentale d'impartialité du Service public n'impliquent pas nécessairement que les autorités publiques dans un Etat moderne doivent ignorer toute manifestation confessionnelle dans les services publics[1].

Cet affrontement des idées de confessionnalité et de laïcité des services publics se retrouve avec netteté dans le système scolaire, où il est encore difficile d'évaluer l'impact des grandes réformes proposées par le Rapport Parent[2]. L'Etat québécois est aujourd'hui doté d'un secteur public de l'enseignement allant de la maternelle à l'université, qui tend à respecter l'impératif fondamental d'impartialité de la puissance publique à l'égard des idéologies et des religions. Cependant le Législateur a respecté une tradition de confessionnalité implantée chez nous il y a plus d'un siècle et demi.

Il n'est pas facile d'interpréter l'état exact de notre Droit québécois en ce qui concerne la qualification confessionnelle ou non-confessionnelle de notre système scolaire depuis la loi du ministère de l'Education, celle du Conseil supérieur de l'éducation, les modifications à la loi de l'Instruction publique et les règlements de 1967 des Comités catholique et protestant. Il est surtout dangereux de recourir à la doctrine antérieure à 1964 pour obtenir une explication juste; de nombreuses erreurs se sont glissées également dans des ouvrages ou études parues plus récemment[3].

Les transformations du Droit québécois nous obligent à repréciser le sens exact des notions de confessionnalité et de laïcité des services publics et à tenter de trouver une explication juridique cohérente à l'état de notre droit.

---

* Vice-doyen, Faculté de Droit de l'Université Laval.

I — Les notions de laïcité et confessionnalité des services publics

L'impératif d'impartialité que nous considérons comme inhérent à la notion même de service public exige-t-il la laïcité intégrale des services publics ? Les exigences de la démocratie ne pourraient-elles pas adoucir cette règle et permettre la création de services favorisant davantage la liberté des consciences ? Est-il vraiment contraire à l'impératif d'impartialité que dans un pays donné, à un moment donné, l'Etat ou l'autorité publique se plie au désir de la majorité tout en s'abstenant de toute discrimination à l'égard des autres administrés.

Suivant la doctrine officielle de l'Eglise catholique, il est un certain nombre de domaines dits des « questions mixtes » qui, d'une part, se rapportent aux choses temporelles et sont soumises au pouvoir temporel, mais qui d'autre part intéressent également l'autorité spirituelle : ainsi en est-il des services publics qui tendent à réaliser les fins supérieures de moralité et de vérité[4]. L'Eglise prétend qu'il doit y avoir alors une coordination de l'action de l'Etat avec celle du pouvoir spirituel parce que ces services intéressent autant la destinée spirituelle que temporelle des citoyens.

Aussi nous semble-t-il qu'il soit possible de concevoir que dans un contexte de séparation juridique de l'Eglise et de l'Etat et de pluralisme idéologique, les pouvoirs publics administrent des services dont les uns seront purement et simplement neutres, et dont les autres seront, suivant les différentes catégories d'administrés auxquelles ils s'adressent, ou bien neutres ou bien confessionnels. Il ne répugne pas à la notion de service public que certains services soient confessionnels, pourvu qu'ils soient démocratiques; c'est là tout simplement admettre que l'impératif d'impartialité n'est pas une règle rigide mais une règle souple et adaptable aux conditions de la démocratie.

Il est difficile de circonscrire en quelques pages ce qu'est la laïcité juridique. Nombreux sont ceux qui ont tenté de la définir, mais ce qui frappe le plus en parcourant la littérature sur la question c'est qu'on a beaucoup mieux réussi à dire ce qu'elle n'est pas qu'à la définir positivement.

La laïcité juridique, ce n'est ni d'une part une prise de position doctrinale ou philosophique, ni d'autre part un principe d'action ou de combat contre quelque chose. Elle n'est pas ce que des auteurs catholiques appellent le laïcisme[5], et ce que les « laïcs » nomment culte de la raison, religion laïque, adhésion à une philosophie rationaliste, etc.[6] Elle n'est pas non plus une prise de position de combat contre certaines valeurs ou institutions, aussi bien sur le plan intellectuel[7] que sur celui de l'action politique[8].

Il semble qu'il y ait lieu à l'heure actuelle de distinguer deux tendances parmi les juristes, conduisant à la formulation de deux types de définitions, qui sont toutes deux « transactionnelles », en ce sens qu'elles veulent réaliser un compromis acceptable pour le droit positif; l'une seule cependant est vraiment caractéristique du droit moderne.

Le professeur Bastid estime que cette notion comporte un aspect négatif : « l'indépendance de l'Etat vis-à-vis de toute autorité qui n'est pas reconnue par l'ensemble de la nation »[9]. Elle comporte aussi un aspect positif : « L'affirmation d'un certain nombre de valeurs positives; [. . .] quelque chose qui définit la nation française et sa culture [. . .], ce lien commun qui nous unit dans une commune foi »[10].

Cette définition appelle une critique. Tout d'abord on ne voit pas pourquoi le devoir de l'Etat serait réduit à appuyer et promouvoir seulement un certain nombre de valeurs positives dans la nation et non pas toutes ces valeurs. De plus, ce qui pour une partie des citoyens présente une valeur positive peut n'en présenter aucune, *de facto,* pour d'autres; ceci ne condamne pas pour autant l'Etat à l'inaction. Enfin, prendre parti pour certaines valeurs positives en invoquant l'idée de « commune foi », n'est-ce pas risquer de prendre une position philosophique ou doctrinale qui transforme laïcité en laïcisme ?

Le professeur Rivero reconnaît lui aussi que cette notion comporte un double aspect. D'une part l'Etat laïc ne reconnaît aucun culte, c'est-à-dire « qu'il se situe hors de toute obédience religieuse et refuse à toute forme d'activité religieuse un régime de droit public »[11]; l'Etat s'interdit toute activité explicitement confessionnelle, il ne subventionne aucun culte, etc. : c'est l'aspect négatif. D'autre part, l'Etat affirme la liberté des consciences en se croyant tenu de favoriser cette liberté. Il s'attribue alors, non plus un rôle de spectateur ni même un rôle d'arbitre, mais un rôle actif dans la promotion de toutes les valeurs positives qui se trouvent au sein de la nation[12].

Au point de départ, la laïcité est neutralité en ce sens qu'elle est l'expression du principe constitutionnel de la séparation des Eglises et de l'Etat. Mais elle ne s'identifie pas avec ce principe[13]; celui-ci, du fait qu'il a pour but uniquement de favoriser la liberté de conscience religieuse, n'implique pas que l'Etat soit confiné à une neutralité passive. Il peut permettre une ouverture impartiale de la part de l'Etat, une disponibilité à favoriser toute initiative constructive d'où qu'elle vienne, conformément au bien commun. Comme l'écrivait un auteur, « la laïcité de l'Etat n'est plus seulement neutralité de l'Etat, elle devient aussi principe de protection, d'encouragement, en vue de l'exercice de la liberté dans le domaine scolaire [. . .], de la liberté religieuse »[14].

La laïcité apparaît alors « beaucoup plus empirique que doctrinale »[15]. Un Etat peut rester laïc, un droit ne cesse pas d'être laïc, parce qu'ils reconnaissent le fait religieux. La laïcité qui correspond à l'impératif d'impartialité de l'Etat est faite de compromis tout comme la démocratie dont elle est l'une des expressions les plus dignes de notre civilisation. Pour autant que l'ordre public n'est pas en jeu, elle commande à l'Etat de respecter les consciences et leurs exigences raisonnables, ce qui implique qu'il doit faire justice à ceux qui ne peuvent se satisfaire de la neutralité[16].

Sur le plan de la théorie des institutions, la laïcité doit être conçue comme un effort de synthèse des valeurs communes à toutes les pensées, à toutes les philosophies qui se rencontrent sur certaines conceptions fondamentales de la personne, de la société et de la liberté. Cette laïcité-synthèse s'écarte de la laïcité-abstention qui n'est qu'indifférence. Elle s'écarte aussi du sectarisme idéologique, de l'athéisme militant et du laïcisme.

La conception moderne de la laïcité se propose essentiellement comme pensée de l'action politique, ouverte, dynamique et tolérante. Elle veut élaborer une méthode de concevoir et d'organiser dans la justice et la liberté les rapports juridiques et sociaux de l'Etat et des Eglises ou des groupes religieux.

Sur le plan de la pratique des institutions, l'Etat doit certes affirmer son autonomie temporelle dans le gouvernement de la cité par la création de services publics à fonction essentiellement démocratique, c'est-à-dire vivant des principes fondamentaux du Service public : continuité, égalité d'accès et de traitement, etc [. . .]. Si l'Etat veut cependant associer à sa mission des organismes privés ou des institutions influencées par les Eglises, il ne s'agit là que d'une détermination de nature politique qui peut ne contredire en rien la laïcité des services publics, pourvu qu'il y exerce les contrôles démocratiques nécessaires[17].

Cette notion de laïcité juridique, que nous venons de définir, aurait semblé à première vue être contraire à celle de confessionnalité, ou l'envers de cette dernière notion, comme de nombreux auteurs même chez les catholiques le croient[18]; mais cette prétention ne résiste pas à l'examen. Certes, il ne fait pas de doute que l'envers du laïcisme soit le cléricalisme, c'est-à-dire « la tendance d'une église ou d'une société spirituelle à s'immiscer dans les affaires séculières pour transformer les pouvoirs publics en instrument de ses desseins »[19]. Mais alors que cléricalisme et laïcisme définissent des tendances, la laïcité définit au contraire une situation ou des rapports juridiques.

Comment pourrait-on définir la situation dans laquelle l'Etat délègue ou laisse certains de ses pouvoirs à l'Eglise en tant qu'institution, ou accorde un statut et des prérogatives de droit public à des institutions ecclésiastiques ou cléricales, ou prend en charge un service géré par l'Eglise en tant qu'institution ? Il est curieux qu'on n'ait pas inventé un terme pour désigner cette situation objective qu'on retrouve normalement dans un contexte d'union de l'Eglise et de l'Etat. Ce que nous devrions alors opposer à la laïcité juridique ce devrait être la « cléricalité », pour définir une situation juridique globale ou l'existence d'un réseau de rapports juridiques entre les pouvoirs spirituel et temporel. Ces deux notions s'appliqueraient à l'ensemble des activités de l'Etat; elles recouvriraient tout le droit positif.

La notion de confessionnalité, au contraire, est beaucoup plus restreinte. D'une part, elle ne s'applique qu'à un nombre très restreint de services publics et, d'autre part, elle n'implique pas de rapports juridiques entre l'Eglise comme institution et l'Etat quant à l'organisation et à la gestion de ces services.

Ne peuvent être confessionnels que les services publics qui mettent en cause le domaine dit des questions mixtes, c'est-à-dire celui dans lequel la conscience religieuse des citoyens peut avoir des exigences particulières. Certes, pour l'ensemble des services, l'Etat doit observer une stricte neutralité religieuse; c'est de cette façon qu'il protège la liberté des consciences. Mais dans un contexte sociologique donné, il est des cas où il doit aller plus loin dans son soutien des valeurs religieuses. Le respect des personnes inclut alors celui de leurs traditions et de leurs convictions. Dans un pays marqué profondément par des traditions et coutumes chrétiennes, il a le devoir de tenir compte de l'existence de celles-ci dans l'élaboration de ses politiques. En agissant ainsi, il donne tout simplement « preuve de réalisme et ne fait que remplir sa fonction de bien commun. Cela ne l'empêche pas de conserver sa laïcité »[20].

Le second aspect de cette confessionnalité juridique, c'est, selon nous, le fait qu'elle exclut l'idée de rapports juridiques avec l'Eglise en tant qu'institution. C'est là un élément capital de notre notion, sous peine de la mettre en conflit avec celle de laïcité. C'est ainsi, par exemple, que la présence des évêques *ex-officio* au Comité catholique de l'ex-département de l'Instruction publique[21] était non seulement contraire à la loi de séparation de l'Eglise et de l'Etat, mais aussi contraire à une saine conception de la confessionnalité des services publics. Le Rapport Parent a de plus souligné que la confessionnalité de l'école ne tient pas à la présence d'un personnel enseignant formé de religieux ou de religieuses[22].

La confessionnalité juridique signifie tout simplement que l'Etat, dans l'organisation et le fonctionnement de certains services publics, tient compte des exigences légitimes des administrés. C'est dans ce sens seulement que l'on peut admettre, avec Me Yves Prévost, qu'un « Etat théoriquement neutre mais gouvernant pour le bien commun de la majorité peut, à l'occasion, décréter des règles qui tiennent de la religion et il peut même, sans se départir de sa neutralité, déléguer certains de ses pouvoirs aux représentants des religions »[23]. Cependant nous considérons comme inexact, illogique et dangereux d'affirmer que « ce n'est pas en vertu d'un privilège mais d'un droit que les autorités religieuses comptent sur l'appui de l'école pour dispenser une partie de l'enseignement religieux »[24]. Ceci revient à dire que l'école publique confessionnelle, c'est celle que l'Eglise impose à l'Etat, conception qui signifie la reconnaissance à l'Eglise-institution d'un rôle politique à jouer; ce que nous croyons inadmissible.

Dans un contexte de séparation, l'Eglise-institution n'a, sur le plan du droit positif, aucun privilège ni aucun droit exorbitant du droit commun. L'Etat reconnaît le fait qu'elle puisse exiger de ses fidèles qu'ils fassent valoir auprès des pouvoirs publics des exigences particulières. Mais ce n'est qu'en se servant de leur titre de citoyens que les parents chrétiens obtiendront de l'Etat la création d'une situation qui ne risque pas de les mettre en conflit avec leur conscience[25].

Admettre le fait du prestige et de l'autorité dont jouit au Québec le clergé catholique en matière d'éducation, et lui accorder le droit de nommer le tiers des membres de l'actuel Comité catholique du Conseil supérieur de l'éducation, ce n'est pas consacrer le principe de la nomination directe, par un corps extra-étatique, d'agents du service public, mais c'est simplement considérer la hiérarchie catholique comme un corps intermédiaire important au sein de la nation[26].

Si, comme le soulignait M. Rivero, « la laïcité est une dans son principe », ses exigences pratiques varient d'un service à l'autre, « selon la tâche assumée et son rapport plus ou moins direct avec la conscience »[27]. C'est à ce niveau que se situe la confessionnalité[28]. Aussi faut-il se garder d'assimiler celle-ci à une prise de position doctrinale que l'on pourrait appeler l'exclusivisme confessionnel, normalement favorisé par la cléricalisation plus ou moins accentuée d'un système[29]. Or c'est précisément ce qui est arrivé au Québec où l'on a cru longtemps que le Droit positif ne pouvait tolérer qu'un système scolaire confessionnel; et c'est ce qui a fait soutenir par certains auteurs que « la conception de la laïcité est tout à fait étrangère dans la province de Québec à l'organisation de la vie juridique et sociale »[30].

Les notions juridiques de laïcité et de confessionnalité, telles que nous les avons définies, ne sont pas *a priori* contraires ou contradictoires; nous allons cependant devoir maintenant montrer comment cette compatibilité se réalise dans le Droit scolaire québécois.

II — L'État du Droit québécois avant la loi 27 de 1971

Depuis toujours, nombreux sont ceux qui encore soutiennent que le système québécois est exclusivement confessionnel ou bi-confessionnel soit en invoquant la Constitution de 1867, la *Loi de l'Instruction publique*, le préambule de la *Loi du ministère de l'Education* ou la *Loi du Conseil supérieur de l'éducation*.

Tout d'abord, il est absolument erroné de soutenir que l'art. 93 de l'*Acte de l'Amérique du Nord Britannique* confère un caractère confessionnel au système scolaire québécois. Cette disposition, d'une part, confère au Législateur provincial la compétence législative exclusive en matière d'éducation; elle interdit, d'autre part, à ce même Législateur de supprimer après 1867 les droits et privilèges « que quelques classes particulières de personnes dans la province avaient relativement aux écoles confessionnelles en vertu de la loi ». Ce même article stipule aussi que les privilèges qui étaient accordés dans le Haut-Canada aux écoles séparées sont étendus aux écoles dissidentes du Québec. Fondamentalement, le Législateur provincial est compétent pour doter la province du système d'enseignement qui lui plaît, à condition cependant de ne pas porter atteinte aux droits que la loi provinciale conférait en 1867 aux catholiques et aux protestants[31]. Il est par ailleurs certain que la *Loi de l'Instruction publique* n'a jamais conféré à ces groupes religieux de monopole sur l'enseignement public.

A cette première protection constitutionnelle s'en ajoute une autre, prévue aux alinéas 3 et 4 de l'art. 93. Si un système d'école séparée ou dissidente existait en 1867 ou est subséquemment établi dans une province, la minorité protestante ou catholique qui voit ses droits affectés par un acte ou une décision de l'autorité provinciale peut en appeler au gouvernement général du Canada qui peut prendre les mesures nécessaires ou faire voter une loi réparatrice par le Parlement fédéral; les droits ou privilèges affectés ici concernent non seulement la confessionnalité mais l'éducation en général.

Nous ne discuterons pas ici la signification exacte des garanties affectées aux groupes religieux en matière d'éducation, ce qui a d'ailleurs été fait par d'autres auteurs[32]. Nous nous bornerons à étudier l'état actuel du Droit interne du Québec.

Il nous semble que la seule façon d'expliquer l'état de notre législation et de la jurisprudence des tribunaux est de distinguer deux aspects fondamentaux de la réalité scolaire où l'on est susceptible de retrouver de la confessionnalité, soit les structures administratives et l'enseignement. Comme le souligne d'ailleurs avec suffisamment de clarté le Rapport Parent, « dans le secteur public il importe de distinguer l'enseignement lui-même des corps publics chargés de l'administration scolaire »[33].

A. La confessionnalité des structures administratives

Depuis la Loi scolaire de 1841 jusqu'à celles qui nous régissaient en 1970, la corporation scolaire principale dans une municipalité scolaire a toujours été un corps public administré par des commissaires élus sans que la religion entre en ligne de compte pour les rendre éligibles ou pour qualifier les électeurs. Cette corporation percevait l'impôt foncier sur les propriétés de tous les contribuables sans distinction de religion. Cette commission scolaire unique ou majoritaire créée, dirigée et financée sans distinction de religion n'a en droit strict aucun caractère confessionnel. De plus, les écoles qu'elle administre devaient recevoir tous les enfants d'âge scolaire des parents résidant dans la municipalité, sans égard aux croyances d'écoles communes [34].

Telle était la situation juridique ou le régime de droit commun de l'administration scolaire locale conformément à notre loi de l'instruction publique; comme l'écrit Me Houle[35], « la corporation de commissaires et ses écoles sont donc juridiquement non confessionnelles. Il est vrai, et le cas a déjà été soulevé dans nos cours canadiennes, qu'en pratique la majorité sera composée de personnes de même religion qui contrôleront l'administration de la commission scolaire »; il n'en résulte alors qu'une « confessionnalité de fait », suivant l'expression consacrée par la jurisprudence[36].

Ce caractère non confessionnel ou neutre de la corporation scolaire locale n'allait cependant pas sans difficulté à cause de certaines ambiguïtés ou incohérences de notre *Loi de l'Instruction publique*. Ainsi à l'art.71, l'expression « croyance religieuse différente de celle de la majorité » semble indiquer que la commission scolaire est une corporation dominée par une croyance religieuse. De même l'art. 1 al. 25 oppose « majorité religieuse » à « minorité religieuse »; le terme « religieuse » accolé à majorité est certes de trop, car si tel était le cas, notre loi ne serait plus qu'un tissu de contradictions. Les tribunaux ont de leur côté largement contribué aussi à perpétuer cette confusion; la Cour d'appel du Québec affirmait même que « la dénomination religieuse majoritaire forme la commission scolaire [...][37]. » La Cour supérieure, en 1962, dans l'affaire *Sauriol* v. *Ecoles secondaires de Chambly* soutenait « qu'en matière de droit scolaire, seul un contribuable professant et pratiquant soit la religion catholique, soit la religion protestante peut avoir un intérêt suffisant pour poursuivre et être poursuivi »[38]. Cette affirmation était contraire à l'économie générale de notre droit scolaire et contraire à la jurisprudence dominante[39].

Ce caractère de non-confessionnalité de l'Administration scolaire se retrouvait aussi au niveau des régionales ; les commissions régionales sont constituées de commissions locales sans égard au caractère confessionnel ou non de celle-ci[40]. La loi stipule en effet que « le lieutenant-gouverneur en conseil [. . .] peut constituer des commissions scolaires en une commission scolaire régionale [. . .] »[41]; « qu'un bureau des délégués est constitué de trois commissaires ou syndics [. . .] »[42].

Ce même caractère de non-confessionnalité se retrouve avec encore plus de netteté dans les cas des Collèges d'enseignement général et professionnel (CEGEP) et de l'Université du Québec[43], situation qui demeure inchangée.

*

*   *

Le régime général de la corporation scolaire comportait cependant trois dérogations importantes : les corporations dissidentes, certaines corporations urbaines dotées d'un statut spécial et enfin les corporations scolaires de Montréal et de Québec. Il s'agit dans ces trois cas d'une véritable instauration de la confessionnalité au niveau des structures administratives et de l'organisation des services de l'enseignement.

La première dérogation concerne le droit de dissidence. La loi elle-même crée en faveur des citoyens, propriétaires, locataires contribuables professant une croyance religieuse différente de celle de la majorité des contribuables de la municipalité, le droit de susciter la création d'une corporation scolaire dissidente administrée sur une base strictement confessionnelle[44]. Les administrateurs élus (syndics) et les électeurs doivent obligatoirement partager la croyance de cette minorité religieuse; la corporation ne peut taxer que les propriétés des dissidents; les écoles ne sont ouvertes qu'aux enfants des dissidents, etc.

Le droit de dissidence a toujours été considéré comme conféré exclusivement aux catholiques ainsi qu'aux protestants pris en bloc et non à chacune des sectes comprises dans ces groupes[45]. La jurisprudence a de plus précisé ce qu'en droit québécois, il fallait entendre par le terme « protestant » ; il en est résulté la définition simpliste suivante : « être chrétien et répudier l'autorité du Pape »[46]. Il a aussi été décidé dans le même sens que le Législateur québécois ne pouvait pas, par la loi, assimiler les Juifs aux protestants ; cette assimilation aurait pour effet de porter atteinte aux privilèges garantis aux protestants par l'art. 93 de la Constitution[47]. Il a aussi été décidé qu'il ne pouvait y avoir qu'une seule dissidence par municipalité[48]. Enfin la Cour suprême a estimé que c'est la religion des parents propriétaires ou locataires qui compte et non celle des enfants[49] ; cette dernière jurisprudence conduit à des situations grotesques que seul un système faussement imprégné de confessionnalisme pouvait permettre.

Il importe de signaler que la dissidence en vertu de l'art. 71 de la loi est au point de départ volontaire, mais elle vient obligatoire lorsque les contribuables qui ont signé l'avis de dissidence forment les deux tiers des contribuables de la municipalité professant une « religion » autre que celle de la majorité des habitants de la municipalité; si ces contribuables envoient leurs enfants à l'école des commissaires, cette règle ne joue pas. Il s'agit là d'un embrigadement confessionnel assez remarquable dans une législation qui devrait respecter la liberté des consciences.

La seconde dérogation au régime de droit commun est le cas des corporations scolaires uniques ou majoritaires dans les villes surtout, qui se sont fait accorder par loi spéciale des privilèges dérogeant à la loi générale. Ces corporations acquièrent ainsi des degrés divers de confessionnalisation : dans certains cas les commissaires seront tous catholiques ou protestants, les électeurs de même, etc [...]. Il y aurait 80 commissions scolaires de cette espèce au Québec, le Législateur québécois traditionnel ayant toujours accordé sa bénédiction au prosélytisme confessionnel. Parmi celles-ci il faut classer les commissions scolaires catholiques et protestantes de Montréal et de Québec qui, en plus de l'être par leurs lois respectives, ont été déclarées exclusivement confessionnelles par la jurisprudence [50].

Telle est donc la seule explication cohérente que l'on puisse donner au problème que soulève notre système scolaire malgré les vicissitudes de nos textes de lois et les imprécisions de la jurisprudence.

B. La confessionnalité de l'enseignement proprement dit

De la confessionnalité au niveau des structures et de l'organisation administrative, il faut absolument distinguer la confessionnalité au niveau de l'enseignement proprement dit. Il y a, selon nous, confessionnalité de droit à ce niveau lorsque la loi oblige les autorités administratives scolaires à faire dispenser un enseignement dont le contenu, les méthodes et les agents répondent aux critères de la confessionnalité; par agents il faut entendre ici les enseignants eux-mêmes.

Il nous faut analyser attentivement les modifications apportées à nos lois par les réformes de 1964-67 pour jeter quelque lumière sur la situation qui a prévalu jusqu'en 1971.

Pendant la période qui va de 1869 à 1965 notre loi consacrait la confessionnalité de droit au niveau de l'enseignement par l'art. 221 al. 4 (devenu 203 al. 4), qui obligeait les commissaires et les syndics d'écoles à « s'assurer que les cours d'études soient conformes aux programmes et règlements des Comités catholique et protestant du département de l'Instruction publique ». Depuis 1869 ces deux comités détenaient juridiquement tous les pouvoirs dans ce domaine[51]. Leurs règlements s'imposaient à toutes les corporations scolaires sans exception[52]. Les tribunaux ont d'ailleurs soutenu dès 1880, et ceci n'a jamais été renversé, que « dans une municipalité scolaire où la majorité des contribuables est catholique, les commissaires n'ont pas le droit d'y maintenir des écoles qui n'ont aucun caractère religieux ni d'obliger les catholiques à contribuer au maintien de ces écoles »[53].

Cette confessionnalité de droit de l'enseignement signifie, pendant cette période, que les Comités catholique et protestant ont le pouvoir et même le devoir d'imposer aux administrations scolaires locales des règlements établissant un système d'enseignement confessionnel, ce que d'ailleurs ils ont fait.

La création du ministère de l'Education[54] et la *Loi du Conseil supérieur de l'éducation*[55] ont à notre point de vue bouleversé l'état du droit antérieur en attribuant au Ministre de l'Education toute compétence en ce qui concerne les programmes, les méthodes et la qualification du personnel enseignant, sauf en ce qui concerne les aspects religieux qui relèveront désormais de la compétence des Comités catholique et protestant[56]. Cette compétence comporte essentiellement le pouvoir de reconnaître comme catholiques ou protestantes les institutions qui en feront la demande, ainsi que le pouvoir de leur appliquer des règlements visant à leur conférer un véritable caractère confessionnel. Ces règlements ont été effectivement édictés en juin 1967 et portent sur la reconnaissance de confessionnalité, le contenu et l'organisation de l'enseignement, le droit de dispense de l'enseignement religieux et les qualifications du personnel enseignant[57].

Dans le Droit québécois d'avant 1971, les institutions d'enseignement relevant des corporations scolaires régionales, locales ou de CEGEP, quant au contenu de l'enseignement, ne sont donc pas confessionnelles, catholiques ou protestantes, à moins qu'elles ne soient reconnues expressément par l'un ou l'autre des comités habilités à cette fin. En droit strict, les intitutions d'enseignement public ou écoles publiques sont donc neutres sauf si elles sont déclarées catholiques ou protestantes et astreintes par ce fait à appliquer les règlements de ces comités et les programmes approuvés par eux. Signalons sur ce dernier point que les comités n'élaborent que les programmes d'enseignement religieux ; cependant la loi leur confère un droit de veto sur les programmes généraux édictés par le ministère de l'Education afin que ces programmes ne soient pas incompatibles avec le caractère confessionnel des institutions reconnues et protégées comme telles par la loi et les règlements[58].

Les institutions ou écoles publiques neutres peuvent cependant se voir imposer par les deux comités confessionnels, en vertu de l'art. 22f de la loi, de dispenser un enseignement religieux ou moral, toutefois si elles décident de dispenser un tel enseignement, elles sont sous le contrôle des comités. L'Etat a d'ailleurs le droit incontestable de favoriser la liberté des consciences, comme nous l'avons signalé plus haut, en offrant aux administrés qui le désirent des services qui correspondent à leurs exigences. Le législateur a préféré s'en remettre aux comités confessionnels plutôt qu'au ministère de l'Education : cette option est difficilement appréciable pour le moment, mais *a priori* elle est acceptable.

La clarté des dispositions que nous venons d'étudier ne laisse aucune ombre au tableau ; de façon logique, le législateur a en effet amendé l'art. al. 4 de la *Loi de l'Instruction publique* en remplaçant l'expression « programme et règlements des Comités catholique et protestant », par la suivante : « programmes d'études et règlements édictés ou approuvés pour les écoles catholiques ou protestantes ou autres ». Ce texte affirme que toutes les écoles publiques au Québec sont, soit catholiques soit protestantes ou autres, ce qui est manifestement conforme à l'art. 22 de la *Loi du Conseil supérieur de l'éducation.*

L'application du règlement no 1 des Comités catholique et protestant de 1967 a exigé des accommodements nécessaires pendant une période de transition. C'est pourquoi le Comité catholique, notamment par une déclaration du 16 juin 1967, a décrété que pendant une période transitoire, toutes les écoles régies auparavant par les règlements du Comité catholique seraient considérées comme catholiques[59].

Le pouvoir de demander la reconnaissance de confessionnalité appartient dans le cas des corporations locales et régionales aux commissaires[60] alors que dans le cas des CEGEP, la loi précise que ce pouvoir appartient au conseil d'administration du CEGEP[61]. De plus, la reconnaissance, suivant le règlement no 1 des comités, vaut pour chaque école ou institution, de telle sorte qu'on peut concevoir facilement que dans une municipalité scolaire, des écoles neutres et des écoles confessionnelles soient administrées par les mêmes commissaires.

III — L'Etat du droit québécois depuis la loi 27 et la loi 71

La politique de regroupement des commissions scolaires recommandée par le Rapport Parent devait être mise en oeuvre par deux importantes lois, la loi 27 du 10 juillet 1971 et la loi 71 du 21 décembre 1972. On pouvait s'attendre à ce que cette nouvelle législation, en gestation depuis plusieurs années, clarifierait le statut de nos administrations scolaires, notamment au plan de la confessionalité.

La loi 27 peut être considérée de deux façons ; ou bien elle transforme radicalement l'état de notre droit tout en laissant sans réponse certaines questions importantes, ou bien, à cause de la technique législative utilisée, elle règle le statut des commissions scolaires existantes, en feignant de ne pas toucher à l'état du droit.

Voici comment la première hypothèse peut être expliquée. L'art. 7 de la loi stipule que « les municipalités scolaires décrites aux annexes A et B sont établies à compter du 1er juillet 1972 par le maintien, la fusion, l'érection, l'annexion ou la modification de municipalités scolaires et de territoires non organisés, *de la façon qui y est indiquée,* sous réserve [. . .] ». Or si on se réfère à ces annexes, on constate qu'elles contiennent non seulement la nomenclature des commissions, mais que cette dernière est introduite par la phrase suivante : « les municipalités scolaires suivantes sont établies pour catholiques ou protestants au sens de l'art. 49 de la Loi de l'Instruction Publique [. . .] » Cet article confère au Lieutenant-gouverneur en conseil le pouvoir de n'ériger des commissions scolaires que pour les catholiques ou que pour les protestants. Puisque toutes les corporations scolaires de la province sont contenues dans les annexes, on peut en conclure que le législateur a aboli purement et simplement la corporation scolaire de droit commun et non confessionnelle qu'était la corporation majoritaire, ou la corporation unique suivant le cas.

Cette première hypothèse se heurte cependant à trois difficultés : sur un territoire où il n'y a qu'une municipalité pour catholiques, qu'advient-il des non-catholiques ? Sont-ils fictivement assimilés à des catholiques ? Qu'adviendra-t-il si ces non-catholiques, envoyant leurs enfants à l'école et payant leurs taxes, se font élire commissaires ? On pourrait retrouver une situation assez cocasse où des commissaires non-catholiques administrent les écoles dans une municipalité pour catholiques. La seconde difficulté réside dans le fait que la loi du Conseil Supérieur de l'Education qui confère aux Comités Catholique ou Protestant le pouvoir de « reconnaître » comme catholiques ou protestantes les institutions qui en font la demande n'a pas été abrogée ; si toutes les municipalités et forcément les institutions sont soit « pour catholiques » soit « pour protestants », est-il besoin qu'elles soient « reconnues » en plus comme telles par les Comités catholique et protestant ?

Enfin la troisième difficulté est encore plus grave. Le droit de dissidence consacré par l'art 71 de la loi de l'Instruction publique et garanti par l'art. 93 de l'Acte de l'Amérique du Nord Britannique n'est pas aboli. Or l'art. 49 tel qu'amendé oblige toute commission scolaire, catholique ou protestante, à recevoir les non-catholiques-ni-protestants, avec droit pour ceux-ci d'être élus commissaires, etc., ce qui nullifie ou dénature la notion de dissidence, qui essentiellement ne bénéficie qu'aux « propriétaires, locataires ou contribuables professant une croyance religieuse différente de celle de la majorité des contribuables » [. . .] (art. 71). Au pied de la lettre, il faudrait entendre dorénavant par « croyance religieuse » toute croyance autre que catholique ou protestante.

La seconde hypothèse consisterait à soutenir que le législateur n'a pas aboli la catégorie juridique des corporations scolaires communes, mais la garde en réserve. D'ailleurs cette mention aux annexes A et B, qu'il s'agit de municipalités scolaires pour catholiques ou protestants, paraît assez illusoire, car pour passer d'une municipalité scolaire à une autre, un contribuable ou citoyen n'a qu'à dire qu'il n'est plus catholique ou protestant ; je ne crois pas qu'on puisse instituer un système d'inquisition pour vérifier cette affirmation.

Si l'on se réfère aux débats parlementaires pour essayer de découvrir l'intention du législateur, force nous est d'admettre que c'est la première hypothèse qui est la bonne et que suivant les termes mêmes du ministre de l'Education « il y a deux systèmes confessionnels, les catholiques sont dans un système catholique, les protestants dans un système protestant », et il n'y a rien d'autre. (Débats de l'Assemblée Nationale, 1971, p. B. 3421).

Mais ce qu'il y a encore de plus surprenant, c'est que le Gouvernement ait accepté un amendement qui étend cette reconfessionalisation au niveau des commissions scolaires régionales : ainsi le nouvel article 469a, proposé par un ex-ministre de l'Education, le député unioniste Jean-Guy Cardinal, stipule que « toute commission scolaire régionale dont est membre une commission scolaire visée à l'art. 49 concerne les catholiques ou les protestants, selon le cas, au sens du même article ».

La loi 27 était destinée à régir l'ensemble des corporations scolaires, à l'exclusion de celles de la région métropolitaine de Montréal. Auparavant, le gouvernement s'était attaqué au problème de la restructuration scolaire dans l'île de Montréal. Ainsi en septembre 1967 avait-il créé un comité d'étude à cette fin qui remet, le 28 octobre 1968, un rapport recommandant une transformation radicale des structures [62]. Sur la base de ce rapport, le ministère de l'Education élaborait le projet de loi 62 qui fut soumis à la Commission de l'Education de l'Assemblée Nationale au cours de l'hiver 1969-70 [63]. Devant la vive opposition que soulevait ce projet dans divers milieux, le ministre Jean-Guy Cardinal entreprit une campagne pour expliquer les changements proposés. Cependant, avant que le projet de loi 62 ne fût adopté, le gouvernement Bertrand déclencha une élection-surprise au printemps de 1970, élection qu'il perdit aux mains du parti libéral de Robert Bourassa.

Le projet de loi 62 proposait la création d'une commission scolaire unique pour francophones et anglophones sans caractère confessionnel au plan des structures. Il appartenait aux commissaires d'école de déterminer le caractère confessionnel ou non de chaque école et ces écoles étaient placées sous la régie de directeurs généraux associés, dont l'un s'occupait des écoles catholiques, l'autre des écoles protestantes et un troisième des autres (art. 612). Voilà tout ce que contenait ce projet en matière de confessionnalité.

Le Conseil Supérieur de l'Education pour sa part approuvait le projet 62 au plan de la déconfessionnalisation des structures mais il recommandait le 16 janvier 1970 « que la confessionnalité et l'enseignement religieux, catholique, protestant ou autre, soient dirigés et assurés au niveau de la commission scolaire par des adjoints qui seraient directement sous la responsabilité des directeurs pédagogiques »; il recommandait de plus que « soient mis sur pied, au niveau de chacune des commissions scolaires de l'Ile de Montréal, des comités confessionnels, l'un catholique, l'autre protestant et d'autres s'il y a lieu... chargés de s'assurer que les programmes et les règlements approuvés par les comités confessionnels du Conseil Supérieur de l'Education soient respectés » [64].

Pour remplacer le projet de loi 62, qui n'avait pu être adopté avant l'élection de 1970, le nouveau ministre de l'Education Guy Saint-Pierre, dans le gouvernement Bourassa, déposa à l'Assemblée nationale le 6 juillet 1971, le projet de la loi 28. Dans ce dernier, il n'y avait pas de recul, sur le plan de la confessionnalité, par rapport aux propositions du rapport Parent.

Le projet de loi 28 proposait la création de 11 commissions scolaires unifiées sur l'Ile de Montréal chargées de dispenser l'enseignement catholique, l'enseignement protestant et l'enseignement non-confessionnel. Ces commissions scolaires devaient être administrativement non-confessionnelles mais elles devaient comporter en leur sein un comité catholique et un comité protestant « chargés de veiller à l'application des règlements du Comité catholique ou du Comité protestant du Conseil supérieur de l'Education pour les écoles de leur commission scolaire auxquelles ils sont applicables » (Bill 28, art. 7, ajoutant les art. 593 et 595 à la Loi de l'Instruction Publique). Il s'agissait là d'une solution conforme ici encore à l'esprit du Rapport Parent.

En commission parlementaire, ce projet de loi fut loin de faire l'unanimité. Après de longues séances à la commission et en comité plénier, le projet fut retiré le 1er décembre 1972 et remplacé par le projet de loi 71 qui fut finalement adopté le 21 décembre 1972.

La loi 71 ne fait qu'aligner les commissions scolaires de la région métropolitaine de Montréal sur le régime prévu par la loi 27 pour le reste de la province. En ce sens il y a un net retour en arrière par rapport aux projets de loi 28 et 62.

Conclusion

Tel est, nous semble-t-il, l'état actuel de notre droit scolaire en ce qui concerne le secteur public. Il s'agit d'une situation que nous croyons encore fort complexe. Nous considérons pour notre part comme fondamentale la distinction entre la confessionnalité au plan de l'administration scolaire et au plan de l'enseignement proprement dit.

Dans une version antérieure de ce texte (publiée dans *Ecole et société au Québec,* 1ère édition) nous proposions l'abolition de la confessionnalité au plan des structures, vestige, il faut l'admettre, d'une autre époque. Le Rapport Parent faisait d'ailleurs, en 1966, des recommandations dans le même sens : « C'est au niveau de l'école et de l'enseignement que se situe la confessionnalité ou la non-confessionnalité et non pas au niveau des structures administratives, qu'elles soient locales ou provinciales ». [65]

L'art. 93 de la Constitution fédérale constitue cependant un obstacle à la réforme que nous proposions, soit l'instauration de la commission scolaire unique et non-confessionnelle. Le Rapport Parent n'étudie pas le problème de la disparition des corporations dissidentes [66]. Me Houle signale, pour sa part, que les garanties constitutionnelles de l'art. 93 de l'A.A.N.B., par. 1 et 2, ne concernent que l'enseignement élémentaire [67]. Il soutient que « toute législation visant à abolir les écoles dissidentes et les droits des catholiques ou des protestants de les maintenir sous leur juridiction exclusive serait inconstitutionnelle » [68] ; il affirme cependant à la suite de Me Hurtubise, que le droit de percevoir des taxes foncières sur une base confessionnelle est protégé constitutionnellement « tant que le système de taxation foncière pour fins d'éducation restera le même » [69].

Si cette dernière affirmation peut être discutée, pour audacieuse qu'elle soit, il nous paraît difficilement admissible que le Législateur provincial puisse modifier la nature même des garanties constitutionnelles en matière de confessionnalité, quitte à accorder aux groupes protégés l'équivalent au point de vue sociologique ou théologique, c'est-à-dire la possibilité d'obtenir un enseignement confessionnel dans des structures administratives non-confessionnelles. La Cour suprême du Canada ne semble pas être allée aussi loin si l'on évoque le *dictum* du juge Paterson dans l'affaire *Barrett* v. *City of Winnipeg,* qui se lit comme suit : « There is, therefore, room for legislative regulation on many subjects, as for example, compulsory attendance of scholars, the sanatory *(sic)* condition of school houses, the imposition and collection of rates for the support of denominational schools, and sundry other matters which may be dealt with without interfering with the denominational characteristics of the school » [70].

La réalisation des recommandations du Rapport Parent et la disparition de la confessionnalité au niveau des structures administratives nécessitent à notre point de vue une modification de l'art. 93 de l'A.A.N.B. de 1867. Au cours des discussions constitutionnelles qui sont en cours, il faudrait se demander s'il est encore opportun aujourd'hui d'assurer de telles garanties constitutionnelles en matière de confessionnalité.

La loi 27 de 1971, loin de venir clarifier une situation déjà complexe, soulève à notre avis de nouvelles difficultés. Nous ne pouvons que conclure à une transformation profonde de notre droit, opérée toutefois de façon extrêmement maladroite. Une telle législation est difficilement explicable au plan de la sociologie juridique ; le législateur qui est présumé connaître l'état de notre droit tel qu'il a été interprété depuis 1927 par les tribunaux supérieurs a-t-il été poussé par une réaction de défense des milieux confessionnels ? Le recours à l'article 49, qui a toujours à notre avis été considéré comme une disposition d'exception, nous invite à le croire ; en effet, l'art. 49 ne pouvait que s'appliquer aux modifications territoriales intéressant les corporations autres que communes ou majoritaires ; or voici qu'on l'étend à toutes les commissions scolaires existantes et même aux commissions scolaires régionales.

Non seulement la réforme adoptée ne suit pas le Rapport Parent, mais elle est franchement rétrograde en ce qui concerne du moins la question confessionnelle. La saine philosophie du Rapport Parent s'est perdue dans le dédale des considérations partisanes, et le Gouvernement n'a pas su se tenir debout devant les pressions des éléments de droite à l'Assemblée Nationale, ainsi que celles des groupes dont ces derniers se sont fait les porte-paroles. Evidemment il a été facile au ministre de l'Education, après avoir fait un louable effort, de retraiter et de proposer ce qu'il a appelé une réforme par étape. L'opposition aux projets 62 et 28 notamment était imposante et diversifiée. La doctrine du Rapport Parent n'apparaît pas avoir l'adhésion d'une majorité nette si l'on en juge par les prises de position des divers groupes. Aussi est-il compréhensible que le ministre s'en tienne au statu quo et laisse les idées faire leur chemin : « C'est un système confessionnel pour l'instant, conclut-il en Chambre, et il peut évoluer dans plusieurs directions. Il peut évoluer vers l'unification des commissions scolaires en conservant la confessionnalité au niveau de l'école si les populations le souhaitent, il peut rester un système confessionnel et se consolider sous cette forme. Nous refusons, nous, de préjuger d'une option parce que nous voulons qu'elle se dégage et elle se dégagera inévitablement au cours des années à venir ». [71]

Ce sens de la démocratie a-t-il évité au Québec une guerre de religion à propos de la question scolaire ? Nous n'en sommes pas sûr, car nous nous demandons vraiment s'il y avait menace de guerre de religion. La question confessionnelle se serait réglée rapidement dans le sens des recommandations du Rapport Parent si elle n'avait pas été inextricablement mêlée à la question linguistique, à Montréal surtout. Il serait facile de démontrer que ce sont les tenants de l'école anglophone beaucoup plus que ceux de l'école confessionnelle qui ont fait finalement triompher le *statu quo* confessionnel. Mais ce qui nous paraît odieux, c'est qu'on se soit servi de l'argument confessionnel et notamment des garanties constitutionnelles conférées aux minorités religieuses en matière scolaire pour préserver l'autonomie des structures administratives traditionnelles.

Les partisans de l'école confessionnelle ont remporté une victoire étonnante avec lois 27 et 71. En brandissant l'étendard de la « déconfessionnalisation », ils ont réussi non pas à maintenir le « statu quo » mais à confessionnaliser une large partie de notre secteur public qui ne l'était pas. En droit strict, avant la loi 27, seulement 20% des corporations scolaires avaient un caractère confessionnel au plan des structures administratives ; avec les lois 27 et 71, toutes les corporations scolaires sont confessionnelles.

RÉFÉRENCES

1. *Cf.* sur ces notions notre thèse : *Essai sur le service public au Québec*, Québec 1966 p. 156 *sq.*; aussi notre article « La liberté religieuse et le Droit positif Québécois », (1967) 27 *R. du B.* 357 à 381.

2. *Rapport de la Commission Royale d'Enquête sur l'Enseignement*, Québec, Imprimeur de la Reine, 1964-66.

3. Notamment dans une étude faite pour la Commission Parent par Guy Houle, *Le cadre juridique de l'Administration scolaire au Québec*, Québec, Imprimeur de la Reine, 1966; aussi Audet et Gauthier, *Le système scolaire du Québec*, Montréal, Beauchemin, 1967.

4. *Cf.* notre article : « Les fins du droit public moderne au Québec », (1966-67) 8 *C. de D.* 251 à 287.

5. « Le laïcisme est la conception qui tend à considérer et à organiser la vie morale et sociale indépendamment de toute influence des institutions du christianisme, indépendamment de toute idée de Dieu » : Yves de la Brière, *Crédo,* nov. 1925; aussi « Avertissement de la hiérarchie catholique des Etats-Unis sur les dangers du laïcisme », *in : Documentation Catholique,* 16 nov. 1947; Y. Prévost, «Laïcité et laïcisme », (1963) 23 *R. du B.,* p. 253 : « doctrine ou politique qui préconise la laïcisation de toute la vie publique ».

6. *Cf.* Trotabas, *La notion de laïcité dans le droit de l'Eglise catholique et de l'Etat républicain*, Paris, *L.G.D.J.*, 1951, pp. 211 *sq.;* au surplus, qu'il nous suffise de rappeler quelques textes très connus : « L'enseignement public ne doit faire appel qu'à la raison et toute doctrine qui ne se réclame pas de la seule raison s'exclut elle-même de l'enseignement primaire » (Jaurès, 21 octobre 1886); « L'idée de principe de vie qui est dans les sociétés modernes, qui se manifeste dans toutes les institutions, c'est l'acte de foi dans l'efficacité morale et sociale de la raison [...] c'est ce principe qui se confond avec la laïcité elle-même [...] » (Jaurès, janvier 1910); « Comprenons bien, ce qu'il signifie ce mot laïcité [...]. L'Etat laïcise au nom d'une libre pensée qui est une pensée très déterminée, qui forme un véritable dogme, dogme formel, quoique négatif, dogme qui exclut avec beaucoup d'assurance un certain nombre de hautes notions. La libre pensée veut qu'il n'y ait pas de surnaturel », (Maurras, *L'Action Française*, 30 septembre 1909). Extraits de Trotabas, *ibidem*.

7. « Le principe de la laïcité inspire une politique juridique qui combat la force religieuse [...] »; « il est nécessaire d'éliminer toute influence de la religion dans la création du Droit », G. Ripert, *Les forces créatrices du Droit*, Paris, L.G.D.J., 1955, p. 140.

8. A un stade primaire, on peut citer l'exemple de Gambetta : « Le cléricalisme, voilà l'ennemi »; à un stade plus élevé, on peut citer la motion du Congrès du S.N.I. de juillet 1954 : « Considérant [...] que la laïcité se propose d'affranchir des confessions et des dogmes toutes les institutions et tous les services communs de la Nation et de l'Etat », *Cf.* Trotabas, *op. cit., supra*, note 6, pp. 216 *sq.*

9. *Cours de Doctorat*, Paris, Les cours de Droit, 1963-64, p. 163; le prof. Bastid adopte alors la position défendue par M. Maurice Schumann lors des débats parlementaires célèbres de septembre 1946 : *Journal officiel, Débats de l'Ass. Nationale Française*, 3 sept. 1946, pp. 3474 *sq.*

10. *Ibidem;* il s'agit alors de la position prise par M. André Philip lors des mêmes débats.

11. J. Rivero, *Cours de Libertés Publiques*, Paris, 1963-64, p. 261.

12. Voir dans ce sens la Déclaration sur la liberté religieuse du Concile Vatican II : « Le pouvoir civil dont la fin propre est de pourvoir au bien commun temporel, doit donc, certes, reconnaître et favoriser la vie religieuse du citoyen, mais il faut dire qu'il dépasse ses limites s'il s'arroge le droit de diriger ou d'empêcher les actes religieux », *Vatican II, La Liberté Religieuse*, coll. *Unam Sanctam*, no 60, Paris, Editions du Cerf, 1967, p. 23; voir aussi : Maurice Blain, *L'école laïque*, Montréal, 1961, p. 52.

13. Trotabas, *op. cit., supra*, note 6, p. 133.

14. H. Thierry, «La loi du 28 septembre 1951 et la laïcité de l'Etat », [1952] *Rev. Dr. Publ.* 18; l'Etat peut assumer des services publics dits confessionnels, comme nous le verrons plus loin, ou permettre des initiatives d'ordre strictement religieux, comme les services d'aumônerie dans les prisons, les casernes, les écoles neutres; il peut même accorder sa garantie aux emprunts contractés pour financer la construction d'édifices répondant à des besoins collectifs de caractère religieux (Loi de finances française du 29 juillet 1961). Voir aussi Ch. De Koninck, « Le Domaine de César », [1963] *Perspectives Sociales*, p. 5. « Il appartient à l'Etat de veiller à ce que la liberté des consciences soit respectée par tous les citoyens. C'est la laïcité de l'Etat qui garantit ma liberté religieuse à l'endroit de l'Etat et de ses citoyens »; *cf.* Cardinal Roy, [1966] *Relations*, p. 91. « Le droit à la confessionnalité se place tout entier, lui aussi, dans la logique du droit à la liberté de conscience; il permet à ceux qui professent une foi religieuse d'avoir des écoles conformes à leurs convictions intérieures et à leur idéal de vie ».

15. Trotabas, *op. cit., supra*, note 6, p. 2.

16. J. Rivero, « La notion juridique de laïcité », *Dalloz*, 1949, Chronique 137; aussi, Dion et O'Neil : *Le Chrétien en démocratie*, Montréal, Ed. de l'Homme, 1961, p. 36 : ces auteurs, très représentatifs de l'opinion du

Québec, dans ce qu'elle a de meilleur, se rallient à la « Déclaration de l'épiscopat français du 13 novembre 1945 », *in : Documentation Catholique*, 6 janvier 1956.

17. Sur ces questions, *cf.* J. Rivero, article précité, *supra*, note 16.

18. L. de Naurois, *La laïcité*, Paris, P.U.F. 1960, p. 376 : « La laïcité de l'Etat interdit certainement qu'un enseignement confessionnel soit érigé en service public; aucun service public ne devrait être placé sous un signe confessionnel ».

19. J. Leclercq, *L'Eglise et la souveraineté de l'Etat*, Paris, Flammarion, 1946, p. 145.

20. Dion et O'Neil, *op. cit.*, *supra*, note 16, p. 136.

21. *Cf. Rapport Parent*, 1, p. 27.

22. *Ibid.*, p. 27.

23. Y. Prévost, article précité, *supra*, note 5, p. 257; la notion de « représentant » des religions prête cependant à équivoque; nous rejetons pour notre part toute idée de représentation officielle, institutionnalisée, de droit, de l'Eglise-institution.

24. *Rapport Parent*, 1, p. 109.

25. En ce sens, Cl. Ryan, *Le Rôle de l'Etat*, Montréal, Ed. du Jour, 1962, p. 141 : « Cela veut dire que l'initiative passera plutôt entre les mains des laïcs qui dirigent la société civile, et qu'il reviendra à ces derniers de définir les formes institutionnelles dans lesquelles seront dispensés à l'ensemble des citoyens les services désormais considérés comme publics ». Voir aussi : Jacques Grand'Maison, « L'Eglise du Québec à la recherche d'un nouveau rôle », *Le Devoir*, 27 janvier 1968, p. 5 : « L'Eglise et ses croyants cherchent à se redéfinir par deux voies, celle d'une fidélité aux sources de la Révélation, celle d'une nouvelle existence chrétienne dans une laïcité en construction ».

26. Sur le plan de la gestion du service public, ce comité n'a qu'un rôle consultatif; quant à l'élaboration des règlements concernant l'enseignement religieux et moral, il faut noter que ceux-ci sont soumis à l'approbation du Conseil des ministres; *cf. Rapport Parent*, 1, p. 115; S.R.Q. 1964, chap. 233, art. 40.

27. Rivero, article précité, *supra*, note 16, p. 138; aussi Trotabas, *op. cit. supra*, note 6, p. 223 : « La laïcité [. . .] n'implique aucune forme d'enseignement plutôt qu'une autre : il n'y a là qu'une question politique qui doit se résoudre au mieux des intérêts en présence ».

28. Cela est conforme à la solution adoptée pour le *Rapport Parent*, IV, p. 40.

29. L'exclusivisme confessionnel se rencontre habituellement dans un contexte d'union de l'Eglise et de l'Etat, comme en Espagne par exemple; cependant il n'y a pas de lien nécessaire entre les deux. Dans un pays comme l'Angleterre les écoles publiques pratiquent une neutralité assez large : *cf.* Bastid, *op. cit. supra*, note 9.

30. Carignan et Mayrand, « Le Code civil et son influence en Amérique : Québec », *Ass. Henri Capitant*, Paris, 1951, p. 789.

31. Dans l'affaire Hirsch v. *Prot. Board of School Comm. of Montreal*, [1928] A.C. 200 à la p. 204, à la question :

« 6. Can the Provincial Legislature pass legislation to establish separate schools for persons who are neither Catholics nor Protestants ? », le Conseil privé, en accord avec le jugement de la Cour suprême, qui avait infirmé celui de la Cour d'appel, répondit :

« While s. 93 of the Act of 1867 protects every right of privilege with respect to denominational schools which any class of persons may have had by law at the Union, it does not purport to stereotype the educational system of the Province as then existing. On the contrary it expressly authorizes the Provincial Legislature to make laws in regard to education subject only to the provisions of the section [. . .]. It appears to their Lordships that it would be possible to frame legislation for establishing separate schools for non-Christians without infringing the rights of the two Christian communities in their denominational schools; and they agree with the Supreme Court that legislation confined within those lines would be valid. »

Voir aussi Laurencelle, « La loi de l'Instruction publique, cette inconnue », (1961) 21 *R. du B.* 505 *sq;* R. Hurtubise, « La confessionnalité de notre système scolaire et les garanties constitutionnelles », (1962-63) 65 *R. du N.* 175 *sq.*

32. Notamment D. A. Schmeiser, *Civil Liberties in Canada,* Oxford U. Press, 1964, pp. 125 *sq.;* Houle, *Le Cadre juridique de l'Administration scolaire locale au Québec, op. cit. supra,* note 3.

33. *Rapport Parent,* IV, p. 54, no 84.

34. *Chabot* v. *Les commissaires d'écoles de La Morandière et le Proc. Gén. de la province de Québec,* [1957] B.R. 707.

Jugé : « Aux termes des dispositions de la *Loi de l'Instruction publique,* les écoles qui relèvent des commissaires ne sont pas ouvertes uniquement aux seuls enfants professant la croyance religieuse de la majorité et, dans l'espèce, le demandeur, témoin de Jéhovah, qui est tenu de contribuer au maintien des écoles dirigées par ces commissionnaires, a le droit d'exiger que ses enfants soient admis à l'une de ces écoles, au même titre que les autres enfants de la municipalité ».

Hirsch v. *Protestant Board of School Commissioners of Montreal,* (1930) 48 B.R. 115, à la p. 124 :

« Such a school [école appartenant à une commission scolaire majoritaire ou unique], if in a single school district, is under the management of Commissioners appointed by the whole body of landholders and householders in the districts where a minority has established its own separate school, the electors who remain need not be all of the same religious persuasion. »

35. Houle, *op. cit. supra,* note 3, pp. 115-116.

36. *Ibidem,* p. 116; *Maher* v. *Town of Portland,* (1874), *in :* Wheeler, *Canada Confederation law,* p. 367; *Ex Parte Renaud,* (1873) 14 N.B.R. 273, à la p. 292.

37. *Perron* v. *Syndic Ecoles Protestantes Rouyn,* [1955] B.R. 841.

38. [1962] C.S. 529.

39. *Cf.* Hurtubise, « Les contribuables catholiques romains et protestants sont-ils aptes à pouvoir poursuivre et être poursuivis ? », (1962-63) 65 *R. du N.,* p. 300.

40. Houle, *op. cit. supra,* note 3, p. 138.

41. Art. 469; en vertu de l'art. 1 de la loi le terme commission scolaire « désigne indistinctement toute corporation de commissaires ou de syndics ».

42. Art. 476.

43. S.Q. 1966-67 chap. 71 et S.Q. 1968 chap. 66; voir : J.-J. Bertrand, « Les CEGEP et la confessionnalité » (*Discours Ass. nationale*), *Hebdo-Education,* 1967, vol. III, no 41.

44. Art. 71 (*Loi de l'Instruction publique,*) précitée.

45. *Hirsch* v. *Protestant Board of School Commissioners of Montreal,* (1930) 48 B.R. 115 :

Jugé : « The Protestant community, though divided for certain purposes into denominations, was itself a denomination and capable of being regarded as « a class of persons » within s. 93, sub.-s. 1 of the Act of 1867 ».

Aussi : *Cushing* v. *Les syndics d'écoles pour la municipalité d'Acton Vale,* (1873) 18 L.C.J. 21.

46. *Perron* v. *Les syndics d'écoles de la municipalité de Rouyn,* [1955] B.R. 841 :

Jugé : « Pour être protestant, il suffit d'être chrétien et de répudier l'autorité du Pape ».

47. *Hirsch* v. *Protestant Board of School Commissioners of Montreal,* (1930) 48 B.R. 115 :

   Jugé : « The word « Protestant » in the statutes consolidated in 1861 could not be construed as « non-catholic », and so including Jews ».

48. *Cushing* v. *Les syndics d'écoles pour la municipalité d'Acton Vale,* (1873) 18 L.C.J. 21 :

   Jugé : 2° « Qu'il ne peut y avoir dans une municipalité qu'une école dissidente ou de la minorité sous la régie de Syndics d'écoles, et que le statut ne peut être interprété de manière à permettre aux diverses dénominations religieuses d'avoir dans une municipalité chacune leur propre école dissidente sous la régie de syndics particuliers ».

49. *Syndics d'écoles de la municipalité de Saint-Romuald* v. *Shannon,* (1929) 47 B.R. 242; confirmé par [1930] R.C.S. 599 (Cour suprême) :

   Jugé : « Les syndics d'écoles dissidentes sont tenus de recevoir dans les écoles dont ils ont le contrôle des enfants d'un contribuable dissident, quelle que soit la croyance religieuse des enfants, pourvu qu'ils soient d'âge scolaire ».

50. *Hirsch* v. *Protestant Board of School Commissioners of Montreal,* (1930) 48 B.R. 115 :

   Held : 4. « That the provisions as the management and control of separate schools in the two cities gave them a denominational stamp which could not be effaced by the attendance of a certain number of children of a divergent faith. »

51. C'est par la loi 32 Victoria, chap. 16 art. 1 et 2, que fut opérée la division du Conseil de l'Instruction publique créé en 1856 (19 Victoria, chap. 14 art. 16).

52. *La Commission des écoles catholiques de Montréal* v. *St-Denis,* (1910) 19 B.R. 322 :

   Jugé : « Les commissaires d'écoles ne peuvent se soustraire aux obligations que la loi leur impose touchant la régie des écoles [...] Ils peuvent être contraints par voie de mandamus et ne sont pas admis à opposer à ce recours les contrats où ils se sont engagés en violation de la loi ».

53. *Comm. Ecoles Tewksbury* v. *Carrignan,* (1880) 6 Q.L.R. 24.

54. *Loi du ministère de l'Education,* S.R.Q. 1964, ch. 233.

55. S.R.Q. 1964, ch. 234.

56. *Loi du ministère de l'Education,* S.R.Q. 1964, c. 233, art. 28.

57. Règlements nos 1, 2 et 3 des comités catholique et protestant du Conseil supérieur de l'éducation (approuvés par les arrêtés en conseil 1481 et 1482 en date du 2 juin 1967). Publiés par le Service d'information du ministère de l'Education, octobre 1967.

58. *Loi du Conseil supérieur de l'éducation,* S.R.Q. 1964, chap. 234, art. 22.

59. *Hebdo-Education,* 12 mars 1968, IVe année, no 34, p. 260.

60. C'est l'art. 203 al. 4 qui fonde incontestablement l'autorité des commissaires en ce qui concerne la demande de reconnaissance.

61. *Loi des collèges d'enseignement général et professionnel,* S.Q. 1966-67, 15-16 Eliz. II, article 16.

62. *Rapport du Conseil de restructuration scolaire de l'Ile de Montréal,* Ministère de l'Education 1963.

63. *Débats,* déc. 1969, p. 4320-4430, 3983-4005.

64. *Rapport annuel* 1969-70, p. 131-132.

65. *Rapport Parent,* tome IV, p. 71 ; aussi pp. 156-157. Cette position du Rapport Parent n'est pas partagée par tous. Ainsi, le Secrétariat de l'éducation de la Commission de l'assemblée des évêques sur l'éducation publiait le 24 nov. 1966 un document contenant les propositions suivantes (cf. *Le Devoir,* 24 nov. 1966, p. 8) :

   « On soutient parfois que des structures administratives tributaires et mandataires de l'Etat doivent, comme l'Etat lui-même, être neutres. Cette vision n'est que partiellement vraie. En effet, dans un domaine comme celui de l'éducation qui se distingue de tous les autres services de l'Etat, l'action de ce dernier atteint des personnes dans ce qu'elles ont de plus intimes ; son action atteint des êtres en formation, des êtres en devenir. Ces personnes ne sauraient être neutres et les organismes mis à leur service devraient respecter leurs aspirations profondes. De plus, en éducation, l'autorité des familles est antérieure à celle de l'Etat, qui garde cependant tout son rôle de planification et de coordination ; autrement, on aboutit à la notion d'Etat éducateur et source de droit. Il faut donc distinguer les structures administratives qui répondent aux besoins des familles éducatrices de celles qui répondent aux besoins de l'Etat planificateur et coordonnateur. En conséquence, certaines structures administratives peuvent être confessionnelles et d'autres, neutres. On comprend ainsi que le bien commun de la société civile, en matière d'éducation, peut réclamer des structures qui, tout en étant confessionnelles, ne lèsent en rien la neutralité de l'Etat, c'est-à-dire son impartialité vis-à-vis des options religieuses ».

Voir aussi sur ces questions : *L'enseignement confessionnel,* Montréal, Fides, 1966 ; *L'éducation chrétienne,* Montréal, Fides, 1966,

La Fédération des collèges classiques par contre appuyait la position du Rapport Parent dans un texte intitulé « Présence de l'Eglise en éducation » :

« C'est au niveau de l'école qu'on doit trouver la confessionnalité et non au niveau des structures du système scolaire ». (cf. *Le Devoir,* 13 oct. 1966).

66. Tome V, pp. 56-57.

67. Houle, *op. cit.* supra, note 3, p. 166 ; voir aussi *Tiny v The King,* (1928) A.C. 363.

68. *Op. cit.* supra, note 3, p. 140.

69. *Ibidem,* pp. 141-142 ; Hurtubise, art. précité, supra, note 31, aux pp. 180-181.

70. (1891) 19 R.C.S. 374, à la p. 425.

71. *Débats Assemblée Nationale,* décembre 1972, p. 7236.

Ce texte est une version revisée d'un article paru originalement dans : *Les cahiers du droit,* vol. 10, no 4, pp. 671-689.

LECTURES RECOMMANDÉES

— Louis-Philippe Audet et Armand Gauthier, *Le système scolaire du Québec*, Montréal, Beauchemin, 1969.

— Claude Escande, *Les classes sociales au CEGEP*, Parti-pris, 1973, pp. 9-133.

— Patrice Garant, *Droit et législation scolaire*, McGraw Hill, Montréal, 1971.

— Guy Houle, *Le cadre juridique de l'administration scolaire locale au Québec*, Annexe au rapport de la commission royale d'enquête sur l'enseignement dans la province de Québec, 1966.

— *Justice et paix scolaire*, Montréal, Les éditions du Jour, 1962. Voir notamment pour le sujet qui nous intéresse ici les articles d'André Morel et de Paul Lacoste.

— *L'Ecole au service de la classe dominante*, Manifeste présenté au 22ième congrès de la CEQ, 1972.

— R. Ouellet, A. Baby et P.W. Bélanger, « Les orientations des étudiants du cours collégial », *L'Etudiant québécois, défi et dilemmes*, Ministère de l'Education, Québec, 1972, pp. 51-109.

— P.W. Bélanger et E. Pedersen, « Projets des étudiants québécois », in *Sociologie et Sociétés*, 5, 1, pp. 111-125.

— Arthur Tremblay, *Les collèges et les écoles publiques : conflit ou coordination ?* Québec, P.U.L., 1954.

CONCLUSION

PRÉSENTATION

Nous avons placé en conclusion de ce volume deux extraits de rapports officiels qui, nous semble-t-il, ont cet intérêt qu'ils présentent en raccourci une sorte de sociologie concrète de l'éducation au Québec. Les auteurs de ces deux textes ont voulu situer le système scolaire dans l'évolution de la société québécoise contemporaine et en fonction de la société québécoise de demain, de sorte qu'on verra que l'analyse du présent et de l'avenir s'y mêle presqu'imperceptiblement. Dans un cas et dans l'autre, on peut dire que la sociologie débouche ici sur la futurologie.

Si nous avons cru utile de présenter ces deux textes, c'est qu'ils se ressemblent en même temps qu'ils comportent certaines divergences éclairantes. L'extrait du rapport Parent met davantage l'accent sur le caractère industriel de la société présente et à venir, tandis que l'extrait du rapport Rioux cherche davantage à mettre en lumière certains aspects de la société contemporaine qui annoncent peut-être une « nouvelle société ».

LA SOCIÉTÉ D'AUJOURD'HUI
ET L'ENSEIGNEMENT

RAPPORT PARENT

Les problèmes de l'enseignement n'ont peut-être jamais occupé une place aussi importante dans l'opinion publique. Dans les pays sous-développés ou en voie de développement, on cherche par tous les moyens à organiser l'enseignement de base pour toute la population et à assurer au moins à une élite un enseignement supérieur. Dans les pays industrialisés, on repense l'enseignement en fonction des besoins nouveaux, on remet en question les programmes et les structures administratives et pédagogiques, on tente des expériences, on cherche des voies nouvelles. Partout on a compris que la société d'aujourd'hui, et plus encore celle de demain, posent à l'enseignement des exigences sans précédent. Pour que la civilisation moderne progresse, ce qui est pour elle une condition de survie, il est devenu nécessaire que tous les citoyens sans exception reçoivent une instruction convenable et que le grand nombre bénéficie d'un enseignement avancé. On peut donc dire que la crise de l'enseignement s'inscrit dans le cadre d'une vaste crise de civilisation. C'est un monde nouveau en voie d'élaboration qui se cherche lui-même à travers les réformes scolaires proposées de toutes parts. Dans ce monde, quatre grands ordres de problèmes se posent à l'enseignement : une véritable explosion scolaire, la révolution scientifique et technologique présentement en cours, de profondes transformations dans les conditions de vie et une évolution rapide des idées. C'est ce que fera voir ce chapitre, qui montrera en terminant comment l'enseignement d'aujourd'hui tente de relever le défi.

461

I

EXPLOSION SCOLAIRE

Le cri d'alarme s'est fait entendre, il y a peu d'années, devant la montée des problèmes : énorme vague d'étudiants à l'assaut des écoles, collèges et universités; insuffisance manifeste de bâtiments, laboratoires, bibliothèques et personnel enseignant; besoins urgents d'agrandir, de construire; nécessité de recruter, importer et former des enseignants. Cette « explosion scolaire », bien peu de pays s'y étaient préparés par des plans d'ensemble sûrs et efficaces. Partout on doit maintenant recourir à des moyens de fortune : on improvise des locaux, on recrute à la hâte du personnel mal préparé, on pousse les instituteurs des classes élémentaires vers les classes secondaires, on comble les postes administratifs — direction des études ou des institutions — en enlevant à l'enseignement d'excellents professeurs. Le risque est grand, dans cette situation, de sacrifier et les étudiants et le niveau des études, d'épuiser le personnel enseignant, d'aboutir à toutes sortes d'injustices et d'incohérences. Dans le Québec seulement, le nombre d'étudiants réguliers a doublé en quinze ans, passant de 660,000 en 1945 à 1,350,000 en 1962. Les problèmes que cela pose sont multiples[1].

La première cause de cette augmentation des effectifs scolaires est la poussée démographique résultant du taux élevé des mariages et des naissances qui a accompagné et suivi la dernière guerre mondiale; les démographes avaient prévu cette hausse, mais n'avaient pu s'imaginer qu'elle se maintiendrait aussi longtemps. Ainsi, dans le Québec, le taux de natalité a atteint son niveau le plus élevé en 1947, 31.1 naissances pour 1000 habitants; progressivement abaissé ensuite, il conserve encore un niveau moyen assez élevé : 30.0 pour 1000 de 1951 à 1955 et 28.7 pour 1000 de 1956 à 1960. On prévoit que ce taux continuera à baisser. Mais en chiffres absolus le nombre des naissances ira en augmentant au cours des vingt prochaines années : on prévoit qu'il passera de 138,000 pour l'année 1960, à environ 175,000 en 1970 et 220,000 en 1980. C'est pourquoi la poussée démographique exercera une pression sur les écoles durant encore quinze ou vingt ans. Un deuxième facteur, l'immigration, a contribué à l'augmentation des populations. La province de Québec a reçu 400,000 immigrants depuis 1945. Les effets immédiats ou lointains de cet influx ne sont pas uniquement d'ordre démographique; l'adaptation et l'intégration de ces Néo-Canadiens a exigé, surtout à Montréal, la spécialisation de classes et parfois d'écoles entières.

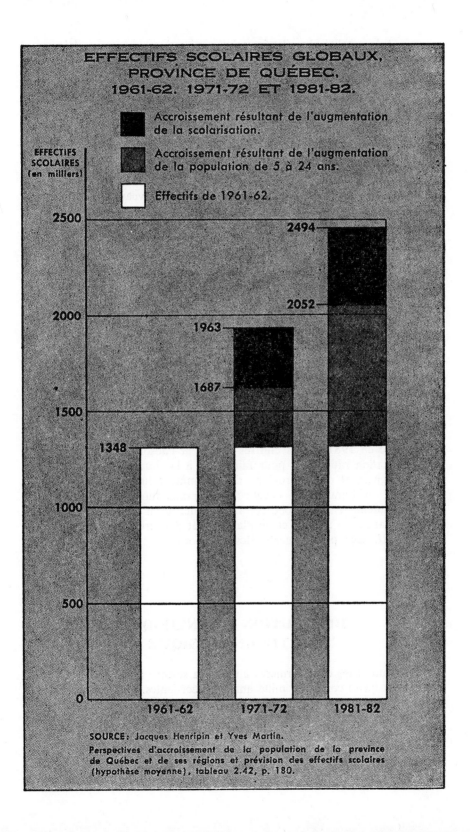

EFFECTIFS SCOLAIRES GLOBAUX,
PROVINCE DE QUÉBEC,
1961-62. 1971-72 ET 1981-82.

Accroissement résultant de l'augmentation de la scolarisation.

Accroissement résultant de l'augmentation de la population de 5 à 24 ans.

Effectifs de 1961-62.

EFFECTIFS
SCOLAIRES
(en milliers)

SOURCE: Jacques Henripin et Yves Martin.
Perspectives d'accroissement de la population de la province de Québec et de ses régions et prévision des effectifs scolaires (hypothèse moyenne), tableau 2.42, p. 180.

A la natalité plus élevée et à l'immigration sont venus s'ajouter le désir et le besoin, chez les parents et les écoliers, d'une scolarité plus longue. Ce facteur entraîne un accroissement de population scolaire au niveau secondaire. Les jeunes de 13 à 16 ans fréquentaient les classes secondaires et techniques dans la proportion de 44% en 1954-55; aujourd'hui cette proportion est passée à 65%. Les effectifs ont doublé en six ans, passant de 130,000 à 262,000; jamais on n'avait dû faire face à une aussi forte augmentation en si peu de temps. Diverses causes y ont contribué, jouant toutes à la fois : la scolarité obligatoire, les mesures pour abaisser le coût des études ou les rendre gratuites, l'élévation du niveau de vie qui a permis aux familles de laisser les enfants à l'école. D'autre part, la récession économique a gardé dans les écoles des jeunes gens incapables de trouver un emploi. Ajoutons que l'opinion se répand de plus en plus qu'une bonne instruction permet de mieux gagner sa vie dans la société technologique actuelle; des jeunes gens et des adultes reviennent même aux études après s'être rendu compte, dans leur emploi, qu'ils n'étaient pas assez qualifiés. Les prévisions n'avaient pas tenu compte de ces divers facteurs. La vague scolaire atteint aujourd'hui l'université, dont la population s'est accrue d'environ 7% par année au cours des cinq dernières années.

Dans le Québec, comme dans tous les pays, la proportion de la population de 5 à 24 ans dans les écoles continuera d'augmenter; de 64% aujourd'hui, on prévoit qu'elle pourrait atteindre 78% en 1981. Ce qui signifie que la population scolaire doublera ou presque d'ici 1981. Au niveau universitaire, en donnant à ce terme un sens restrictif, on prévoit que les effectifs auront doublé en 1971 et triplé en 1981[2]. Ces chiffres indiquent l'absolue nécessité d'une planification rationnelle pour faire face à la situation. Le système d'enseignement de la province doit, comme celui des autres pays, évaluer suffisamment à l'avance les besoins futurs et se préparer immédiatement à y répondre. Il faut mettre en place des organismes chargés de prévoir et de planifier, et des structures administratives efficaces pour exécuter les décisions.

II

RÉVOLUTION SCIENTIFIQUE ET TECHNOLOGIQUE

Durant les cent dernières années, la science a accompli plus de progrès qu'au cours des mille années précédentes. La connaissance humaine a fait des bonds prodigieux dans tous les secteurs, biologie, physique, sciences de l'homme, sciences de la nature, mathématiques pures ou sciences appliquées. La pensée scientifique s'est transformée et se transforme à un rythme accéléré; laboratoires et centres de recherche rivalisent et collaborent. On prétend — bien que cela soit difficile à démontrer — que la somme des connaissances double à chaque décennie. Celui qui parcourt les revues scientifiques dans une bibliothèque universitaire peut constater la multiplicité des travaux de recherche qui s'accomplissent dans chacune des sciences au cours d'une seule année. Les découvertes se concrétisent dans des innovations techniques utilisables dans l'industrie, le commerce ou la vie de tous les jours. L'ère technologique où nous entrons va étendre plus loin et plus profondément cet empire de la technique et de la science sur la vie individuelle et la vie sociale. La civilisation moderne s'engage dans une évolution sans commune mesure avec ce qu'on a pu connaître jusqu'ici.

Pour constater l'impact de ces transformations sur la société et sur l'enseignement, on doit les replacer dans le cadre de l'évolution économique et technique de la province de Québec. Il y a cent ans, peu avant la Confédération, l'économie de la province était agricole et artisanale; l'agriculture employait 50% de la population active et la petite entreprise industrielle, 20%; le reste de la main-d'oeuvre se dispersait dans les emplois commerciaux et domestiques, les professions libérales et quelques autres occupations. La liste des établissements industriels de l'époque est intéressante à parcourir; ceux qui emploient le plus de gens sont les scieries, puis les cordonneries, les forges, les ateliers de confection, la charpenterie et la menuiserie, les chantiers maritimes. Il s'agit là de « manufactures » au sens propre, c'est-à-dire d'ateliers où l'on travaille à la main, avec l'aide de quelques machines rudimentaires, mais surtout avec l'outil; les anciens métiers artisanaux s'y allient aux premières formes de l'activité industrielle; le produit ouvré dépend davantage de la perfection du travail manuel de l'individu que de l'organisation du travail pour une masse d'employés. L'instruction n'était pas nécessaire dans ces métiers; il y fallait de la force physique, de la dextérité, un certain entraînement acquis durant l'apprentissage auprès des artisans. L'économie, à cette étape technologique, pouvait facilement utiliser une population peu instruite ou illettrée. Le recensement de 1871 nous apprend que, dans le Québec, 40% des hommes de plus de vingt ans ne savaient ni lire ni écrire. La structure économique du temps n'en exigeait pas davantage; mais ce faible niveau d'instruction a pu retarder l'évolution subséquente de la province.

Les deux guerres mondiales ont déclenché ou accéléré, dans le Québec, des développements industriels, des progrès scientifiques et techniques, des brassages de populations et d'idées; l'industrialisation, amorcée à la fin du XIXe siècle, s'est accentuée et diversifiée; le développement des moyens de transport et de l'énergie hydroélectrique a accompagné celui de diverses industries : textiles, pâtes et papier, aluminium, produits chimiques. Les emplois ont augmenté, se sont différenciés : le métier traditionnel, où l'artisan confectionnait à lui seul un objet fini, a éclaté, pour aboutir au travail en miettes, à la chaîne, en série. Le métier complet s'est fragmenté en tâches partielles. D'autre part, l'agriculture occupe aujourd'hui moins de 15% de la population active. Le chiffre absolu de la population agricole baisse également, la mécanisation des fermes ayant accru la productivité et libéré une partie de la main-d'oeuvre. Depuis 75 ans, la révolution industrielle a multiplié les emplois et endigué l'émigration vers les Etats-Unis qui avait résulté, à la fin du XIXe et au début du XXe siècle, de l'engorgement des campagnes. Aujourd'hui, sur quatre fils de cultivateurs, un seul reste à la ferme, les autres s'en vont vers les industries et vers la ville.

Les tâches fractionnées du travail à la chaîne n'exigeant pas d'autre formation qu'un bref apprentissage de quelques heures, l'industrie, au stade de la production en série, a pu utiliser en abondance et à bon marché les travailleurs peu instruits ou peu spécialisés. Mais le progrès industriel change ces conditions. La mécanisation croissante et récemment l'automatisation de l'usine exigent un personnel qualifié et instruit. La machine, qui a d'abord fractionné l'ancien métier en multiples tâches, regroupe aujourd'hui et perfectionne ces tâches, et refait de façon différente l'unité des métiers traditionnels. Cette réunification réclame du travailleur une autre sorte de formation, non plus manuelle mais intellectuelle : il lui faut connaître l'opération en cours, les facteurs en jeu, les possibilités et les limites de la machine qu'il dirige, surveille ou contrôle. L'ouvrier, qui avait succédé à l'artisan, cède maintenant la place au technicien. Pour former un technicien, l'apprentissage de quelques heures ne suffit pas; une éducation générale assez poussée est nécessaire à la base. C'est pourquoi les exigences d'admission aux écoles de métiers et aux instituts de technologie s'élèvent progressivement. La récente récession, durant l'hiver de 1961, a réduit au chômage 33% des journaliers, manoeuvres et ouvriers non spécialisés. Dès que le marché devient saturé, les travailleurs sans compétence professionnelle perdent leur emploi.

Cependant, une conséquence majeure de l'industrialisation à un stade avancé est la multiplication des emplois tertiaires, c'est-à-dire non manuels, professions libérales, services, travail de bureau, commerce, transports, etc. Tout pays qui s'industrialise, nous apprennent les économistes, connaît d'abord une baisse des emplois agricoles au profit des fonctions ouvrières; une fois ces dernières stabilisées, les occupations tertiaires montent en flèche. Démographes et économistes prédisent qu'avant longtemps, les agriculteurs représenteront au plus 5 à 10% et les ouvriers 10 à 15% de la population active, et que les emplois tertiaires occuperont la majorité, soit 70 à 80%, de la population. Le développement économique de la province de Québec semble suivre cette courbe : les emplois primaires diminuent rapidement, les emplois secondaires demeurent assez stables, les emplois tertiaires se multiplient. C'est vrai de la société en général, c'est vrai à l'usine. La mécanisation et l'automatisation y exigent des cadres supérieurs plus nombreux; la programmation des opérations, l'organisation du travail, les services auxiliaires de la production (achat, vente, prévisions, etc.) requièrent de fortes équipes de spécialistes et de techniciens. En même temps, la vie sociale moderne, le confort plus répandu, l'instruction généralisée, les loisirs prolongés, la culture, les arts ont multiplié les emplois tertiaires déjà existants et en ont créé d'autres; on prétend que 25% des écoliers actuels rempliront, à l'âge d'homme, des fonctions pour le moment inconnues. On peut déjà constater que bien des gens travaillent aujourd'hui dans des domaines qui étaient totalement inconnus, ou du moins sans importance, il y a cinquante ans — automobile, cinéma, radio, aviation commerciale, télévision, électronique, etc. Le développement de ces domaines a fait naître une extrême variété d'emplois ou de postes nouveaux — mécaniciens, chauffeurs, techniciens de toutes sortes, annonceurs, réalisateurs, etc. Et dans le même espace de temps, nombre de professions ou de fonctions, comme celles de psychologues, économistes, démographes, anthropologues, sociologues, directeurs du personnel, directeurs des relations extérieures, avocats spécialisés en matière d'accidents d'automobiles, de droit aérien, de droit fiscal, chirurgiens s'occupant de chirurgie plastique ou esthétique, pour n'en nommer que quelques-uns, se sont créées de toutes pièces ou dégagées complètement d'anciennes professions.

Ce foisonnement des emplois tertiaires est lié à l'élévation du niveau de vie; ces fonctions surgissent, en effet, une fois comblées les nécessités premières : logement, vêtement, nourriture. Une population suffisamment riche éprouve des besoins plus raffinés, moins élémentaires. L'instruction est l'un de ces besoins qui se développent avec l'élévation du niveau de vie; mais elle est en même temps l'un des facteurs de cette élévation; elle serait ainsi tout à la fois cause et effet de l'accroissement des richesses. Un important colloque tenu en 1960 à Bellagio, en Italie, en arrivait à la conclusion suivante : « Le développement de l'éducation est donc en partie la conséquence de la richesse croissante de la société. La production accrue d'une économie en croissance rend possible le développement de l'éducation en libérant les ressources nécessaires. Mais l'éducation est en même temps un facteur essentiel du développement économique. Jusqu'à présent, on a surtout considéré l'éducation comme une dépense de consommation. A l'avenir, il faudra surtout la regarder comme un investissement... »[3]. C'est là un changement complet de perspective. La société technologique, de par sa nature même, exigera des sommes considérables pour fins d'enseignement; mais ce sont plutôt des investissements que des dépenses; car l'enseignement conditionnera la survie et le progrès de chaque pays.

On voit comment les progrès de la science et de la technique et l'évolution socio-économique qui en a résulté confèrent à l'éducation une importance toujours plus grande et constituent de fait le fondement de la société moderne. Il faut donc assurer à l'ensemble de la population un niveau d'instruction assez élevé, préparer des cadres pour tous les secteurs et se préoccuper surtout de donner une formation poussée à cette fraction croissante de la population destinée à servir dans le secteur tertiaire. Dans tous les domaines, le travailleur devra recevoir une formation professionnelle et technique assez large et polyvalente, qui lui permette de passer d'un emploi à l'autre suivant les changements technologiques. Il faudra prévoir enfin qu'un grand nombre d'adultes, aux différents niveaux de l'emploi, auront besoin d'une réadaptation professionnelle pour être en mesure de suivre l'évolution générale. Si ces conditions ne sont pas remplies, la vie économique risque de marquer le pas et la nation, de perdre son rang. Il faut par conséquent repenser l'enseignement selon un plan d'ensemble et reviser constamment ce plan à la lumière des changements en voie de s'opérer ainsi que de tous ceux qu'il est possible de prévoir. A cette fin, il est nécessaire de mettre en place un organisme de direction pédagogique assez puissant pour coordonner tous les efforts, assez souple pour effectuer cette coordination sans entraver la liberté d'initiative nécessaire à tout progrès et assez profondément enraciné dans tous les milieux intéressés à l'éducation pour que le système d'enseignement reste véritablement, comme il se doit, une entreprise collective.

III

TRANSFORMATION DES CONDITIONS DE VIE

Les structures scolaires du Québec dans leurs grandes lignes se sont dessinées, entre 1845 et 1875, dans un milieu principalement rural. Le Québec, en 1871, ne comptait que cinq villes de plus de 5,000 habitants : Montréal, Québec, Trois-Rivières, Lévis et Sorel. Leur population globale, 186,000 habitants, constituait 15% seulement de la population de la province. Montréal, la plus grande de ces villes, ne comptait alors que 107,000 habitants; aujourd'hui, près de 40% de la population de la province vit dans la région de Montréal. Au moins quarante villes comptent plus de 10,000 habitants. Que de déracinements, de déplacements, de migrations représente cet énorme drainage vers les villes d'une population que les campagnes ne pouvaient plus absorber. En 1871, 77% de la population de la province était rurale, et 23% urbaine; en 1961, la proportion est renversée, 75% de la population est urbaine et 25%, rurale. Loin de ralentir, ce mouvement d'urbani-

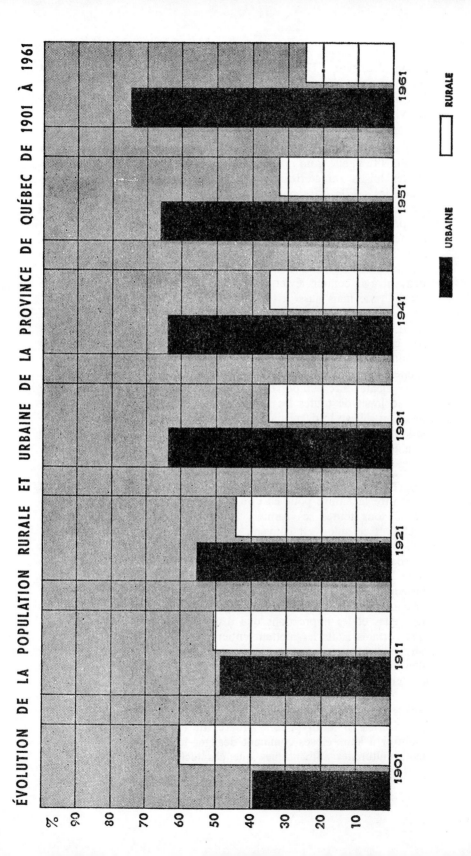

ÉVOLUTION DE LA POPULATION RURALE ET URBAINE DE LA PROVINCE DE QUÉBEC DE 1901 À 1961

URBAINE   RURALE

sation s'accélère. De 1941 à 1961, la population urbaine de la province a doublé, passant de deux à près de quatre millions. Dans le Québec, trois personnes sur quatre vivent donc aujourd'hui dans les villes.

Il y a là beaucoup plus qu'un simple fait démographique. La ville est un genre de vie, une civilisation, les Américains disent « a way of life »; elle a un rythme de vie qui lui est propre, des activités et des loisirs caractéristiques, et un mode particulier de relations humaines. Elle offre plus de liberté parce qu'elle est anonyme et impersonnelle. Elle a, par contre, développé de nouvelles formes de pression, par exemple, la publicité et le crédit. Conjuguées, ces forces sont très puissantes. La publicité éveille des désirs, des aspirations et des appétits; le crédit permet de les satisfaire immédiatement. Armes à deux tranchants, la publicité et le crédit peuvent agir comme leviers de la vie économique et hausser le niveau de vie mais aussi asservir nombre de gens et créer pour eux un esclavage aussi dur que la misère, la publicité par l'influence irrésistible qu'elle exerce, le crédit par la prison dorée qu'il finit par constituer. L'homme moderne doit donc être en mesure de dominer et de faire servir à son profit ce qui pourrait devenir l'instrument de son asservissement. Il doit être libéré de ses impulsions élémentaires et posséder l'information nécessaire pour n'être pas le jouet de toutes les tentations. C'est dans la mesure seulement où s'élève le degré d'éducation et de culture de toute la population que la publicité peut devenir, selon la conception idéale qu'on s'en fait, un grand moyen d'information, et le crédit, un mode rationnel de financement.

D'autres pressions agissent sur l'homme moderne dont il doit connaître la nature pour en être le maître et non la victime. L'imprimé sous toutes ses formes, la radio, la télévision, le cinéma, bref tout ce qu'on est convenu d'appeler les moyens de communication pour les masses (en anglais « mass media ») exercent, dans la société moderne, une influence considérable. A la magie des mots écrits, est venue s'ajouter celle des sons et des images, dans l'urgence et le désordre de l'actualité, à toutes les heures du jour et dans tous les foyers. Chacun est enveloppé par les messages, les nouvelles et les impressions que dispensent ces techniques. Si bien que certains Etats les mettent entièrement au service de l'idéologie officielle. On sait, par ces exemples entre bien d'autres, combien l'information transmise par ces moyens de communication peut être tendancieuse, déformée, sinon complètement fausse. Les éducateurs se découvrent une double responsabilité devant ces instruments de transmission du mot, du son et de l'image. D'abord, apprendre à s'en servir pour le progrès de leur enseignement, ensuite montrer à leurs élèves comment dégager le message utile et les valeurs culturelles authentiques que ces techniques peuvent leur apporter, sans se laisser jamais dominer par elles.

L'enseignement est essentiellement l'art de transmettre un message avec le maximum de clarté en vue de la meilleure réception. Les techniques modernes de communication ouvrent de nouvelles possibilités à cet art et lui promettent une plus grande efficacité. Elles apportent une révolution qui se compare à celle qui a suivi l'invention de l'imprimerie au XVe siècle. La civilisation européenne s'était alors rapidement adaptée à ce nouveau mode de diffusion des idées par la parole écrite. C'est un semblable effort d'adaptation qu'exigent aujourd'hui les nouvelles techniques audio-visuelles. Elles permettent en effet une communication plus rapide que l'imprimé, plus immédiate, plus vivante, peut-être finalement plus efficace. Elles complètent la parole du maître par l'image, elles ajoutent l'illustration vivante à l'explication, elles élargissent l'assistance aux démonstrations, elles donnent vie au manuel. L'enseignant devra apprendre à utiliser des instruments aussi puissants et efficaces pour la transmission de son message; cela pourra exiger de lui un nouvel entraînement, et imposera probablement une révision de la pédagogie traditionnelle. Car il n'est pas impossible que ces nouvelles techniques portent en elles le germe d'une profonde révolution pédagogique, comme ce fut d'ailleurs le cas pour l'imprimerie. Mais on peut affirmer que celle-ci a ouvert la porte à un enseignement passif; maîtres et élèves sont trop souvent prisonniers du manuel, qui est devenu le grand enseignant. Les techniques modernes pourraient amorcer un retour aux anciennes méthodes actives à condition cependant que les maîtres acceptent d'exploiter toutes les possibilités qu'elles offrent.

Mais ces moyens de communications posent un autre problème à cause de leur puissance d'envoûtement et à cause de leur emprise sur la jeunesse; ils peuvent favoriser l'apathie intellectuelle et répandent le conformisme. On mesure mal encore la portée de cette influence qui, pour les jeunes, fait pâlir celle de l'école et même de la famille, et notre civilisation n'a pas apprivoisé tout à fait ces techniques de diffusion. Les éducateurs ne peuvent plus se contenter d'un simple réflexe de retrait ou de négation; ils devront s'initier à ces nouveaux langages, et les écoles normales devront les y préparer. Dans une province où chaque famille possède un récepteur de télévision ou de radio, il faudra, s'appuyant sur l'étude des besoins du milieu, former un personnel enseignant qui puisse aider les jeunes à tirer tout le profit personnel possible de ces techniques.

Ces considérations deviennent encore plus justifiées du fait que la civilisation industrielle paraît aboutir à une civilisation de loisir. La mécanisation et l'automatisation augmentent la productivité du travailleur et réduisent ses heures de travail. Depuis un siècle, la journée de travail s'est contractée, de douze ou même de seize heures, à environ sept heures. Vers 1830-1840, l'ouvrier de manufacture européen travaillait jusqu'à 75 heures par semaine.

Aujourd'hui, la semaine est réduite à moins de 40 heures, ou même à 30 heures dans certaines industries. On prédit qu'elle ne sera plus que d'une dizaine d'heures environ à la fin du siècle dans les pays industrialisés. En même temps, la médecine et l'hygiène prolongent la vie; et les années de travail, dans la vie humaine, ont presque doublé; autrefois, l'adulte restait à son emploi de 25 à 30 ans; aujourd'hui, il y reste 45 ou 50 ans. Cependant, après s'être ainsi accrue, la durée de « vie au travail » tend maintenant à diminuer, amputée par le début et par la fin; la jeunesse poursuit ses études plus longtemps et s'embauche plus tard; et on prend sa retraite plus tôt. En 1945, 50% des hommes de 65 ans et plus n'avaient pas encore pris leur retraite au Canada; en 1958, 32% seulement tombaient dans cette catégorie. Un grand nombre de personnes de cet âge étaient donc sorties de la population productive; l'accroissement de la productivité et les fonds de retraite généralisés porteront bientôt les personnes de 60 ou même de 55 ans à en faire autant. Le loisir est un problème de toute la vie active de l'individu, mais aussi des années de sa retraite prolongée. Cette situation entraîne une triple exigence pour le système d'enseignement : préparer les jeunes non seulement au travail mais aux loisirs que leur laisse le travail; répondre au désir des adultes qui veulent soit se perfectionner dans leur profession, soit se cultiver durant ces loisirs; offrir des programmes de rééducation aux adultes qui recherchent une promotion ou un changement d'emploi. La civilisation du loisir réclame donc ce qu'on a appelé l'« éducation permanente ». Les institutions et les structures de l'enseignement, conçues jusqu'ici pour des jeunes ou des adolescents, auront à élargir et assouplir leurs cadres pour cette nouvelle clientèle, les adultes, et pour ce nouvel objectif, l'utilisation des loisirs.

IV

ÉVOLUTION DES IDÉES

Parallèlement aux transformations qui s'effectuaient dans les conditions de vie, une évolution sensible s'est naturellement opérée dans les idées. Cette évolution a été précipitée, depuis trente ans en particulier, par une rapide succession d'événements majeurs : crise économique, guerre mondiale, guerre froide, expansion du communisme, division du monde en deux blocs, indépendance politique des anciennes colonies, promotion des pays afro-asiatiques, développement des armes nucléaires ou téléguidées, apparition de la télévision, exploration de l'espace, qui ont profondément bouleversé bien des conceptions traditionnelles.

Ces bouleversements ont parfois mis à rude épreuve les démocraties occidentales. Il en a coûté si cher au monde pour abattre les dictatures totalitaires que l'esprit et les structures démocratiques ont acquis aux yeux de tous plus de prix que jamais auparavant. La scission du monde en deux groupes de forces a ensuite obligé l'Occident à découvrir pour son compte les véritables exigences de la démocratie : que la majorité des citoyens s'intéresse à la chose publique et puisse y participer activement. La nécessité de démocratiser ainsi les structures s'étend à d'autres corps que ceux de l'Etat. Elle se fait sentir dans des institutions semi-publiques et dans certains établissements du secteur privé. Par exemple, les professeurs et même les étudiants voudraient participer à la direction et à l'administration des universités tandis que les instituteurs désireraient être entendus pour la préparation des programmes d'enseignement. Ainsi s'opère lentement une revalorisation de l'esprit démocratique, esprit fondé sur le respect des droits de la personne, sur la tolérance qu'exige le dialogue et sur l'intérêt que chacun doit porter au bien commun.

Même les Eglises connaissent une rapide évolution qui n'est pas sans lien sociologique avec celle de la société. Dans l'Eglise catholique, ces changements sont remarquables; les laïcs sont appelés à relayer le clergé dans les tâches temporelles où il avait dû s'engager, à participer de plus près aux fonctions proprement religieuses et spirituelles dans la liturgie, l'apostolat et les missions. L'Action catholique a obligé de repenser le statut du laïc dans l'Eglise catholique; il s'ensuit une revision de la pastorale du clergé et du rôle du laïcat, aussi bien dans la vie paroissiale et liturgique que dans les oeuvres d'enseignement et de bienfaisance. On accepte davantage aujourd'hui que la confessionnalité de l'école ne tienne pas à la présence d'un personnel enseignant formé de religieux et de religieuses; et que cette présence de l'Eglise soit assurée dorénavant par des chrétiens agissant comme tels, et non pas nécessairement par l'Eglise-institution. Quant aux rapports entre les Eglises chrétiennes, le mouvement oecuménique y a fait passer un souffle de fraternité et de compréhension. Le deuxième concile du Vatican permet d'espérer de nouveaux rapprochements, une plus grande communauté de pensée et une attitude de respect et de tolérance mutuels. Cette évolution revêt une particulière importance dans le Québec où catholiques et protestants sont appelés à cohabiter. Sans chercher à ignorer les différences entre l'enseignement protestant et l'enseignement catholique, on peut espérer qu'il deviendra plus facile d'établir une franche collaboration entre les deux secteurs.

Ce rapprochement des Eglises est parallèle à un rapprochement des nations. Paradoxalement le monde contemporain est marqué à la fois par la division en deux blocs et par l'éclatement des frontières régionales ou nationales. L'interdépendance politique et économique des pays les a conduits à divers pactes et alliances. La Communauté économique européenne — dite Marché commun — marque une étape significative dans le commerce international. Le Québec, happé dans le mouvement international, a vu ses jeunes militaires parcourir le monde, l'immigration favoriser, sur son propre sol, des échanges avec d'autres cultures, les bourses d'études permettre à plusieurs des contacts prolongés avec divers milieux ou provoquer la venue d'étudiants étrangers. Autant de facteurs qui ont rompu l'isolement où les Canadiens français sont souvent portés à s'enfermer dans l'Amérique du Nord anglophone. Tous ces échanges ne sont en rien préjudiciables aux valeurs nationales. Bien au contraire, ces liens avec le monde s'enracinent dans la culture nationale; et la culture nationale, en retour, y trouve son profit. Un étudiant en pays étranger enrichit à la fois la communauté qui l'accueille et celle où il retournera. D'ailleurs, l'enseignement moderne requiert ces échanges; les enseignants ont à se tenir désormais en relation avec tous les grands foyers de pensée et de recherche par des voyages, des congrès, des publications; les sciences modernes si complexes ne se développent pas dans des frontières closes. Et de même que l'école secondaire ne peut plus être seulement paroissiale, l'université a cessé d'être locale ou régionale.

Les attitudes se sont modifiées aussi à l'égard du rôle de la femme, dont les fonctions économiques, politiques et sociales sont beaucoup plus étendues. Presque toutes les jeunes filles travaillent avant leur mariage; et cela dans toutes les classes sociales. Bien des jeunes femmes continuent de travailler après leur mariage, du moins pour un certain temps; plusieurs retournent à un emploi après quelques années de mariage, lorsque les enfants sont à l'école. Plus du quart de la main-d'oeuvre, dans la province, est constitué de femmes, dont un bon nombre sont mariées, et cette proportion augmente. Des femmes accèdent à des situations importantes en politique, dans les entreprises commerciales et industrielles, dans le fonctionnarisme. Multiplication des sections classiques pour les filles à l'école publique et des collèges classiques féminins; augmentation de la population féminine dans les facultés — droit, médecine, art dentaire, pharmacie, architecture, génie, commerce, — et dans les carrières scientifiques, l'enseignement, le service social. Ce mouvement est irréversible. La gratuité scolaire élargira le recrutement des étudiantes, qui jusqu'ici venaient en général de familles à l'aise. L'éducation de la jeune fille devra dorénavant être envisagée en fonction des besoins de la société de l'avenir. Il faut prévoir que le Québec, comme bien d'autres pays, accordera à la femme un statut en tout égal à celui de l'homme.

L'accession de la femme à ces divers rôles n'est qu'un aspect de l'apparition d'élites nouvelles, dont les porte-parole participent à l'orientation de la société démocratique moderne. Autrefois, les sociétés plus simples voyaient leurs objectifs définis par des élites, aristocratie, bourgeoisie professionnelle, clergé; l'analphabétisme de la masse favorisait cet écart entre le peuple et le pouvoir. L'instruction plus répandue, la complexité sociale, la démocratisation ont accéléré la montée d'une élite ouvrière, d'une élite rurale, d'une élite étudiante, d'une élite laïque chez les catholiques, etc.; des leaders contribuent à faire cristalliser les opinions de ces groupes, dont plusieurs se transforment en « groupes de pression », dorénavant parties intégrantes des démocraties occidentales. Les structures scolaires auront à tenir compte de ces élites, qui ont parfois contribué à réveiller l'esprit critique devant les faiblesses ou les déficiences de l'enseignement.

A l'égard de l'Etat, les attentes et les réclamations se sont faites plus pressantes. L'Etat-providence a succédé à l'Etat-gendarme du siècle dernier. On lui fait porter des responsabilités qui relevaient jusqu'ici de l'initiative privée : on se rend compte qu'il a seul les pouvoirs nécessaires pour appliquer des solutions d'ensemble. Il est seul en mesure de répondre aux exigences de justice sociale et de justice distributive auxquelles la conscience moderne est devenue sensible. Sans doute doit-on prévenir les abus possibles, la trop grande dépendance des individus, les excès d'autorité. Mais la concurrence avec les pays communistes au plan politique, au plan scientifique et au plan économique, entraînera de dures exigences d'efficacité dans tous les secteurs; une action d'ensemble s'imposera, où l'Etat sera appelé à jouer un rôle prépondérant.

V

SOCIÉTÉ MODERNE ET ENSEIGNEMENT

Nous venons d'évoquer le contexte et le cadre dans lesquels il faudra repenser le système d'enseignement. Déjà la philosophie et la pratique de l'enseignement se sont transformées depuis un siècle, avec la mise sur pied des systèmes scolaires publics. Aujourd'hui, la révolution scolaire, à la fois conséquence et ressort de l'évolution sociale, se reflète dans les attitudes de la population, la politique des gouvernements et le contenu des programmes d'études.

Le droit de chacun à l'instruction, idée moderne, réclame que l'on dispense l'enseignement à tous les enfants sans distinction de classe, de race, de croyance; et cela de l'école primaire jusqu'à l'université. L'éducation n'est plus, comme autrefois, le privilège d'une élite. La gratuité scolaire s'impose pour généraliser l'enseignement; d'autre part, les nécessités scolaires modernes (laboratoires, bibliothèques, formation du personnel, recherches, etc.) ont fait monter en flèche le coût de l'enseignement. La population en accepte mieux les conséquences et ne retournerait pas à la « guerre des éteignoirs »; mais il faut convaincre chacun que les dépenses d'éducation sont un investissement économique et social.

L'Etat, qui avait toujours laissé à l'initiative privée, surtout aux Eglises, le soin de l'éducation, est devenu le principal agent d'organisation, de coordination et de financement de l'enseignement. Certains gouvernements ont utilisé ce pouvoir pour endoctriner la jeunesse; c'est précisément contre cet abus que le pape Pie XI éleva la voix, en 1929, dans l'encyclique *Divini Illius Magistri*. Les pays démocratiques cherchent à éviter que l'Etat, s'il organise et subventionne l'enseignement, ne s'en serve pour asservir les esprits et les volontés; l'action de l'Etat apparaît plutôt comme un gage de liberté et une garantie de l'autonomie de la personne. Cette fonction est importante dans une société pluraliste. L'Etat est souvent appelé à assurer l'exercice et le respect des droits de la personne ou des groupes. Les parents peuvent réclamer le droit de donner à leurs enfants une éducation selon leurs convictions religieuses et les Eglises celui d'assurer l'enseignement religieux à leurs fidèles; les uns et les autres doivent aussi reconnaître à autrui la contrepartie de ces droits. Les institutions privées peuvent offrir des services spéciaux, tenter des expériences, pourvu qu'elles répondent d'abord à certaines normes communes. C'est la responsabilité de l'Etat démocratique de permettre la diversité en évitant le chaos, de respecter tous les droits en évitant les abus, de garantir des libertés à l'intérieur du bien commun.

Le contenu même de l'enseignement peut devenir un atout dans la politique internationale. Ce qui fait aujourd'hui la puissance d'un pays, c'est bien plus son équipement technique que ses armées. Et le prestige des hommes d'Etat et des nations suit dorénavant dans une large mesure le cours des succès et des échecs scientifiques. La priorité accordée aux sciences exactes par l'URSS crée un mouvement d'émulation scolaire. D'autre part, les pays sous-développés, très conscients de l'importance de l'éducation comme condition de leur développement, font appel aux capitaux et aux spécialistes des pays industrialisés pour organiser leur système d'éducation; ces éducateurs ont dû reviser, sous la poussée de ce nouveau ferment de réflexion, leurs structures scolaires, leurs échelles de valeurs, leurs méthodes pédagogiques, et ont appris à les subordonner aux besoins de compréhension humaine et de respect mutuel.

Cette révolution de l'éducation explique les changements radicaux des vingt dernières années dans la plupart des pays occidentaux. En Grande-Bretagne, par exemple, une loi de 1944 a transformé le département de l'Education en ministère de l'Education, et a fait du nouveau ministre un membre du cabinet; réforme rendue nécessaire par la décision de dispenser à tous les enfants l'enseignement secondaire, par celle d'instruire à temps partiel les travailleurs et les adultes, par les mesures visant à élever le niveau de l'enseignement technique, par l'aide financière plus considérable accordée aux étudiants universitaires, et par le désir de donner une nouvelle orientation à la commission des subventions aux universités (University Grants' Commission). En France, en 1945, la Commission Langevin-Wallon proposa de profondes réformes administratives et pédagogiques, un enseignement secondaire diversifié à partir d'un tronc commun; on a récemment restructuré le ministère de l'Education nationale selon les services plutôt que selon les niveaux d'études, mis en application le cycle d'observation et réorganisé les classes du second degré selon les suggestions de la commission Langevin-Wallon; enfin les lois récentes permettent l'intégration d'une partie de l'enseignement libre au système public. En Belgique où, depuis un siècle, école publique et école confessionnelle sont tour à tour favorisées suivant le parti au pouvoir, on a dépassé récemment ce conflit, et les trois partis (parti social chrétien, parti socialiste et parti libéral) ont signé le « pacte scolaire », sorte de compromis sur le problème de la confessionnalité, mais qui trace en même temps un vaste plan d'expansion scolaire. Aux Etats-Unis, études et enquêtes publiques et privées ont amené une revision de la politique scolaire et l'on songe à réformer le bureau de l'Education (United States Bureau of Education) qui joue, depuis 1865, un certain rôle de coordination, malgré l'autonomie des Etats; cette coordination se réalise maintenant par l'intermédiaire de programmes nationaux de recherches effectuées principalement dans les universités.

Au Canada, huit des dix provinces ont eu, depuis 1945, des commissions d'enquête sur l'enseignement, dont les mandats portaient soit sur un problème spécifique, comme celui des finances en Nouvelle-Ecosse, ou celui des universités au Nouveau-Brunswick, soit sur les aspects purement pédagogiques, comme en Colombie britannique; soit, comme notre Commission, sur tous les aspects de l'enseignement. Toutes ces commissions gouvernementales témoignent de l'importance grandissante du problème de l'éducation pour les populations et pour les gouvernements, et de la prise de conscience des réformes à opérer.

RÉFÉRENCES

1. Les données et prévisions démographiques utilisées dans ce chapitre sont empruntées en majeure partie à l'étude faite pour notre Commission par deux démographes, MM. Jacques Henripin, de l'Université de Montréal, et Yves Martin, de l'Université Laval.

2. Si on définit l'université à la manière anglo-saxonne, en y incluant l'enseignement sous-gradué, les effectifs étudiants pourraient tripler d'ici 1970-71. (Cf. Edward F. Sheffield, dans *Inscriptions aux universités et collèges canadiens jusqu'en 1970-71*. Publication de la Fondation des universités canadiennes. Ottawa, 1961.)

3. *Quelques aspects économiques du développement de l'éducation en Europe*, Bureau international des universités, Paris, 1961, page 11.

Ce texte est extrait du Rapport de la Commission royale d'enquête sur l'enseignement dans la province de Québec, *Québec, Imprimeur de la Reine, 1963, volume I, chapitre IV.*

LA SOCIÉTÉ, LA CULTURE
ET L'ÉDUCATION

RAPPORT RIOUX

Il ne faut jamais perdre de vue que toute société est amenée de par son existence même, à faire en sorte que les nouveaux individus qui y participeront soient en mesure de s'intégrer à ce tout que forment déjà les individus adultes qui la composent. Et ceux qui ont plus particulièrement pour mission d'intégrer les enfants à la société, c'est-à-dire les parents et les éducateurs, s'engagent alors dans des processus que les sociologues appellent socialisation et enculturation. Qu'est-ce à dire ? Tout simplement qu'on doit transmettre par toutes sortes de techniques, dont l'éducation est la plus importante, les valeurs, les motivations, les attitudes, les symboles qui seuls permettent une « vie en société » sans trop grands risques de heurts et d'instabilité. Une société éduque sa population selon la définition qu'elle se donne elle-même et le rôle qu'elle croit être en mesure de jouer dans le monde. Non seulement doit-on transmettre à l'enfant un ensemble de valeurs, mais on doit faire de lui un être qui devra fonctionner comme individu dans la société à laquelle il est destiné et dans les différents groupes où il devra s'insérer. Ce qui nous fait dire que l'éducation, avant d'être un ensemble de techniques, de structures et de programmes comme on peut être amené à le penser quand on la considère de trop près ou de trop loin, est avant tout un ensemble d'idées sur la « bonne vie » et la « bonne société ». L'éducateur vise donc à faire de ceux dont il a la charge, les individus les mieux intégrés possible selon sa propre conception de ce qui est bien pour la société et pour eux-mêmes, et cela en conformité avec l'idée qu'il se fait de la « bonne société ».

Il n'en va pas autrement d'un rapport sur l'éducation comme le Rapport Parent. Avant d'être un document qui préconise des réformes de structures, de programmes et de techniques, il renferme d'abord un certain nombre d'idées sur l'*homme et la société*. Comme il s'adresse d'abord à de jeunes individus, puisque l'éducation, ce sont eux qui la reçoivent, il projette ces idées dans le temps. Autre-

479

ment dit, un tel document renferme non seulement des prises de position sur ce que doivent être la bonne vie et la bonne société d'aujourd'hui mais sur ce qu'elles seront demain.

Comment peut-on décrire le plus largement possible la tâche de la Commission Parent ? Pour répondre à cette question, il faut la replacer dans la société dont elle se proposait de structurer le système d'éducation et le moment où elle entreprit de le faire. On peut dire, en gros, qu'au début des années 60, le Québec était dans les faits ce qu'on est convenu d'appeler un pays industrialisé et urbanisé. C'est-à-dire que le gros de sa population était engagé dans les secteurs secondaires (industrie) et tertiaires (service de toute nature) et qu'il habitait des agglomérations urbaines.

De ce point de vue, le Québec, à tout prendre, n'était pas sensiblement différent du reste de l'Amérique du Nord. Son urbanisation industrielle s'était réalisée au cours de plusieurs décennies. Toutefois, le Québec présentait par rapport aux autres sociétés du continent des différences notables. Si, structuralement, il était une région industrialisée et urbanisée au « modernisme » flagrant, il n'en présentait pas moins, du point de vue de ses valeurs et de sa mentalité, un cas bien distinct. Il offrait un cas de contradiction entre sa culture et sa structure socio-économique, contradiction souvent décrite par les sociologues. L'histoire a fait que, pendant plusieurs décennies, le Québec, pour résister à l'envahissement des cultures et des sociétés avoisinantes, a dû développer une idéologie de conservation et mettre tout en oeuvre pour préserver sa culture (religion, langue, traditions); il en était même venu à idéaliser la société traditionnelle (rurale, agricole) et toutes les valeurs qui s'y rattachaient.

De telle sorte qu'au moment de la mise sur pied de la Commission Parent, la contradiction fondamentale de la société québécoise était la suivante : bien qu'ayant toutes les apparences d'une société industrialisée et urbanisée, elle n'en conservait pas moins une culture largement traditionnelle. Le Québec vivait un type de société et en valorisait un autre. Le grand mérite du Rapport Parent nous semble être la tentative qu'il a faite pour instituer et établir un système d'éducation qui corresponde à ce que le Québec était devenu en fait. Le Rapport Parent montrait que le système d'éducation alors en vigueur ne répondait plus aux impératifs du temps et ne cadrait pas avec ceux que commandait la société industrielle que le Québec était devenu. En d'autres termes, le Rapport Parent jouait à la fois sur trois types de société; il devait tenir compte des valeurs et des pratiques de la société traditionnelle sur lesquelles les milieux d'éducation continuaient de s'appuyer, tenir compte de la société industrielle dans laquelle le Québec était existentiellement entré, tout en tenant compte également de la société de demain (société bureaucratique de consommation dirigée) dans laquelle les Québécois s'engageaient. Les débats et les résistances auxquels ont donné lieu ce Rapport prouvent assez que c'est du côté des valeurs et des structures traditionnelles que le bât blessait le plus.

A la conception métaphysique fondée sur des postulats d'ordre philosophique et moral, la Commission Parent substitue un humanisme beaucoup plus sociologique, c'est-à-dire fondé sur les impératifs de la société contemporaine qu'elle oppose à la société traditionnelle; ce qui donne à son rapport, dans la mesure où il emprunte ses schèmes à la société industrielle, une optique fondée sur la rationalité et le respect de l'individu. D'autre part, dans la mesure où les membres de la Commission Parent entrevoient un type de société à venir qui n'est déjà plus la société industrielle « classique », ils recommandent des réformes globales qui ressortissent à d'autres impératifs. C'est cette ambiguïté qui du fait même de la situation du Québec, fait toute la richesse du Rapport Parent, en même temps que son balancement entre deux types de société, industrielle et post-industrielle, et par conséquent, entre deux types d'exigences.

Nature et impératifs de la société industrielle

Il semble évident que la Commission Parent, en définissant le type de société qui est aujourd'hui celui du Québec, a surtout mis en lumière les traits qui s'opposent le plus à ceux de la société traditionnelle dont le système d'éducation du Québec s'inspirait encore largement au moment où la commission enquêtait. L'obligation où elle était d'opposer société traditionnelle et société industrielle pour convaincre les Québécois qu'il fallait passer du premier au deuxième type, non seulement au niveau des structures socio-économiques mais à celui des mentalités et de l'éducation, n'a pas permis à cette commission de s'engager assez dans la reconnaissance de certains traits nouveaux de nos sociétés occidentales. Elle a surtout mis en évidence des traits de la société industrielle qui appartiennent davantage à ses premiers stades : la rationalité, l'individualisme et la spécialisation fonctionnelle. Il est certain que ces traits que la commission reconnaît restent encore aujourd'hui largement dominants dans notre société, mais il n'en est pas moins vrai que déjà d'autres impératifs commencent à se manifester et à s'imposer.

D'autre part, il nous paraît que les passages du Rapport Parent, qui traitent non plus de la société, mais de l'homme de demain et des méthodes d'éducation, corrigent dans une certaine mesure ce que les impératifs sociaux que le rapport reconnaît dans la société contemporaine avaient de trop liés aux premiers stades de la société industrielle. Il nous semble, en effet, que l'homme idéal que les commissaires souhaitent que forme le système d'éducation, ainsi que la pédagogie qu'ils recommandent, appartiennent davantage à une démocratie de participation qu'à une démocratie libérale.

En d'autres termes, le Rapport Parent qui pourtant se fait une idée assez précise de l'homme qu'il veut façonner, ne semble pas détecter dans les impératifs de la société d'aujourd'hui et de demain les traits qui justement exercent des pressions sélectives favorables à l'apparition de ce type d'homme. Comme ce sont justement ces impératifs socio-culturels qui commandent le choix des modes de connaissance et des disciplines à privilégier dans le système d'enseignement, il est évident qu'on fera des choix différents dans la structuration d'un système d'enseignement selon qu'on sera guidé par ceux de la société industrielle de type libéral ou par ceux de la société de participation.

La société contemporaine

Il est difficile de discerner les traits de la société contemporaine qui annoncent la société de demain et deux écueils sont tout particulièrement à éviter : celui du conservatisme qui empêche de voir les changements et celui de la science-fiction qui grossit l'apparition de quelques nouveautés techniques et qui, à partir d'innovations spectaculaires, brosse le tableau d'une société bouleversée de fond en comble. Ceux qui se sont hasardés à faire de la prospective essaient de se tenir en dehors de ces deux extrêmes. Il arrive souvent d'ailleurs que ce sont les phénomènes les moins éclatants et les plus modestes qui sont promis à des conséquences les plus profondes. L'analyste social qui a les yeux collés à ces phénomènes les néglige souvent au profit d'autres phénomènes dont l'impact immédiat est plus grand.

Comme toutes les réformes dans le domaine de l'éducation visent plutôt les citoyens de demain que ceux d'aujourd'hui, il est impérieux qu'elles préparent ceux à qui elles s'adressent, à la vie dans la société qui sera la leur dans quelques années, plutôt qu'à la vie d'hier ou même d'aujourd'hui. Si la technologie impose un certain nombre de déterminismes aux individus et aux sociétés dont ils peuvent difficilement ne pas tenir compte, il n'est pas moins vrai que les sociétés jouissent d'une certaine marge de liberté et que leurs projets collectifs d'exister peuvent influer sur la façon dont les individus vont vivre leur vie. S'il est vrai que la technologie se fait de plus en plus envahissante, il n'en est pas moins vrai que cette même technologie donne à l'homme des moyens de connaître son milieu et de prévoir l'avenir plus ou moins lointain. Les deux semblent aller de pair. Il n'est pas sûr qu'au moment même où l'homme se sent de plus en plus dominé par cette technologie qu'il a lui-même créée, il ne veuille pas s'en libérer et formuler des projets dont la réalisation n'eut pas été possible en d'autres périodes. La difficulté de prévoir augmente quand on se rend compte qu'on n'a pas affaire à un seul type de société et que les sociétés s'ordonnent différemment selon les critères de classement que l'on choisit. Nous évitons pour l'instant la discussion sur la marge de choix qui est laissée au Québec pour nous interroger surtout sur la société industrielle telle qu'elle se développe en Amérique du Nord. Nous ne tenons compte ni des inégalités de développement entre les pays, ni des inégalités à l'intérieur de ceux-ci. Nous nous contentons d'essayer de déterminer dans les sociétés dites industriellement avancées, les tendances d'évolution qui pourraient influer sur le type d'éducation qu'il faudra songer à donner à la jeunesse, c'est-à-dire, aux citoyens de demain.

Il semble bien que l'axe principal autour duquel s'est organisée la société industrielle depuis sa naissance a été la production de biens et de richesses. Dès ses débuts, on assiste à la conjonction de trois grands phénomènes : accumulation de capitaux, accélération des inventions techniques et main-d'oeuvre rendue disponible par les pressions qu'exercent les deux premiers facteurs. Il est certain que les systèmes d'éducation qui se sont formés alors étaient orientés par les besoins de l'économie et de l'industrie. C'est ainsi, par exemple, que les premiers cours d'art furent instaurés dans les écoles américaines, au XIXe siècle, parce que l'industrie les demandait. Dans la mesure où l'économie de production prévaut, l'éducation est axée sur les besoins industriels. Aujourd'hui encore, quand une société en voie de développement se donne des objectifs d'industrialisation, son système d'éducation reste axé sur ces besoins. Il en va de même dans les sociétés socialistes qui visent à rattraper les sociétés occidentales dont l'industrie a pris de l'avance. L'école vise à la spécialisation hâtive et produit des individus qui rempliront des tâches productives dans le secteur primaire (agriculture, mines, pêche) ou dans le secteur secondaire (industries manufacturières). Seule une élite peut poursuivre des études moins utilitaires et qui n'ont pas pour fonction première de répondre aux besoins de l'industrie. L'école apparaît donc, pour la plupart des individus, comme un apprentissage, comme un dressage qui les préparent à la vie économique. Au fur et à mesure que l'industrie se développe et se spécialise, l'école se développe elle aussi, et les matières obligatoires viennent s'ajouter, et cela, nous le répétons, toujours en fonction des besoins de la société, puisque l'enseignement a pour mission de former de bons citoyens et des travailleurs qualifiés. On peut dire sans crainte de se tromper que, pour la très grande majorité des populations que les Etats modernes se sont donnés pour mission de scolariser, les impératifs du système économique ont été primordiaux. Comme l'exprime Copferman, « éducation scolaire, familiale, apprentissage professionnel doivent constituer autant d'étapes préparatoires à une entrée soumise dans le système de production ».[1]

Nous n'avons pas à nous prononcer sur l'inévitabilité d'un tel état de fait. Il est probable que chaque mode de production comporte ses inconvénients et ses avantages. Les sociétés occidentales ont dû payer un vaste coût pour se permettre d'être les premières dans la production industrielle et plus tard dans la production de masse. Les systèmes d'éducation ont pendant de nombreuses décennies reflété ce que les dirigeants de ces sociétés voulaient réaliser : la croissance industrielle et économique. Que toute la société et toutes ses activités fussent axées sur ce projet fondamental laisse clairement voir comment l'école était conçue.

Il arrive, toutefois, qu'aujourd'hui, et demain de plus en plus, à cause de la productivité accrue dans les secteurs primaire (agriculture, mines, pêcheries) et secondaire (industries), la majorité des individus qui vivent dans les sociétés industriellement avancées oeuvrent en progression constante dans le secteur tertiaire, c'est-à-dire le secteur des services, qui requiert des capacités totalement différentes. D'autre part, et comme voie de conséquence à la productivité accrue dans les secteurs primaire et secondaire, (qui sont ceux où les notions de production et de productivité s'appliquent, le secteur tertiaire ne se fondant pas exclusivement sur ces impératifs), la durée de travail diminue d'une façon très marquée. Depuis le début du siècle, on est passé de quatre mille heures par année à moins de la moitié, soit environ deux mille. Le travail qui avait été l'impératif majeur des premiers stades de la société industrielle cesse de l'être autant. Pour la première fois depuis le début de la révolution industrielle, les éducateurs peuvent envisager des finalités autres que celles de l'économie et des exigences du système industriel. Ils doivent même commencer à former des personnes d'abord, et des travailleurs ensuite. On le faisait, dans le passé, pour un petit nombre à qui on dispensait un enseignement non utilitaire; enseignement que la Commission Parent qualifie d'humaniste, et qui avait pour fonction de couler dans un moule intellectuel et moral unique ceux qui allaient former la classe supérieure de la nation.[2] Sans porter jugement sur ce type d'enseignement, il va sans dire qu'il n'est aucunement question de le généraliser, car même si on démontrait qu'il était valable à un moment donné, pour une certaine élite, il ne serait pas démontré pour autant que cet enseignement puisse satisfaire aux exigences de la masse des étudiants d'aujourd'hui et de demain.

Si nous partons de certains caractères de la société contemporaine — prédominance des activités tertiaires et réduction progressive des heures de travail — nous sommes conduits à nous demander à quelles tâches doivent se vouer les systèmes d'éducation dans nos sociétés industrielles. Si, dans les premiers stades de ce type de société, la vie de la cité s'ordonnait autour de la production économique et que toute activité y paraissait subordonnée, il ne semble pas que ce soit toujours le cas aujourd'hui. Même en restant dans le domaine économique, on a senti le besoin d'insister non plus sur l'aspect de la production mais sur un autre aspect du système, son stade terminal, celui de la consommation. L'appellation de « *consommation de masse* » désigne de plus en plus notre société, mais est-ce bien là son caractère le plus spécifique ? S'il en était ainsi, il ne resterait aux différents systèmes d'éducation qu'à fabriquer les meilleurs consommateurs qui soient, comme on fabriquait auparavant les meilleurs producteurs. Si la société industrielle

484

a permis à l'homme d'accroître la production des biens matériels par l'amélioration incessante de la production, de la productivité, des communications, et qu'elle a ainsi permis d'augmenter sans cesse le standard de vie des masses, elle a, en revanche, mis toute la vie de l'homme au service de la croissance économique et du perfectionnement de la technologie. Si cette société s'appelle « société de consommation de masse », c'est que toute la vie s'ordonne autour de la marchandise, des biens à consommer. Il n'est pas question, encore une fois, de répudier ce dont s'enorgueillissent nos sociétés, mais de se demander ce qui a été sacrifié dans cette opération grandiose qui s'étale sur plusieurs décennies. Pour s'exprimer d'une façon plus brutale, on peut dire que l'homme et sa culture sont en train de disparaître sous l'amoncellement des marchandises que le système techno-économique produit toujours en quantités de plus en plus abondantes.

Pour mieux comprendre ce qui arrive aux sociétés d'aujourd'hui, il faut les comparer aux sociétés précédentes, non pas pour y retourner ou encore pour regretter leur disparition ou leur transformation, mais pour dégager la spécificité de l'aujourd'hui. Pendant des millénaires, les hommes furent guidés par les traditions. Ils trouvaient en naissant chez leurs parents et dans la société qui les englobait des valeurs, des symboles, des modèles qui leur servaient de points de repère et de patrons pour s'insérer dans le monde et s'y diriger. Même pendant les premières décennies de la révolution industrielle, chaque classe sociale conservait en gros sa propre culture au niveau de chaque nation. Comme l'ont toujours fait toutes les cultures nationales, celles du XIXe siècle prétendaient parler au nom de l'humanité et visaient à l'universalisation de ses propres valeurs. Sur cette culture première, code que chaque classe sociale possède pour se diriger dans le monde, — c'est justement cette division en classes qui spécifie la structure des sociétés industrielles — viennent se greffer deux autres modes d'appréhension du monde, la culture seconde (oeuvres d'art et littérature) et la connaissance formalisée (la science). Ces deux derniers modes d'orientation se tiennent toujours à distance de la culture première et essaient de la réinterpréter et de la réduire. Descartes nous montre le processus : « Il y a déjà quelque temps je me suis aperçu que, dès mes premières années, j'avais reçu quantité de fausses opinions pour véritables, et ce que j'ai depuis fondé sur des principes si mal assurés ne pouvait être que fort douteux et incertain; de façon qu'il me fallait entreprendre sérieusement une fois en ma vie de me défaire de toutes les opinions que j'avais reçues alors en ma créance, et commencer tout de nouveau dès les fondements. » Quand Mallarmé écrit qu'il faut redonner un sens nouveau aux mots de la tribu, il ne dit pas autre chose que Descartes, même s'il le fait sur un autre mode. Fernand Dumont appelle stylisation cette distanciation que prend la culture seconde par rapport à la matrice commune. « La stylisation, ce n'est pas seulement la genèse de l'oeuvre d'art; c'est l'existence se constituant comme objet à distance de soi-même. Le roman, le poème, le tableau portent cet objet à un degré tel de construction qu'il en paraît autonome (...) La stylisation, c'est donc aussi, en définitive, le rapport essentiel des deux cultures que nous avions distinguées. L'une est solidarité de la conscience avec elle-même et avec le monde, continuité de l'espace et du temps, royaume familier où l'homme et la nature conviennent de se rassembler; elle assure la fermeté de nos intentions. L'autre culture s'infiltre par les fissures que la première veut masquer, elle suggère que la conscience ne saurait être enfermée ni dans le monde ni en elle-même; de ce malaise elle fabrique les fragments d'un autre monde. Et de l'une à l'autre, les hésitations, les reculs, les apaisements dessinent un rapport mouvant et qui doit être saisi dans sa mobilité même. Rapport qui est, au niveau de l'oeuvre d'art, une opposition radicale, et puis d'infinies démarches qui vont de la mise en forme de cette opposition à de précaires réconciliations. »[3]

Qu'arrive-t-il dans les sociétés industriellement avancées ? La relation entre culture première, stylisation et connaissance est-elle la même que celle qui existait entre ces trois ordres dans les sociétés traditionnelles et même aux premiers stades de la société industrielle ? Non, car la révolution industrielle est venue introduire dans son principe même une dissociation extrême entre technique et subjectivité, entre vie privée et vie publique, entre culture première et connaissance. Si, aux premiers stades de cette société, les différentes classes sociales ont continué de vivre sur l'acquis traditionnel, fût-il bourgeois, ouvrier ou paysan, la fissure s'est tellement agrandie entre les traditions (culture première) et la rationalité technologique que cette culture première en a été érodée de part en part et que de nos jours, le problème primordial de nos sociétés est de construire une culture première à laquelle s'alimentera la culture seconde. De sorte que notre souci principal devra se tourner sans cesse vers cet univers de symboles, de sentiments, de valeurs, de significations sans lesquels l'art et la science cesseront de s'alimenter à l'humus humain pour n'être qu'au service des techniques. C'est là le caractère le plus spécifique de nos sociétés contemporaines. Mais comment est-ce devenu possible ?

Les conquêtes de la technique dont nous sommes si fiers, et à juste titre, n'ont pu être réalisées qu'au prix d'une dissociation systématique de la connaissance spontanée et symbolique qui donne un sens au monde pour l'homme. Commencée à l'usine, cette dissociation a envahi l'univers social tout entier. Les techniques matérielles se sont vite doublées de techniques sociales (publicités, propagandes, tests, simulations, etc.) Depuis les débuts de l'ère industrielle, où l'économie est devenue la variable privilégiée, notre société tire son dynamisme et sa force de l'exploitation de tous les processus cumulatifs, c'est-à-dire, de ceux où les divers éléments s'ajoutent les uns aux autres parce qu'ils sont de même nature et qu'ils peuvent être quantifiés. La rationalité est le fondement de ces processus. A notre époque, c'est la technicité qui domine les autres processus cumulatifs (l'économie, la science, la technique). Les processus non cumulatifs, au rang desquels se rangent la sensorialité, la sensibilité, la sensualité, la spontanéité, l'art, la moralité, sont renvoyés dans la vie quotidienne où, d'ailleurs, les techniques sociales viennent les y pourchasser.

Il n'est que de nous pencher sur la crise du langage et sur les philosophies à la mode pour nous rendre compte que l'homme est en passe de disparaître. Le sujet individuel, le cogito avait d'abord cédé sa place au sujet collectif. Maintenant, on fait disparaître ce dernier. Michel Foucault, le théoricien qui a poussé le plus loin l'analyse de l'« épistémè » de nos sociétés, écrit : « Le point de rupture s'est situé le jour où Lévi-Strauss pour les sociétés et Lacan pour l'inconscient nous ont montré que le « sens » n'était probablement qu'une sorte d'effet de surface, un miroitement, une écume et que ce qui nous traversait profondément, ce qui était avant nous, ce qui nous soutenait dans le temps et dans l'espace, c'était le système, c'est-à-dire, un ensemble de relations qui se maintiennent indépendamment des choses qu'elles relient. »[4]

Ce miroitement, cette écume sont repoussés dans la vie privée. De sorte qu'aujourd'hui, la vie des hommes se déroule de plus en plus selon la rationalité technique dont veut s'inspirer toute la vie publique. Dans une société de cette nature, il devient de plus en plus nécessaire de scolariser les individus de façon à ce qu'ils puissent remplir des rôles dans cette vie publique toute axée sur les techniques matérielles et sociales. Aussi, les éducateurs se mettent-ils assez vite d'accord sur les programmes qui visent à l'acquisition de ces techniques qui feront entrer les futurs citoyens dans les processus cumulatifs de la société. Les plus importants secteurs de la société s'appuient sur la complémentarité des rôles assumés par des organismes techniques, des entreprises, des administrations, des experts, des bureaucraties.

Il en émerge un idéal de la fonctionnalité qui pénètre les relations sociales et les esprits, et selon lequel la société devient un organisme dont le fonctionnement ne relève plus que des règles abstraites de la logique ou de l'équilibre, et auquel les individus sont rattachés par des liens divers, mais toujours à distance d'eux-mêmes. L'organisation fournit elle-même des symboles qui lui servent de justifications et de valorisations. C'est à elle-même que l'organisation tente de provoquer l'identification de ses employés. Cette culture que secrète l'organisation, ces valeurs et ces symboles apparaissent de plus en plus comme des sous-produits de la production des biens de consommation. Elle aide au bon fonctionnement de l'organisation. On sait, d'ailleurs, que l'organisation fabrique ainsi des besoins qui varient périodiquement selon les aléas du marché. Daniel Bell écrit :

« Bien que ces changements influencent au premier chef le style de vie, les manières, les moeurs, l'habillement, le goût, les habitudes alimentaires et les façons de se divertir, tôt ou tard, ils affectent des aspects fondamentaux, la structure de l'autorité dans la famille, le rôle des enfants et des jeunes adultes, et finalement, les différents buts à atteindre dans la société globale ».[5]

On pourrait affirmer que, dans la mesure où le développement toujours plus poussé de la société technicienne a miné les traditions qui incorporaient : « les différents buts à atteindre dans la société globale », ceux-ci sont maintenant en grande partie déterminés par la finalité même des processus cumulatifs de la société : croissance économique et développement technologique. Les buts de la société industrielle avancée, son idéologie sont incorporés dans son système de production même. Dans un tel type de société, les différents agents d'éducation ont jusqu'à maintenant visé à produire un homme *normal,* c'est-à-dire, un homme adapté à ce type de société; un homme qui produit et qui consomme comme la société le lui prescrit. Non seulement la sociologie théorique, en faisant du concept d'équilibre son concept-clé, favorise-t-elle l'adaptation, la normalité statistique, mais les différentes disciplines appliquées des sciences humaines fondent leurs prescriptions thérapeutiques sur l'idée qu'il faut que les individus s'adaptent coûte que coûte à la société et ne rompent pas l'équilibre du statu quo. Le grand saut que devra accomplir la société de demain, c'est celui du passage de l'homme *normal* à l'homme *normatif.* Selon le biologiste Kurt Goldstein, une existence simplement adaptée peut être celle d'un organisme malade et cependant ajusté à un milieu rétréci. L'homme sain, dit-il, n'est pas l'homme *normal,* mais l'homme normatif, l'homme qui peut créer et assumer des normes. A l'homme extério-dirigé de nos sociétés industrielles avancées devra succéder l'homme autonome qui *saura* fonder sa personnalité et sa conduite sur des valeurs qu'il *saura* créer et assumer.

Il est bien évident que si la caractérisation que nous faisons de certains traits de nos sociétés est juste, il faudra que, non seulement notre système d'éducation reflète les valeurs que les hommes devront chercher à créer et à vivre, mais encore que ce système favorise leur éclosion et qu'il aide à rendre la société non pas uniquement plus efficace et plus productive mais également plus juste et plus humaine. Comment y arriver ? Comment, en d'autres termes, se pose le problème de la culture dans nos sociétés modernes ?

Si nous nous en tenons à la terminologie que nous avons employée plus haut, le problème de la culture se pose d'une façon beaucoup plus aiguë dans nos sociétés qu'il ne s'est jamais posé dans toute l'histoire de l'humanité. Aujourd'hui la crise de la culture existe tout autant dans la culture première, la culture-code, que dans la culture seconde, la culture-dépassement. Les deux formes sont dialectiquement liées et doivent être envisagées en fonction l'une de l'autre.

Le problème de la culture aujourd'hui

Nous entrons de plus en plus dans une phase de la société industrielle que d'aucuns appellent « société bureaucratique de consommation dirigée ». Sans nier que nos sociétés correspondent bien à cette désignation, nous voulons plutôt insister sur l'importance de la technique dans ce type de société, et nous demander quels effets la technicité a sur la culture et la connaissance. Peut-être saurons-nous mieux ainsi quel type d'enseignement et d'éducation il convient de dispenser dans nos écoles.

On peut dire que cette société technicienne dans laquelle nous vivons est fondée sur la notion d'information et sur la communication de cette information; car l'information, qu'on le veuille ou non, est devenue le bien le plus précieux de ce type de société. Comme c'est le cas pour les autres types de sociétés, les biens précieux — que ce soit l'or ou les usines — sont les fondements du pouvoir et celui-ci a tendance à n'être l'apanage que d'un petit nombre. Il n'en va pas autrement de ce bien qu'est l'information. Déjà, dès le début de l'ère industrielle, les ouvriers sont dépouillés de leurs connaissances techniques et ne servent plus qu'à exécuter un certain nombre d'opérations et de mouvements. La connaissance des techniques est réservée à une équipe de spécialistes. Plus la connaissance technique se développe, plus le nombre des titulaires de la connaissance devient limité par rapport au nombre d'ouvriers. En est-il autrement aujourd'hui ? A l'âge de l'automation et de la cybernation ? Pierre Naville, spécialiste de ces questions, écrit : « Il ne suffit pas de voir dans l'industrie nouvelle « l'homme de l'automation ». Les faits montrent que cet homme est rare : une mince couche d'ingénieurs, bien entendu, de techniciens et quelques ouvriers professionnels. La masse des ouvriers et des employés « spécialisés » ou opérateurs restent sans qualification au sens classique du terme. Bien des opérations intellectuelles perdent elles-mêmes leur qualification dans la mesure où des machines remplacent non seulement des muscles mais aussi des cerveaux ... Pour la première fois, d'ailleurs, on voit s'élever les niveaux de salaires sans que la qualification proprement dite y soit liée. »[6] Plus la connaissance technique s'accroît, plus nombreux sont les hommes qui n'y participent plus ou n'en ont qu'une expérience parcellaire.

Dire que l'information est la clé de voûte de cette société technicienne, c'est penser tout de suite qu'en effet l'homme moderne est bien informé. Mais en fait, le phénomène se présente différemment et nous jouons sur deux sens du mot information. Au sens où elle désigne la technique moderne, l'information représente une récupération et une généralisation des indices et des signes qui constituent la configuration de l'action technique; c'est l'objet d'une nouvelle discipline, l'informatique. Mais d'autre part, information désigne plus couramment les renseignements que fournissent les moyens de communication de masse. Dans le premier cas, nous avons affaire à une systématisation rigoureuse de la connaissance; dans le deuxième, à une prolifération anarchique d'éléments hétéroclites de connaissance.

De plus en plus dépourvu de traditions sur lesquelles sa vie et son action pourraient prendre appui, de plus en plus informé au petit bonheur des journaux, de la radio et de la télévision, l'homme moderne a tendance à se réfugier dans sa vie privée. Il essaie de s'y créer un monde de valeurs, un nouveau monde imaginaire où il pourrait puiser de nouvelles significations, mais là encore, la technique guette l'homme et lui fabrique des rêves en série. Comme le dit Edgar Morin, c'est le terrain sur lequel « pour la première fois, par le moyen de la machine (...) nos rêves sont projetés et objectivés. Ils sont fabriqués industriellement, partagés collectivement. Ils reviennent sur notre vie éveillée pour la modeler, nous apprendre à vivre ou à ne pas vivre ».[7] La machine et la technique poursuivent l'homme jusqu'au plus intime de sa vie privée. Et le pouvoir est largement passé de la bourgeoisie aux techniciens et aux technocrates, aux détenteurs de cette prodigieuse information et aux dispensateurs des renseignements.

On peut donc facilement concevoir que, parler de culture dans notre société moderne, c'est parler de l'homme et de ses relations avec le monde; c'est parler de dépassement, de valeurs, d'imaginaire et de créativité; c'est s'interroger sur les projets d'exister que les hommes doivent formuler pour s'accomplir dans un monde où la technique commence à se dire prête à trouver elle-même toutes les réponses dans ses ordinateurs; c'est convier chaque homme et tous les hommes à la fois à réaliser toutes leurs possibilités. De là l'importance du système d'enseignement et d'éducation dans la formation des hommes, formation qui n'est plus seulement celle des serviteurs de l'Elite et du Pouvoir. Avant qu'il ne se pose sur le plan de la culture seconde, sur le plan des stylisations artistiques et littéraires, le problème de la culture doit être envisagé d'une façon plus fondamentale. Si, comme le dit Georges Canguilhem, « une culture est un code de mise en ordre de l'expérience humaine », il faut que cette expérience humaine soit la plus totale possible et laisse libre cours à toutes les virtualités de la perception, de la sensibilité et de l'imagination. En d'autres termes, il faut que l'homme s'engage dans la vie avec tous ses pouvoirs, toutes ses facultés; aucune n'est superflue pour qu'il réalise sa vocation de liberté et de création.

Si, par ailleurs, on réfléchit sur l'histoire des sociétés humaines et sur leur évolution, on ne peut qu'être frappé, comme Lévi-Strauss l'a remarqué, par le fait que la civilisation s'est toujours développée à partir d'un écart que les hommes établissaient dans les relations qu'ils entretenaient entre eux. « Nous avons vu cet écart s'établir avec l'esclavage, puis avec le servage, ensuite par la formation du prolétariat ». Voilà pour ce qui est de l'aspect social de la civilisation. Ce fut ensuite l'établissement de nouveaux écarts différentiels avec les pays colonisés, mais un « écart toujours provisoire comme dans une machine à vapeur qui tend à l'immobilité parce que la source froide se réchauffe et que la source chaude voit sa température s'abaisser ».[8] Comme il semble que l'écart différentiel dans la société tend à diminuer avec la fin des empires coloniaux et l'intégration du prolétariat dans la nation, il faudra chercher dans la culture cet écart différentiel qui maintiendra le progrès. C'est ce que Lévi-Strauss appelle un transfert d'entropie de la société à la culture. Il écrit : « Je répète seulement après Saint-Simon que le problème des temps modernes est de passer du gouvernement des hommes à l'administration des choses. « Gouvernement des hommes », c'est : société, et entropie croissante; « Administration des choses », c'est : culture et création d'un ordre toujours plus riche et complexe ».[8] Si culture veut dire relations avec le monde extérieur, il est de toute nécessité d'équiper l'homme pour qu'il puisse vraiment entrer en relation avec le monde, non seulement par l'entremise des mots, mais à travers tous ses sens, à travers tous les modes de connaissances.

Il semble d'ailleurs que la technique moderne favorise justement cet engagement total de l'homme dans son milieu. « A l'âge de l'électricité, où notre système nerveux central se prolonge technologiquement au point de nous engager vis-à-vis de l'ensemble de l'humanité et de nous associer, nous participons nécessairement aux conséquences de chacune de nos actions. »[9] Sans être aussi catégorique que l'auteur, ne retenons que ceci : que la participation au monde est possible, et faisons en sorte que l'utilisation des merveilles de la technique ne soient pas laissée à la fantaisie de l'école parallèle; il faut en imprégner l'école officielle et faire en sorte qu'elle soit aussi attrayante, aussi riche de possibilités que l'autre. Ce décloisonnement des connaissances et des techniques qu'on observe dans la société, devra tôt ou tard se répercuter dans les structures de l'enseignement et hâter la création d'interrelations entre les différentes disciplines et les facultés et départements qui les enseignent. Le développement de la technique a toujours retardé à se manifester dans les structures des systèmes d'éducation. Les enseignants ayant été eux-mêmes scolarisés à quelques décennies d'intervalle de leurs étudiants, résistent fortement aux pressions que la société globale exerce sur eux pour que les transformations du milieu se répercutent au niveau des enseignements et des pédagogies.

Les considérations précédentes nous font voir que, si la réalité qui nous entoure change, l'homme lui aussi change. Non seulement la vie de l'homme change-t-elle dans ses aspects matériels, mais aussi dans ses conduites les moins apparemment soumises à l'environnement. Il se produit un échange constant entre le milieu matériel et les façons dont l'homme s'appréhende lui-même et analyse le monde, la société et ses propres créations. De là la nécessité de toujours re-définir les mots dont nous nous servons parce qu'ils évoluent avec la transformation de notre univers. Dans un rapport qui traite d'enseignement des arts, non seulement faut-il préciser dans quel type de société cet enseignement doit s'insérer, quelle sorte d'homme le système d'éducation veut former, mais aussi ce que sont les arts dans cet univers ainsi re-défini.

Il est bien évident que de nombreux lecteurs, qui raisonnent encore avec des notions empruntées au XIXe siècle, ne verront dans la pratique et l'enseignement des arts qu'un élément qui vient s'ajouter à l'enseignement d'autres disciplines plus fondamentales et qu'une activité réservée à une catégorie particulière de citoyens dont les oeuvres passeront peut-être un jour, des galeries d'art aux musées. De plus en plus, cependant, avec l'extension des périodes de loisirs, on en vient à considérer que la pratique et l'enseignement des arts pourraient aider les individus à s'épanouir et à donner libre cours à leurs facultés créatrices. C'est à peu près là où s'arrêtent ceux qui acceptent d'accorder aux arts une fonction plus importante à l'école et dans la vie. On en reste quand même à l'idée que si les arts ont une importance accrue, ils sont encore comme en marge de la vie quotidienne et restent largement confinés à la vie privée. Nous essaierons de montrer que non seulement les arts jouent un rôle important dans la scolarisation des individus — l'art étant un mode de connaissance et une fonction de l'homme — et dans leurs activités de loisirs, mais qu'ils sont en train d'envahir toute l'organisation de l'espace et les réseaux de communication, et que leur intégration dans la technologie se fait à travers toutes les formes de *design*.

Aux premiers stades de la société industrielle s'est établie une dissociation très poussée entre les arts, d'une part, considérés comme une activité gratuite et sans conséquence et d'autre part, la vie quotidienne envisagée comme le domaine de l'utile, du travail, de l'important. Ce cloisonnement fait partie d'un compartimentage plus vaste entre le temporel et le spirituel, la politique et l'économie, l'Eglise et l'Etat, entre la morale et la science, l'art et la technique. « Alors comme l'esprit s'oppose au corps, l'irrationnel au rationnel, le subjectif à l'objectif, l'individuel au social : alors l'Art n'a d'autres fins que l'Art, et la poésie tend à la poésie pure (...) Plus la société moderne s'organisera logiquement, plus elle deviendra utilitaire, plus sa culture prétendra au gratuit (...) Jamais société n'a poussé aussi loin la dichotomie de l'esprit et du corps, du Beau et de l'Utile, de l'art et de la vie ordinaire. »[10] On s'aperçoit aujourd'hui qu'un ré-aménagement des activités de l'homme est en train de s'opérer, sous l'impulsion des nouvelles techniques de production et de diffusion, et que ce qui avait été dissocié et isolé tend à se re-combiner avec d'autres éléments pour rejoindre la praxis globale de l'homme. La société moderne produit en masse des biens de consommation et de l'information qui ont tendance à être diffusés dans des couches de plus en plus nombreuses de la société. Le nombre d'objets et de messages qui forment le tissu même de notre vie quotidienne a tellement transformé notre univers socio-culturel et l'idée que l'homme se fait de lui-même, que toutes les activités de l'homme et les produits de ces activités sont aujourd'hui analysés comme un vaste réseau de communication et de signification. Dans le domaine des moyens de communication (média), des aménagements et dans celui des objets, les arts jouent un rôle de premier plan et s'intègrent de plus en plus à la technologie.

RÉFÉRENCES

1. Emile Copferman : *Pédagogie ou mise en condition* in *Partisans,* no 39, Paris, 1968, p. 3.

2. Rapport de la Commission Royale d'Enquête sur l'Enseignement dans la Province de Québec (1.11.p.5).

3. Fernand Dumont, in *Le Lieu de l'homme,* les Editions HMH, Montréal, 1968, pp. 63-64.

4. In *La Quinzaine littéraire,* Paris, 15 mai 1966.

5. In *The Listener,* Londres, 17 décembre 1956, cité par F. Dumont, *op. cit.,* p. 169.

6. Pierre Naville, in *Vers l'automatisme social,* Gallimard, Paris, 1963, p. 28.

7. Edgar Morin : *Le Cinéma ou l'Homme imaginaire,* les Editions de Minuit, Paris, 1956, p. 201.

8. Georges Charbonnier, in *Entretiens avec Lévi-Strauss,* Plon-Julliard, 1961, pp. 45-46.

9. Marshall McLuhan : *Pour comprendre les média,* les Editions HMH, Montréal, 1968, pp. 20-21.

10. Bernard Charbonneau, in *Le Paradoxe de la Culture,* Denoël, 1965, p. 38.

Ce texte est extrait du Rapport de la Commission d'enquête sur l'enseignement des arts au Québec, *Québec, l'Editeur officiel du Québec, 1968.*

Achevé d'imprimer
sur papier
Val-de-Brôme non-apprêté
des papeteries Eddy, Hull,
sur les presses
des
Ateliers Jacques Gaudet, Ltée,
Granby,
le vingt-troisième jour
du mois de janvier
mil neuf cent soixante-quinze

Imprimé au Canada

Printed in Canada